什么是
好的教育？

走 进 现 代 化 的 中 国 教 育

熊丙奇 著

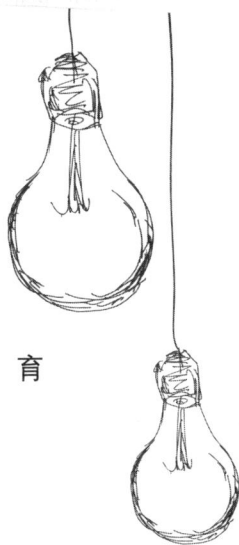

上海教育出版社
Shanghai Educational
Publishing House

目
MU LU
录

前言一 《中国教育现代化2035》如何实现？ / 1
前言二 对话马云：马云乡村教育计划对我国发展乡村
教育的启示 / 9

01 基础教育现代化
——基础教育理念

重视基础教育，不要搞错了方向 / 23

取消艺体特长生加分，怎样让所有学生都重视艺体教育？ / 28

重视劳动教育，不能再纸上谈兵 / 31

灌输教育、功利教育，是我国学生创造性教育的两大障碍 / 34

规则教育是最重要的德育 / 37

发展教育，不能再用"金字塔"结构、等级思维 / 41

人脸识别技术用于监控学生表情是反教育 / 44

"在家上学"不能一禁了之 / 47

疫情防控与教育生态建设 / 50

02 基础教育现代化
——基础教育投入

监管和市场双重失灵的学前教育困局 / 59

全面鼓励生育，应发展 0—3 岁普惠托育服务 / 67

全面建立生均拨款制度，须强化省级财政统筹 / 70

拿解决 4% 的决心解决教师待遇问题 / 73

解决我国教师待遇问题，增加教育投入的同时应探索
　　实施年薪制 / 76

由"化缘校长"反思教育投入保障与教育慈善机制 / 79

03 基础教育现代化
——基础教育制度

以问题为导向，推进学前教育尽快立法 / 85

理性评估多校划片政策的效用 / 88

"公""民"同招新时代，民办教育的定位和功能面临新的调整 / 97

超前教学下移到幼儿，亟须立法禁止超前教育 / 101

实施新《民办教育促进法》，如何创新对营利性民办教育
　　培训机构的监管 / 104

"高考移民"、代培模式、异地高考与高考改革 / 108

浙沪新高考改革试出的问题及完善建议 / 114

"3＋1＋2"高考改革方案评析 / 125

从自主招生到"强基计划"，自主招生改革的"自我教育" / 133

高考报名人数重回千万级，完善分类高考才能"分流" / 138

高考制度与大学人才培养为何陷入彼此制约的困境 / 141

高考延期一个月，重视教育过程公平的一次重要实践 / 147

04 高等教育现代化
——高等教育理念

提高大学培养质量，要避免"应景式"从严 / 153

"考研热"折射的高等教育普及化时代的"学历社会"问题 / 156

北大、清华位列亚洲前三，离世界一流还有多远？ / 163

清华大学新闻学院取消本科招生，如何避免学历高消费？ / 166

从百篇论文撤稿看中国学术生态 / 169

反思清华大学招收国际生实行申请—审核制引发的争议 / 177

人工智能、大数据专业大热，要避免盲目追逐热门 / 185

高等教育普及化时代不能再有"精英教育情结" / 188

05 高等教育现代化
——高等教育投入

从"双一流"入围名单看高等教育发展的公平和效率 / 193

高等教育拨款不能还青睐"富豪学校" / 201

高校要重视财政拨款之外的"其他收入" / 204

美国高校会堵住捐赠招生的"后门"吗？ / 207

高校青年教师年薪 30 万有可能吗？ / 210

高校教师和科研人员兼职兼薪怎样做到"适度"？ / 213

06 高等教育现代化
——高等教育制度

落实"新时代高教 40 条"，如何强化质量评价保障机制？/ 219

西湖大学的办学模式和办学制度改革值得关注 / 227

如何让职业教育国家教学标准提升职业院校办学质量？ / 234

去利益化，才能让院士评审回归学术本位 / 242

以取消二级学院行政级别，推进提高大学的现代治理能力 / 245

07　乡村教育现代化
——乡村教育理念

分数公平对农村学生真公平吗？ / 251

高考"网红"与贫困生的命运 / 257

该从"浑水煮面"事件中读懂什么？ / 263

实行教育精准扶贫，需要改变传统的"锦标主义"教育政绩观 / 266

绝不能把"教育移民"作为农村教育战略 / 269

08　乡村教育现代化
——乡村教育投入

乡村教育的问题不是小规模与寄宿制之争，而是要踏实办好
　每一所学校 / 279

在线教育改变不了乡村教育与学生的命运 / 286

发展乡村教育须告别单一升学模式 / 292

突破城困与乡怨，可把更多大学办在县上 / 295

乡村小规模学校命运让人忧 / 298

精准帮扶返乡农民工子女，关键在于精准提高乡村教师的
　待遇和素质 / 301

精准帮助留守儿童大有可为 / 304

不能只要求乡村教师"坚守",乡村教师需要体面的收入与
　　尊严 / 307

农村特岗教师半年发一次工资,为何中央保障的工资部分
　　不直接打到教师账上? / 313

不要再用凄苦反衬乡村教师的伟大 / 316

"乡村教师收入倍增"切实可行 / 319

09　乡村教育现代化
——乡村教育制度

体制外的修补,难以解决乡村教育的根本问题 / 325

保障乡村教学点须调整乡村教育统筹机制 / 329

"银龄讲学计划"是建设乡村教师队伍的补充计划 / 332

发展乡村教育,需政府主导并形成全社会的合力 / 335

马云乡村教育计划的最宝贵价值 / 338

前言一

《中国教育现代化 2035》如何实现？[①]

　　2019 年 2 月,中共中央、国务院印发了《中国教育现代化 2035》,并发出通知,要求各地区各部门结合实际认真贯彻落实。《中国教育现代化 2035》提出,推进教育现代化的总体目标是:到 2020 年,全面实现"十三五"发展目标,教育总体实力和国际影响力显著增强,劳动年龄人口平均受教育年限明显增加,教育现代化取得重要进展,为全面建成小康社会做出重要贡献。在此基础上,再经过 15 年努力,到 2035 年,总体实现教育现代化,迈入教育强国行列,推动我国成为学习大国、人力资源强国和人才强国,为到 21 世纪中叶建成富强、民主、文明、和谐、美丽的社会主义现代化强国奠定坚实基础。2035 年主要发展目标是:建成服务全民终身学习的现代教育体系,普及有质量的学前教育,实现优质均衡的义务教育,全面普及高中阶段教育,职业教育服务能力显著提升,高等教育竞争力明显提升,残疾儿童少年享有适合的教育,形成全社会共同参与的教育治理新格局。[②]

　　《中国教育现代化 2035》的发布,标志着我国教育进入新的历

---

① 本文作于 2019 年 3 月。

② 中共中央、国务院印发《中国教育现代化 2035》.http://www.gov.cn/xinwen/2019-02/23/content_5367987.htm,2019 - 02 - 23.

史发展阶段。要实现 2035 年中国教育现代化建设的各项目标,我认为,需要特别重视三个"现代化":一是教育理念的现代化,二是教育投入保障体系的现代化,三是教育管理与办学制度的现代化。

一、 教育理念的现代化

根据 2018 年全国教育事业统计,全国共有各级各类学校 51.89 万所,比上年增加了 5 128 所;各级各类学历教育在校生 2.76 亿人,比上年增加了 535.97 万人。全国各级教育普及水平不断提高,国民受教育机会进一步扩大。学前教育毛入学率 81.7%,比上年提高 2.1 个百分点;小学学龄儿童净入学率 99.95%,比上年提高 0.04 个百分点;初中阶段毛入学率 100.9%;高中阶段毛入学率 88.8%,比上年提高 0.5 个百分点;高等教育毛入学率 48.1%,比上年提高 2.4 个百分点。[①]

这组数据表明,我国教育已经全面进入普及时代,包括高等教育,在 2019 年,将进入高等教育普及化时代。在教育进入普及化时代之后,社会更关注的就是教育质量问题,因此,《中国教育现代化 2035》聚焦的也是我国教育的质量发展,如普及有质量的学前教育,实现优质均衡的义务教育,高等教育竞争力明显提升,等等。

要做到在全面普及之上的质量提升,即发展公平而有质量的教育,需要有现代化的教育理念,用新的理念引领教育发展。以我之见,现代化的教育理念,核心是个性化教育。只有推进个性化教育,才能在义务教育阶段实现优质均衡,才能全面普及高中阶段教育,做到普通高中和中职协调发展,也才能提升高等教育的竞

---

① 陈梦谣.教育部发布 2018 年全国教育事业发展基本情况.新华网,2019 - 02 - 26.

争力。

个性化教育是相对于之前所有学校采取相同的办学模式，对学生提出"一刀切"的要求而言的。所有学校采取一个模式培养学生，因此存在"千校一面"的问题。在这种办学模式之下，学校缺乏特色，因此办学的质量实际与学校获得的资源密切相关。根据学校获得的资源的情况，在义务教育阶段，虽然《中华人民共和国义务教育法》(以下简称《义务教育法》)明确规定不得设置重点校、重点班，但我国一些地方仍旧有重点校、重点班；在高中阶段，有示范高中、重点高中、普通高中，进入新世纪后，还培育出超级高中。在高等教育阶段，高等学校被分为三六九等，包括"双一流"、"985"、"211"、一本、二本、三本等。

这显然会成为实现教育现代化的障碍。目前，在推进义务教育教育均衡时，很多人担心义务教育会由此变得平庸，把优质学校给"消灭"掉。但实现优质、均衡的义务教育，均衡是指学校获得的办学资源应该一致；在办学资源均衡基础上，要实现优质，就必须在每所中小学推进个性化办学，关注培养每个学生的个性和兴趣。在普及高中阶段教育时，由于高中阶段学校包括普通高中和中职学校，但中职学校被很多人视为低人一等，不少学生不愿意上中职。近年来，中职招生有逐渐萎缩的趋势，要扭转这一局面，就必须修订歧视职业教育的政策，提高职业教育的地位，让职业院校办出特色。我国要进入高等教育普及化时代，可是当前还存在较严重的高考升学焦虑。主要原因是高等学校被分为三六九等，大家都想进最好的大学，但最好的大学永远只有 5%—10%；如果再把最好的范围缩小，那就只有 1%。在这种教育观念的影响下，我国高等学校的整体竞争能力将难以得到提高。因此要消除高等学校的身份分级，给每个学校平等的竞争空间和办学自主权。

概而言之,给每个学生适合的个性化教育,是我国教育进入新的发展历史阶段,应该在全社会形成的新的教育观。只有形成个性化教育观,才能实现《中国教育现代化 2035》提到的"推动各级教育高水平高质量普及"。另外,形成个性化教育理念,也可厘清当前社会对教育的认识。比如,在我国社会,过去 30 年间一直存在应试教育和素质教育之争,一提素质教育,很多人认为就是快乐教育,不要考试,不要作业,显然这会遭到家长的质疑和反对,加之教育评价体系用分数评价学生,因此,素质教育喊得轰轰烈烈,但应试教育却踏踏实实。消除应试教育和素质教育之争就需要形成个性化教育理念。个性化教育是给学生适合的教育以及适合的教育评价。

二、 教育投入保障体系的现代化

为实现《中国教育现代化 2035》的各项战略目标,《中国教育现代化 2035》提到要完善教育现代化投入支撑体制。健全保证财政教育投入持续稳定增长的长效机制,确保财政一般公共预算教育支出逐年只增不减,确保按在校学生人数平均的一般公共预算教育支出逐年只增不减,保证国家财政性教育经费支出占国内生产总值的比例一般不低于 4%。[①]

教育投入是实现教育现代化的重要支撑。毋庸讳言,我国曾存在比较长时间的教育投入欠债问题。我国在 1993 年制定的《中国教育改革与发展纲要》提出,到 2000 年前,国家财政性教育经费支出应该占国民生产总值的 4%。但这一投入目标,直到 2012 年

① 中共中央、国务院印发《中国教育现代化 2035》。http://www.gov.cn/xinwen/2019-02/23/content_5367987.htm,2019 – 02 – 23.

才实现。2012 年,我国国家财政性教育经费支出占 GDP 的比例首次超过 4%,达 4.28%。[①] 但教育投入不足,导致我国教育的普及发展受到很大影响,学前教育三年毛入园率 2010 年只有 56.6%,义务教育严重不均衡。在 2012 年到 2017 年 6 年间,我国国家财政性教育经费支出占 GDP 的比例一直保持在 4% 以上。这为提高我国学前教育毛入园率,实现义务教育县域内均衡,普及高中阶段教育和推进高等教育从大众化进入普及化,提供了极为重要的支撑。

要实现《中国教育现代化 2035》的各项战略目标,保证国家财政性教育经费支出占国内生产总值的比例一般不低于 4%,是底线要求。如果这一底线要求都达不到,那就很难实现各类教育高质量普及的目标。事实上,就是达到 4% 这一比例,这一教育投入水平也不高,从全世界范围看,欠发达国家平均为 4.1%,发达国家平均为 5.1%,世界平均水平为 4.9%。我国要实现《中国教育现代化 2035》确定的现代化目标,国家财政性教育经费支出占 GDP 的比例应持续提高,达到 4.5% 或者 5%。[②]

与此同时,我国还要改革教育经费保障机制。我国目前的教育经费保障机制和现代化的要求是不相适应的。我国义务教育生均公用经费部分,现在已经通过省级财政统筹,以及中央财政转移支付,基本实现统一城乡义务教育学校生均公用经费标准,但是占义务教育经费大头的教师薪酬待遇,依旧以县级财政为主保障。这种保障机制直接导致各县的义务教育投入力度不同,教师的工资待遇标准也不同,这是拖欠教师工资事件频频发生,以及义务教

[①] 宗河.2012 年国家财政性教育经费支出占 GDP 比例为 4.28%.中国教育报,2013-12-23.

[②] 熊丙奇.完善教育投入支撑体制.环球时报,2019-02-25.

育存在地区、城乡差距的重要原因。要实现优质均衡的义务教育，就必须改革这一经费保障机制，强化省级财政对基础教育经费的统筹，加大中央财政对不发达地区、薄弱地区的转移支付力度。

根据教育部公布的数据，到 2018 年，我国有乡村教师 290 多万人，其中，中小学近 250 万人，幼儿园 42 万多人，40 岁以下的青年教师近 170 万人，占 58.3%。① 可以说，我国各级政府为乡村教师队伍建设付出了很大的努力，但是不能忽视的现实是，我国乡村教师存在较为严重的流失问题，根据教育部公布的数据，2015 年，我国乡村教师数仅为 330 万。"留不住"乡村教师的原因在于，乡村教师待遇低，或者各地的教师待遇有较大的差距，于是"人往高处走"。这就要求改革基础教育经费保障机制。

《中国教育现代化 2035》提到，要实现基本公共教育服务均等化，包括在实现县域内义务教育基本均衡基础上，进一步推进优质均衡，推进随迁子女入学待遇同城化，有序扩大城镇学位供给。这都需要改革基础教育经费保障机制提供支撑。之前以县级财政为主的教育经费保障机制，与实现义务教育县域内均衡是匹配的，但要进一步推进优质均衡，如实现省域内的均衡，缩小一省范围内各县市基础教育发展的差距，就必须建立新的教育经费保障机制。推进随迁子女入学待遇同城化，也是如此。以县级财政为主保障基础教育经费，流入地就面临教育经费支出增多的问题，生均公用经费因省级财政统筹，可以随学籍流动，拨付给流入地，但教师待遇这部分则因为由县级财政保障，很难跨县流动。因此，要给随迁子女同城求学保障；在教育经费方面，就需要强化省级财政统筹。

---

① 廖瑾.教育部：目前我国乡村教师逾 290 万人，40 岁以下占近六成.澎湃新闻，2019-02-26.

三、 教育管理与办学制度的现代化

推进教育治理体系和治理能力现代化,是《中国教育现代化2035》提到的战略目标之一。这也是实现教育现代化目标的重要措施,要提高各级各类学校的办学质量,必须推进教育管理改革和办学制度改革。

首先,在教育管理方面,要明确界定政府部门的权责,提高依法治教的能力与水平。我国教育发展中存在的问题,有很大一部分是没有严格依法治教。比如,义务教育阶段,不少地方还有重点校、重点班,而《义务教育法》是明确禁止设立重点校、重点班的,这就是没有依法治教;又如,近年来,我国各地出现了超级高中,而这些超级高中可以跨地区违规扩大规模招生,其背后是地方政府的默许、纵容;再如,为了提高学生的考试成绩、升学率,我国很多基础教育学校,将非中高考核心科目的教育边缘化,不重视对学生的德育、体育、劳动教育和艺术教育,这也是教育法律法规不允许的,可没有学校被问责。

教育现代化的基础,是整体教育的规范有序,这就需要政府部门切实履行监管责任,依法监管学校和其他教育机构依法规范办学。要做到这一点,就需要政府部门有新的现代化教育政绩观,不能把升学率作为最重要的教育政绩。如果地方政府追求升学率,就会在配置教育资源时,将更多教育资源配置给升学率比较高的学校,关注少数拔尖学生,由此忽视给每个受教育者提供均等化的基本公共教育服务,也就会继续把教育、学校分不同等级、层次,这会和实现教育现代化的目标渐行渐远。

其次,要持续推进建立现代学校制度。《国家中长期教育改革和发展规划纲要(2010—2020 年)》(以下简称《纲要》)指出：要适应中国国情和时代要求，建设依法办学、自主管理、民主监督、社会参与的现代学校制度，构建政府、学校、社会之间的新型关系。适应国家行政管理体制改革要求，明确政府管理权限和职责，明确各级各类学校办学权利和责任。探索适应不同类型教育和人才成长的学校管理体制与办学模式，避免千校一面。[①] 从《纲要》颁布到现在 8 年间，我国学校已经初步建立起现代学校制度，但是，距离教育现代化的要求，还有很多工作要做，这包括：在中小学建立能独立发挥作用的家长委员会，增进家校互信；在大学里建立能进行教育与学术管理、决策的教授委员会和学术委员会，真正实现行政权、教育权、学术权分离；等等。

教育现代化，最终要落到每所学校办学的现代化，因此，建立现代学校制度，既是教育现代化的目标，也是教育现代化的抓手。这将是我国所有学校在实现教育现代化过程中十分重要的工作。只有全面建立现代学校制度，我国各级各类学校才会形成教育家办学的氛围，促进教师职业化、专业化发展，提升学校办学质量和品质，满足每个受教育者接受"好教育"的需要。

---

① 国家中长期教育改革和发展规划纲要(2010—2020 年). http://old.moe.gov. cn/publicfiles/business/htmlfiles/moe/info_list/201407/xxgk_171904.html.

前言二

对话马云：马云乡村教育计划
对我国发展乡村教育的启示^①

  "'马云乡村校长计划'最难能可贵的地方是，这不是给乡村校长一个头衔，也不只是一个荣誉，而是一种使命。入选的校长要经过严格的培训，并要求在学校办学、管理中开拓新的教育模式。"一位"马云乡村校长计划"入选者，在对比其他教育计划项目，谈到"马云乡村校长计划"时，这样感慨。

  今年7月15日，在马云的母校杭州师范大学，100位乡村教师、20位乡村校长和100位乡村师范生们成为舞台的主角。能够容纳上千人的杭州师范大学学术交流中心大剧场里座无虚席，2017届"马云乡村教师奖"获奖教师和"乡村校长计划"获奖校长正式结业，首届"马云乡村师范生计划"的入选师范生颁奖也同期举行。经过3年持续不断的素质提升计划，120位乡村教育家以全新的面貌再次出发，100位年轻的教育新秀也正式启航。"结业不代表结束，学习没有终点，今天应该是一个优秀老师的开始。"典礼现场，马云与所有教师一一握手，一度连续送出几十个"熊抱"，

---

  ① 本文作于2019年9月。

并以多个"感谢"向乡村教育家们致敬。①

我国有很多政府层面的教师奖励和人才计划(诸如"名校长、名教师工程"),马云公益基金会设立的"乡村教师奖""乡村校长计划""乡村师范生计划",与它们相比,有什么不一样? 在我看来,一是没有"帽子",二是重视实效,三是政府力量之外的有益补充。这不但让"乡村校长计划""乡村教师奖"给人更加实在的感觉,而且也在为我国整体推进乡村优秀校长、教师培养探索经验。

一、 没有"帽子"的乡村校长计划

马云公益基金会于 2016 年 7 月 4 日正式发布"马云乡村校长计划",核心目标是发现并助力新一代具有优秀领导力的"乡村教育家"。按规划,基金会每年在全国范围内评选出 20 位优秀的"乡村教育家"代表,为他们每人提供总计 50 万元的支持。其中,10万元用于帮助改善个人生活;10 万元用于领导力提升,包括参与国际游学,组成校长课堂,结成"乡村教育家"社区以探索乡村学校发展;30 万元作为实践基金用于获奖校长所在学校,帮助他们开拓教育模式,使乡村学校更具活力。②

这是一个重在培训和实践的计划。其实,我国政府部门主导的所有人才计划,出发点重在资助、培养、出实践成果,但是在现实中,往往变为入选计划就获得相应头衔、身份,于是"功成名就",大家反而不再关心入选计划之后的人才培养、发展。而且,这次入选

---

① 祝梅.2017 届马云乡村教师乡村校长结业 马云重回母校谈教育.浙江新闻客户端,2019 - 07 - 17.
② 马云乡村校长计划开启,20 位校长每人获 50 万发展基金.凤凰公益,2017 - 07 - 12.

计划、获得头衔，还与下一次入选新计划、获得新头衔密切相关，这把人才的精力导向申请入选计划，之后把精力用于包装成果，随后，再以之前入选计划、包装的成果去申请新计划。这就是目前教育领域存在的"唯帽子论"。

在去年召开的全国教育大会上，习近平强调，要深化教育体制改革，坚决克服唯分数、唯升学、唯文凭、唯论文、唯帽子的顽瘴痼疾，坚持深化教育改革创新。[①]"马云乡村校长计划"可以说正为破除"唯帽子论"的顽瘴痼疾提供了一种思路。

人才计划的"帽子化"首先源于评价是由行政主导，因此入选计划代表了行政部门的"认可"，这就会被作为一种政绩。而马云公益基金会的"乡村校长计划"入选人选评选，完全由独立的第三方进行，加之公益基金会也是第三方，因此，没人会把入选计划作为"帽子"，而会重视入选计划后怎样通过计划项目得到更好的发展。据了解，最初马云公益基金会在推出"乡村教师奖""乡村校长计划"时，准备与地方教育部门合作评选。假如当初选择与教育部门合作评选，那很可能就会变为一种官方奖项，入选计划者就戴上了"帽子"。

我国要破除人才计划变为"帽子计划"，就要推进人才评价改革，要由独立的第三方评价，代替现在由行政主导的评价，淡化行政和利益色彩。像现在各地都有的"双名工程"（名校长、名师培养工程），就存在入选培训工程者就被誉为名校长、名师的问题，继续推进这类工程，应该由第三方来进行评价，实施培训。

二、 重新发现价值的乡村教师奖

2018 年，河南鲁山县赵村乡堂沟小学的代课教师任宗毓获得

[①]　习近平全国教育大会重要讲话金句速览.人民网，2018 - 09 - 10.

"马云乡村教师奖"。据报道，任宗毓是堂沟村人，4岁时因患小儿麻痹症右腿落下残疾，走起路来一瘸一拐。他1980年高中毕业后，看到公办教师不愿到堂沟小学任教，就主动申请当代课教师。1982年，他被录取为正式民办教师。然而，1990年时，他因治病耽误了民办教师职称评审，重新成为一名代课教师。他在堂沟小学37年如一日地工作，现在这个学校只有3个班11个学生，他依旧在坚守。①

平心而论，如果没有"马云乡村教师奖"，代课教师是不太可能获得奖励的。因为按照国家的规定，为提高教师整体素养，以及对教师群体进行规范管理，我国应清理代课教师群体（符合条件的代课教师转为有编制的教师，不符合条件的则转岗或者补偿清退），但是，在我国乡村地区，由于多方面原因，如乡村学校条件艰苦，难以招到有教师资格的教师去工作，还是存在代课教师的，而且他们工作很努力，得到村民信任，但是报酬却比有编制的教师低。

在评定优秀教师时，地方教育部门即便知道代课教师很辛苦，也不太可能给他们评奖，因为这相当于承认本地还使用代课教师。这并非务实的态度。但马云公益基金会却直面这一问题。从"马云乡村教师奖"启动以来，每年都有代课教师获奖。代课教师对于乡村学校，尤其是小规模学校、乡村教学点来说，就是一束光，照亮乡村孩子的未来发展之路。

乡村代课教师能获得"马云乡村教师奖"，也得益于评奖机制。首届"马云乡村教师奖"评选，马云公益基金会选择与《春城晚报》《贵阳都市报》《华西都市报》《三秦都市报》《兰州晚报》《新消息报》等媒体合作进行评选活动。媒体承担了发现、报道、推荐的职责，

① 喜报！鲁山一个学校一个残疾代课教师，入围了马云乡村教师奖.绿太阳影视2018-09-11.

把评选变为发现乡村教师、向社会公众介绍乡村教师、让更多人关注乡村学校与教师的过程。这是一个公众广泛参与的专业评奖过程。每年获奖的只有100人，但带动的是整体乡村教师群体，让全社会都聚焦乡村学校发展。参与的媒体，也和马云公益基金会一起投身这一公益行动。①

美国的"国家年度教师"评选，可以说是美国教育界的盛事，也以教师参与广闻名。据介绍，美国"国家年度教师"评选流程是：学生、家长、校长、学区主任提名56名州年度教师，把包括他们的个人简历，8篇从个人教学哲学到所面临的教育问题、能反映出他们最高水平的论文和签名信的书面申请提交给首席州学校官员理事会；理事会协调，由15个全国最主要的教育专业组织各派1名代表组成评委会对他们进行筛选，投票选出4名"国家年度教师"的决赛者；评委会再对每一位决赛者进行面试和综合评估，评出"国家年度教师"。②

与美国"国家年度教师"评选相比，"马云乡村教师奖"的评选一点不逊色，现在已经成为我国乡村教师的盛事，评奖所传递的教育价值理念，会推动提升我国乡村教师的职业荣誉感，也会吸引更多人关注我国乡村教育的发展。

三、 更符合市场机制的乡村师范生计划

为解决我国乡村教师这一发展乡村教育的短板问题，我国于2007年推出了"免费师范生计划"。去年，教育部等五部门印发

---

① 本报推荐的三位教师获马云乡村教师奖.哈尔滨新闻网，2019 - 01 - 15.
② 美国国家年度教师是如何评选?. http://m. hteacher. net/article/article. php? id=122492，2015 - 09 - 20.

《教师教育振兴行动计划（2018—2022 年）》（以下简称《计划》），《计划》明确提出，将改进完善教育部直属师范大学师范生免费教育政策，将"免费师范生"改称为"公费师范生"，履约任教服务期调整为 6 年。①

"免费师范生"更名"公费师范生"，主要是为了避免对这一政策的误读，将其理解为贫困生才读的师范教育项目。同时，降低服务年限，也是希望通过提高教师职业本身的吸引力，来吸引优秀人才从教。但是，公费师范生单列计划招生、按计划培养、就业的模式，存在着一定的先天不足。一方面，由于是单列计划招生，有的学生报考这一计划时，主要考虑多一个录取机会，并没有想好今后是否真的愿意当教师，而且由于是单列计划招生，录取分数不同，不愿意从教的学生很难退出。另一方面，考虑到毕业后反正要"包就业"，有的公费师范生并不努力学习，这影响公费师范生的整体培养质量。

吸引优秀人才到乡村学校当教师，应该采取更符合市场机制的办法。其一，可以在学生入学后，由学生自愿选择公费师范项目，这时候，学生没有能否被大学录取的考虑，会多从专业与职业兴趣角度进行选择。其二，可以在就业时，采取学费代偿、奖励等方式，吸引学生选择到乡村任教，而且乡村学校也可根据应聘者情况择优录用，而不像现在，有的公费师范学生并不情愿当教师，但用人单位还得优先安排解决。

"马云乡村师范生计划"就是从就业端激励乡村师范生扎根乡村，这是更符合市场机制的做法。马云一直说要吸引最优秀的学生读师范，这就要求教师职业对优秀人才有吸引力。根据"马云乡

---

① 教育部："免费师范生"改为"公费师范生"，提高师范生拨款标准.中国教育在线，2018－03－28。

村师范生计划"的规划，马云公益基金会预计 10 年内至少投入 3
亿元，用于"马云乡村师范生计划"。"马云乡村师范生计划"每年
入选者 100 人，每人每年 2 万元补贴，连续 5 年。这个奖项面对全
国，不论学生来自大城市还是农村，只要是师范学院和师范大学应
届师范类毕业学生，自愿到贫困县的乡村学校工作或者是已毕业
一年、已成为乡村教师的师范类毕业生即可申报。这一计划对于
国家实施的"公费师范生计划"是有益的补充，而且也在探索在就
业阶段对师范生进行跟踪激励、培养的新模式。

四、 寄宿制和小规模学校争议背后的公益机构定位

马云公益基金会推出的几个乡村教育项目，引起社会较大争
议的，只有寄宿学校这一项。因为马云提到寄宿制学校是乡村教
育的出路，应撤掉乡村小规模学校，建寄宿制学校，并配备安全的
校车，给乡村孩子更好的教育。[1]

马云的建议被理解为国家政策，但其实，国家的政策是既要办
好寄宿制学校，也要办好小规模学校。一个乡村地方是建小规模
学校，还是建寄宿制学校，是不能搞"一刀切"的，必须因地制宜。
比如，某乡村地区学生分布很广，学生上学交通很不方便，而且大
部分乡村孩子是留守儿童，那建寄宿制学校是合适的。因此，究竟
是建小规模学校还是建寄宿制学校，要结合当地情况，听取村民意
见，民主决策。

马云所提到的建乡村寄宿制学校，是从公益机构角度提出的
建议，并不是国家政策，这是不能混淆的。而且从马云基金会评选

---

[1]　冯侠秋.马云：寄宿制学校是乡村教育的出路.新京报，2018 - 01 - 14.

的乡村优秀教师看，很多就来自小规模学校（教学点），因此，建乡村寄宿制学校的建议并非否定小规模学校，而是思考怎样给乡村孩子更好的教育。

不同的公益机构可以有不同的探索。马云公益基金会如果在乡村寄宿制学校建设中能探索出办好乡村寄宿制学校的可行之路，那对乡村教育是一大贡献。目前，不少反对乡村寄宿制学校的人士的意见，主要集中在：这会导致乡村小规模学校消失，乡村不再有琅琅书声；寄宿制学校条件简陋，学生住宿条件差，生活服务跟不上；寄宿制学校没有专业的生活老师、心理老师，学生的心理问题比较严重。可是，有的留在村里的人，只剩"老弱病残"，保留的乡村学校规模也越来越小，只是低水平维持。父母双双外出的留守儿童，放学后没有人监护（委托监护人最多只能照顾日常饮食起居），还不如到寄宿制学校学习。最近，我国有关部门在谈到对留守儿童、困境儿童的监护时，就提到要优先安排这些儿童到寄宿制学校学习，优先安排乘坐校车。

建好乡村寄宿制学校，并不是一件容易的事。对于乡村学生来说，这就是他们长期的"家"，因此，要在硬件设施上改善乡村寄宿学校的条件，同时在寄宿学校的管理、服务上，把寄宿制学校打造为一个学习、生活社区。马云公益基金会所建的寄宿学校，如果能建设出一流乡村寄宿学校的样板，那么可以吸引更多社会人士投入乡村寄宿制学校的建设，而且这也并不妨碍建乡村小规模学校。从现实看，我国有的中西部省市已经构建起村村有幼儿园、乡镇办寄宿制小学、县办寄宿制初中、地级市办寄宿制高中的办学模式，切实办好寄宿制学校，是一个无法回避的问题。适合乡村地区学生、家庭的寄宿制教育，应实现"四包"，即包吃、包住、包穿、包行（校车交通）。

简单来说，发展我国乡村教育，乡村寄宿制学校和乡村小规模学校两类学校都要建好，需要政府发挥主导作用，因地制宜，科学规划学校布局。社会公益机构可以根据自己的情况，关注某一类学校的建设，但这种关注，不存在一种模式否定另一种模式的问题，而是形成全社会的合力。

五、 马云乡村教育计划的为与不为

总体看来，马云乡村教育计划（"乡村校长计划""乡村教师奖""乡村师范生计划""乡村寄宿制学校计划"），主要还是以"人"为主，并逐渐向学校整体建设拓展。在我看来，公益组织不宜把面拓展得太宽，而需要在某一领域做深，这是由公益组织的属性和能力所决定的。

据了解，马云公益基金会还有意向发展乡村在线教育，建设乡村少年宫、乡村图书馆。我认为，这应该谨慎决策。首先，这会分散马云公益基金会已经实施的项目的精力，影响这些项目纵深发展，像"乡村教师奖""乡村校长计划""乡村师范生计划"，要培养影响乡村教育的乡村教育家，需要投入精力深耕。众所周知，乡村教师建设是我国乡村教育的最大短板，马云公益基金会针对教师队伍建设的几个计划受到关注，是因为切中要害。

其次，不论是发展乡村在线教育，还是建少年宫、图书馆，最终使用在线教育、少年宫和图书馆的都是"人"。如果缺乏教师，或者教师没有使用这些设备设施的积极性，这些设施设备就会被闲置，投入就会"打水漂"。

2018年，我国首份《中国义务教育质量监测报告》发布。这份报告显示，我国92.4%的小学和97.4%的初中有图书馆；78.4%的四年级有科学实验室,97.1％的八年级有物理实验室,93.6％的八年级有生物实验室;86.9％的四年级有科学实验仪器和设备,99.2％的八年级有物理实验仪器和设备,96.4％的八年级有生物实验仪器和设备。但是,教学资源使用率却有待提高,在拥有图书馆的学校中,37.2％的四年级学生和50.5％的八年级学生在本次监测的学期中还没去过图书馆;在配备了科学实验室的学校中,39.1％的四年级科学教师、39.7％的八年级物理教师、59.4％的八年级生物教师表示从不或很少使用;在配备了艺术专用教室的学校中,39％的四年级音乐教师和31.9％的八年级音乐教师从不或很少使用音乐专用教室,55.3％的四年级美术教师和51.5％的八年级美术教师从不或很少使用美术专用教室。[①]

存在这一情况,和学校师资建设和教育价值观有关。有的学校缺专任教师,再加上义务教育教学也追求学生的"主科"(纳入中高考的科目)考试成绩,因此,非考试科目和考试内容的教学就被边缘化。

在线教育也一样,虽然表面看,在线教育可以给乡村学生送去优质教育资源,可是,这需要教师将优质资源结合学生的实际情况,融入课堂教学之中,而不是就让学生看直播。几万个学生看一个教师上直播,这是什么课堂? 必然因没有考虑到学生的差异性,以及缺乏互动,而让教学效果很差。好的课堂教学是小班化、交互式、探讨式教学,是有情感和灵魂的,离开了教师线下组织、辅导的在线直播课,是很难有效果的。如果直播课有好的效果,那能方便获得直播资源的城市为何还有那么激烈的"择校热"呢?

我国基础教育领域一直存在重物质投入、轻人才建设的问题。

---

① 我国首份《中国义务教育质量监测报告》发布.http://www.moe.gov.cn/s78/A11/moe_767/201807/t20180724_343663.html,2018－07－24.

现在全社会已经逐渐意识到这一问题的弊端。去年，国务院办公厅发布《关于进一步调整优化结构提高教育经费使用效益的意见》，明确要求，坚持厉行勤俭节约办教育，严禁形象工程、政绩工程，严禁超标准建设豪华学校，每一笔教育经费都要用到关键处。对于关注我国教育发展的公益机构来说，把更多财力与精力投入乡村教师发展是最能体现公益价值的。

基础教育现代化
——基础教育理念

- 重视基础教育，不要搞错了方向
- 取消艺体特长生加分，怎样让所有学生都重视艺体教育？
- 重视劳动教育，不能再纸上谈兵
- 灌输教育、功利教育，是我国学生创造性教育的两大障碍
- 规则教育是最重要的德育
- 发展教育，不能再用"金字塔"结构、等级思维
- 人脸识别技术用于监控学生表情是反教育
- "在家上学"不能一禁了之
- 疫情防控与教育生态建设

重视基础教育，不要搞错了方向^①

据媒体报道，在 2019 年 5 月召开的 2019 年未来论坛·深圳技术峰会上，深圳市副市长王立新称："大家从最近的形势也看到基础研究对深圳、对中国是非常非常的重要！我们过去讲 80 年代上大学的时候说'学好数理化，走遍天下都不怕'。今天我们有必要重提那句口号，就是'学好数理化，打遍天下都不怕'。"

深圳副市长的发言应该与任正非此前接受访谈时发表的观点有关。任正非说："……但就我们国家整体和美国比，差距还很大。这与我们这些年的经济上的泡沫化有很大关系，P2P、互联网、金融、房地产、山寨商品等泡沫，使得人们的学术思想也泡沫化了。一个基础理论形成需要几十年的时间，如果大家都不认真去做理论，都去喊口号，几十年以后我们不会更加强大。所以，我们还是要踏踏实实做学问。"他还指出："中国将来和美国竞赛，唯有提高教育，没有其他路。教育手段的商品是另外一个事情，我认为最主要还是要重视教师，因为教师得到被尊重了以后，大家都想做教师。"

其实，基础教育和基础研究对国家发展的重要性，本属于一个常识性判断。当前的形势让大家意识到基础教育和基础研究的重

① 本文作于 2019 年 5 月。

要性，从中恰恰反映出我国基础教育和基础研究存在的严重问题。深圳市副市长重提"学好数理化，走遍天下都不怕"，将其发展为"学好数理化，打遍天下都不怕"，得到不少共鸣，但是，还必须解决什么是"学好"这一根本问题。

一、 好的基础教育，不是追求分数，而是重视培养兴趣

在我看来，我国的基础教育和基础研究存在的最大问题，在于对于什么是"好"已经出现严重偏差。我国基础教育和基础研究在自认为"好"的方向不断使力，却与好的基础教育和基础研究渐行渐远。发展基础教育和基础研究，需要在正确的方向上使力。

我国教育，无论是基础教育还是高等教育，对数理化都很重视。在基础教育领域，数理化（数学和科学）是学生学习的重要科目；在高等教育领域，"985""211"院校开设的理工科专业，是文科专业的 3 倍左右（在各省实行文理分科招生时，第一批本科录取计划，理工科录取计划就是文科录取计划的 3 倍左右）。可为什么当前社会存在数理化没有"学好"的判断呢？

对于学好数理化，有两个判断角度：一个角度是考试和升学的角度，另一个则是学生兴趣、特长、创新能力角度。我国地方教育部门、学校、学生和家庭，现在几乎都是用第一个角度来看待"学好"数理化；只有在面对现实的人才竞争能力时，才想到另一个角度。如果对于"学好"数理化，全社会不转变为第二个角度，那么再怎么重视数理化，都不可能真正"学好"数理化。

我国中小学生学习数理化，培养的并非学生的科学兴趣和科学素养，而只是提高考试分数，包括对待奥数也是如此。在美国，大约只有 5% 的学生选择奥数学习。他们选择奥数，是为了发展

数学兴趣、特长,参加奥赛获得奖项,也通常将其作为进一步研究数学的起点。而在我国,奥数变为择校、升学的工具,很多学生都选择上奥数培训班,但并非发展数学兴趣,学生获得奥赛金奖,以此进入好的大学后,就不再继续对数学感兴趣,也就是说,获奖成为学习奥数的终点。同样,高考是我国很多学生认真学习数理化的终点。

二、 基础教育顽固的唯分数导向

这种"学好"数理化的导向不变,再怎么重视基础教育阶段的数理化学习,结果也必定是应试化学习,无法培养学生的学科兴趣和科学素养。令人遗憾的是,我国各地教育部门虽然一直宣称要推进素质教育,但特别看重各校的升学率,以学生的分数、升学率来考核学校办学和教师的教育贡献。

在经济合作与发展组织(OECD)组织的 PISA(国际学生评估项目)中,我国上海学生在 2009 年、2012 年两次获得科学、阅读、数学三项成绩世界第一。数据显示,美国 10 年来的成绩没有任何进步,始终徘徊在平均线上,2015 年,美国学生的数学成绩更是在 72 个国家和地区中排名第 40。对此,我国不少社交媒体认为美国基础教育差,中国基础教育则"碾压"美国基础教育。这完全是从应试角度看科学、数学学习。

不错,我国学生在高强度的学习压力之下,数学和科学的知识掌握程度比美国学生好很多,可是,对一个学生来说,最为重要的兴趣、个性、好奇心、想象力、创造力的培养,却无法通过考试评价出来。我国基础教育甚至是以牺牲学生的兴趣、好奇心、想象力、创造力,让学生熟记标准答案,来提高应试能力。

更令人困惑的是,对于基础教育"育分不育人"的现实问题,我国想改却无能为力。每当要推进改革时,总有强烈的声音反对改革,认为只有分数评价才是最公正、客观的。关注学生兴趣、个性、创造力培养,反而被嘲讽,而且嘲讽者会用"农村学生怎么有机会发展兴趣"这一道德大棒呵斥推进素质教育改革者,力挺当前的应试教育。

假如这一问题无法得到解决,那么"学好"数理化只是知识教育角度的、以高考为目标的,而非培养优秀的基础研究人才。

三、 基础研究延续基础教育的功利思维

我国当下的基础研究也延续着基础教育的功利思维。具体而言,目前评价一名研究者的学术能力和学术贡献,看的是发表论文(论文数量和期刊档次),这把所有研究者的精力都导向炮制论文之中,甚至催生弄虚作假。这就是任正非所提到的学术思想泡沫化。需要注意的是,我国清华大学、北京大学等高校的世界大学排名近年来越来越高,清华大学已经进入有的世界大学排行榜的前20名(2019年QS世界大学排名第17名),其工程类专业已经超过麻省理工学院高居世界第一。这能说我国学生没有"学好"数理化吗?

但是,这样的排名提升是靠发表论文获得的,这反而带来两方面问题。其一,我国大学日益成为"论文中的大学",追求功利的发表论文的数量,反而不重视最为基础的人才培养。而离开一流人才培养,不可能建设为一流大学。其二,所谓的研究,是急功近利的,学者们想着怎样快速发表论文,而非做有价值的研究,学术研究由功利驱使,而非由兴趣驱动,实际上很多原创的基础研究重大

突破,均来自科学家的兴趣和专注。

因此,我国要发展教育和基础研究,不只是"重视"问题,而必须解决重视什么的问题。不解决重视什么的问题,过分强调功利的结果,只会走向反面。当前,我国教育和基础研究最大的问题就是过于急功近利,被功利的分数和论文绑架。

在去年召开的全国教育大会上,习近平总书记指出,要深化教育体制改革,健全立德树人落实机制,扭转不科学的教育评价导向,坚决克服唯分数、唯升学、唯文凭、唯论文、唯帽子的顽瘴痼疾,从根本上解决教育评价指挥棒问题。这对于解决我国当前的教育和基础研究问题,至关重要。

取消艺体特长生加分，
怎样让所有学生都重视艺体教育？[①]

"只有取消了（特长生）加分，才有可能真正地实施学校的体育和美育，它（美育和体育）不再是个别优异的或者有特长的人去学就行了，而是每个人都必须去学的。"4月15日，教育部体育卫生与艺术教育司司长王登峰在教育部新闻发布会上就"教育功利化倾向影响美育"做出回复。

我国已经取消中高考特长生加分，到明年，义务教育阶段学校将全部取消特长生招生。取消特长生加分与特长生招生，主要是为了遏制"特长功利化"。但是，在取消特长加分与特长生招生后，社会舆论也担心，学校、学生和学生家长将更不重视艺术与体育等没有纳入高考的学科的教学，因为这与升学无关。要让学校真正体育和美育，一条思路是把艺术、体育纳入中高考计分，另一条思路则是依法治教，要求学校必须开齐开足基础教育课程，不能只围绕升学进行教学，将没有纳入升学评价的科目教学边缘化。

在我看来，将艺术和体育纳入中高考，并不能解决功利应对艺术和体育的问题，只有严格依法治教，打破"唯升学论"，才能让基础教育学校给学生完整的基础教育。

[①] 本文作于 2019 年 4 月。

据报道,王登峰司长分析道:"我们从来没有听说过语文特长生加分、数学特长生加分,因为语文和数学是每个人都必须要学的,考试升学的时候要按照他真正的分值去录取。而体育和艺术特长生加分就表示,学生有特长就学,没准还能加两分,你要没这个特长就可以不用学了。所以我认为取消体育、艺术特长生加分才是体育和艺术真正面向人人的一个前提条件。"这段话的总体意思是,因为升学考试大家都要考语文、数学,大家都会学语文、数学,不会只有少数特长生去发展语文和数学特长,所以,要让所有学生重视艺术和体育,就不能走特长加分道路。那么,是不是要和语文和数学一样把艺术和体育纳入升学评价呢?如果不纳入升学考试,或者纳入后分值比语数科目低,怎么让学校、学生像重视语文、数学一样重视体育和美育?

我国各地的中考已经将体育科目纳入,并不断提高体育考试的难度和分值,各地也在进一步酝酿将艺术(综合素质评价)也纳入中考。但是,将艺术和体育纳入中考,以至于今后进一步纳入高考,是不是就会让所有学生都重视艺术和体育,实现培养学生艺体兴趣和技能的育人目标呢?

这需要理性分析。将艺体纳入升学评价,毫无疑问会让学校、学生、家长更重视艺术、体育,毕竟这会在升学中占一定比例的分值,但是,这是"考什么,才教什么,教什么,才学什么"的应试思路,而按照应试思路,社会和家长会质疑这增加学生的负担,而且学生学习艺术和体育,也非培养兴趣、学习技能,而是通过考试,实现升学目标。也就是说,将艺术和体育纳入中高考,和对艺体特长生进行加分一样,依旧存在功利化的问题。

真正需要治理的基础教育问题是,纳入升学评价的科目教育应试化,非升学评价科目教育就边缘化。这就是"唯升学论"。有不少人认为，"唯升学论"源于单一分数评价体系，但其实"唯升学论"源于一些地方政府教育部门不依法治教，用升学率评价学校办学、考核校长和教师，这导致学校不按教育法律法规规定给学生完整的基础教育。美育、体育、劳动教育由于没有纳入高考，不被重视。虽然有调查显示，近87％的学生在中小学接受了艺术教育，65％的学生参与了艺术社团或兴趣小组，学习掌握了艺术技能，但是，这和重视还有很大差距，在不少学校，艺术、体育课的时间经常被挤占。

以应试思路来治理某门课程、某方面教育不被重视的问题，是无解的。我曾到加拿大考察高中教育，发现所有公立高中学校都不关心学生究竟考什么大学，学生申请大学，是学生自己的事。原来，加拿大学区评价高中学校和教师，并不看升学情况，而主要看学校开设课程，以及所有开设课程的教学情况。这就让中学自主教育，关注给学生高质量的高中教育。而学生高中毕业之后，是选择进大学还是职业学院、社区学院，甚至不上大学，那是学生自己的选择。这就属于教招考分离的教育格局，中学教学并不围绕考试转，而是完成这一阶段应该给学生的教育任务。做到这一点，最重要的是地方教育部门转变教育理念，重视学校办学而非升学。

重视劳动教育，不能再纸上谈兵[①]

　　小学生不会剥煮熟的鸡蛋、不会拿扫帚扫地，大学生让家长定期到校洗衣服、请家政公司来宿舍搞卫生……在部分学生和家长眼里，劳动无足轻重。记者走访多所大中小学了解到，不少学校没有开设劳动课程，一些学校虽然开设了劳动课程，但常常纸上谈兵、形同虚设。受访教师表示，当前"崇尚分数、崇尚快乐"的青少年不少缺乏劳动概念，不仅不热爱劳动，甚至鄙视劳动，更缺乏自我劳动的习惯和意识。[②]

　　在去年召开的全国教育大会上，习近平总书记指出，要努力构建德智体美劳全面培养的教育体系，形成更高水平的人才培养体系。要在学生中弘扬劳动精神，教育引导学生崇尚劳动、尊重劳动，懂得劳动最光荣、劳动最崇高、劳动最伟大、劳动最美丽的道理，长大后能够辛勤劳动、诚实劳动、创造性劳动。以此，落实全国教育大会精神，必须坚持"五育并举"，针对当前中小学存在的不重视劳动教育的现状，一方面要扭转不科学的教育评价导向，让学校、家庭和学生意识到劳动教育的重要价值和意义，另一方面则要坚持依法治教，要求所有学校必须按教育法律法规要求，开齐开足国家规定的课程，包括劳动教育课程，并保证课程教学质量。

[①]　本文作于 2019 年 5 月。
[②]　谢樱.部分学校开劳动课形同虚设　成绩好就不用劳动?.半月谈,2019 年第 9 期.

学校和家庭漠视劳动教育的问题，由来已久。2015 年，教育部等部门发布的《关于加强中小学劳动教育的意见》，就指出我国劳动教育存在诸多薄弱环节和问题，劳动教育在学校中被弱化，在家庭中被软化，在社会中被淡化，中小学生劳动机会减少、劳动意识缺乏，出现了一些学生轻视劳动、不会劳动、不珍惜劳动成果的现象。近年来，虽然国家高度重视对学生的劳动教育，但是，在具体学校教育和家庭教育中，劳动教育走过场的问题还很大程度存在。

学校和家庭不重视劳动教育，有很大原因是"唯分数论""崇尚学历，轻视技能"的社会风气作祟。在"唯分数论"影响下，学校教育中，凡是与升学无关的学科教学被边缘化，不独劳动教育，美育、体育都存在被边缘化的问题，学校认为学生参与劳动，进行社会实践，是浪费时间；家庭教育中，很多家长包办孩子除学习之外的一切，让孩子"一心一意"学习，不干家务，孩子该做的事不需要做，而且为"激励"孩子努力学习、提高成绩，还以"不努力学习，今后就扫地、当服务员"之类来"吓唬"孩子，给孩子灌输职业高低贵贱的等级意识，让孩子从小鄙视劳动，争做"人上人"。

这样的教育实质是作茧自缚，由于任何家务都不做，有的学生从小就养尊处优，到了上大学，连基本的自主生活、管理能力却没有，变为长不大的"巨婴"；还有的学生，没有责任心，不少家长抱怨自己给孩子创造了"那么好"的成长环境，孩子却没有感恩之心；除此之外，眼高手低，动手能力差，在大学毕业时，不愿意选择某类工作，认为这些工作"没有面子"，等等，也严重影响学生的发展。

当然，这些道理，学校教师和家长们并非都不懂。而之所以不重视，是因为学生学业压力重，有的家长认为在这么重的学业压力之下，还让孩子劳动，"太累"。因此，要真正做到"五育并举"，就必须扭转"唯分数论""唯升学论",进行教育评价体系改革。不改革教育评价体系,不把学生从应试压力中解放出来,就可能"智育至上""分数第一",其他的教育很可能变为走过场和形式主义。

而在当前,要让学生接受劳动教育,需要坚持依法治教。《教育部 2019 年工作要点》提到,要出台加强劳动教育的指导意见和劳动教育指导大纲,修订教育法,将"劳"纳入教育方针。在把劳动教育纳入教育法之后,需要在具体办学中按照教育法律法规的要求,确保中小学开设劳动教育课,并追究不依法进行劳动教育的学校的责任。这也需要地方教育部门转变教育理念,不能只考核学校的升学率、用学生的成绩考核教师,而要依法监督学校开齐课程,保证每一课程的质量,同时为学校进行这些课程教育教学创造条件。

灌输教育、功利教育，
是我国学生创造性教育的两大障碍^①

　　清华大学经济管理学院第四任院长钱颖一曾在论文中将创造性思维总结为公式"创造性思维＝知识×好奇心和想象力"，并对相应的教育教学进行探讨。对此，中美教育文化比较专家、美国迈阿密大学教授黄全愈有不同观点，他认为创造性根本不可"教"，因违背教育规律，越教越没有创造性，教育者的使命是营造有利于培养创造性的环境和氛围。

　　其实，不是创造性可不可教，而在于怎么教，教育者营造有利于培养创造性的环境、氛围，激发学生的好奇心、想象力，不也是"教"吗？因此，没有必要争议创造性能不能"教"出来，而要围绕学生创造性的培养，解决我国学校教师如何"教"学生这一问题。简单来说，要由过去重视灌输教育、功利的教育成果，转为进行启发式教育引导，重视学生创造性思维形成的过程。要实现这样的转变，最为关键的是必须摆脱功利教育。

　　近年来，我国各级学校都在谈培养学生创新创造力，但是在具体的学校教育中，存在两方面问题。

　　其一，仍旧给学生知识、概念的灌输，包括有的大学开设创新

――――――
　　① 本文作于 2019 年 3 月。

创业学院,也是给学生讲一些创新创业的大道理,学生学到的只是创业的知识,获得的只是创业学分,却没有创新意识和创造能力。

其二,以功利的标准评价创新创业教育成效,比如有小学开展项目式学习,这本是培养创造性的积极探索,不是直接把知识灌输给学生,而是通过学生自己探究,学会学习和思考。但是,学校教师不关注学生探究的过程,而在意学生交上的学习报告(课题论文),把这作为展示创新教育的成果。有些学生父母就会帮孩子完成报告。这种创造性教育就演变为形式主义、弄虚作假。

真正的创造性教育,重视的是培养学生的思维能力。为此,学校教师会鼓励学生自由思考,充分表达自己的观念;学校教师会引导学生怎么论证自己的观点,并尊重别人的观点;学校教育会关注学生的个性和兴趣培养,并引导学生按自己的个性、兴趣发展,而非设定一个成才模式。

给学生设定一个成才模式的教育,是不可能培养创新人才的,因为这本身就带有很强的功利性。像黄全愈在文章中提到的我国足球运动员培养问题,为何我国 14 亿人口找不到 11 个会踢球的人?原因在于,我国孩子的成才路从小就被教师和家长规划,踢足球不是发展足球兴趣,而是通过足球实现功利的升学目标,比如通过体育竞赛加分或体育特长生招生,进更好的学校。这是和发展兴趣和培养特长无关的。也就是说,成为有特长的人才,不是大家追求的目标,通过特长实现功利的目的,才是真的目标。

前不久引起关注的奥数人才培养也是同理。在美国,学奥数是少数学生的事,有兴趣的学生才学,没有兴趣的学生就不学,而去发展自己其他兴趣。学奥数的学生,也不是把获得奥赛金牌作为自己的终极目标。但在我国,很多没有数学兴趣的学生也被要求学奥数,而有数学兴趣的学生学奥数、参加奥数竞赛,父母和老师最看重的是获奖后可以保送、被高校自主招生录取（以前是高考加分），奥赛获奖成了终极目标。

是不是我国的教师不懂得如何给学生营造有利于创造性培养的环境呢？并非如此，学校教育选择灌输教育方式，关注现实的教育成果，是和目前的教育评价体系和学校办学管理对应的。必须承认，我国基础教育对学生的评价，只看最终的考试分数，并不关注学生的个性和兴趣培养，而教育部门和学校对考试的评价，也只看教师教育学生的成绩，在这种评价和管理体系之下，学校和教师都不会真正重视学生的创造性培养，因为这不但增加教师管理、引导学生的难度，还没有多大成效。因此，即便进行创造性教育，还会纳入传统的管理和评价体系，这当然无法培养学生的创造性。

规则教育是最重要的德育①

　　据媒体报道,2017 年 8 月 25 日,两名女子带一名男童在广西南宁某影城观影。其间,孩子时有吵闹,旁边一女子无奈换位到前排。之后,男童连续踢她的座椅靠背,女子提醒他们注意素质,抱男童的女子怒而猛踢其椅背。散场后,女子再度提醒文明观影,结果被对方打伤,手机也被砸烂。

　　这样的事已经不止一次发生了。就在前不久,在中国飞往洛杉矶的航班上,一个 6 岁孩子不断打扰邻座乘客,坐在旁边的父亲非但没有制止,反在该乘客提出不满时,动手殴打对方,结果落地后即被 FBI 逮捕,随即一家三口全部就地遣返回国。

　　网友对 FBI 遣返一家三口大多点赞,认为这种纵容"熊孩子"的家庭就应该得到惩罚。对身边的"熊孩子"不懂规则、打扰他人的行为,有不少人表示已经到了忍无可忍的地步,以至于今年 5 月,对于网上曝光的一段女大学生在餐馆里脚踢"熊孩子"的视频,力挺女大学生者众多。道理很简单:父母不教育,就让别人来教育。

　　但是,还是有很多家长,以"孩子还很小"为由,百般纵容自己的孩子,并以为这是现代的家庭教育方式,是鼓励孩子自由发展。

---

　　①　本文作于 2017 年 10 月。

可以说，这些父母根本不懂家庭教育，不但抛弃了我国传统的教育孩子好好做人的"家教"，而且也错误理解了西方的"赏识教育"。

我国对中小学生以及幼儿的德育，通常显得很"高大上"，比如要有远大梦想，要有爱国热情，要有崇高的社会责任感，可是，恰恰忽视了一个最基本的问题：怎么做一个合格的人？

一个合格的社会公民，需要有基本的道德责任和法律责任，因而最基本的德育应该是从小进行规则教育。

我国传统的家庭教育和学校教育是比较强调规则的，比如，吃饭时应该怎样坐，使用碗筷时应该注意什么，对长辈说话时应该怎么说，等等。一个人有无家教，主要就看他的言谈举止是否讲规矩。当然，很多的规矩并不尊重个体，强调的是长幼有序、男女有别。在倡导个体平等的时代，僵化的规矩应该破除，但不意味着在现代社会就不用对孩子进行规则教育，让孩子任性妄为。

传统家庭教育中，家长教育孩子做人的一些规则，任何时候都不过时，但是现在却被有些家长一并抛弃，转而对孩子无原则地纵容、溺爱。孩子与其他孩子打架，有的家长不问原因，为保护自己的孩子，把别人家的孩子打一顿，引发家长冲突；有的孩子在公共场合高声喧哗、吵闹，家长不制止，反而对教育孩子的其他人不满，让别人少管闲事。大家所见的是，现在有老师教育学生，学生会动手打老师；有家长教育孩子，变为父母和孩子对打。这是非常荒谬的景象，扭曲了正常的师生关系和亲子关系，是长期以来不注重规则教育引发的恶果。

这些现象的发生与家长自身就缺乏规则意识有关，或者说，有的家长自己就在没有良好规则教育的家庭环境中长大，等到自己成为父母，自然也不懂得怎样对孩子进行教育。最近，因台风影响，南宁机场一航班无法起飞，一群未成年人在家长的"指示"下抢占航空公司柜台,并在柜台里玩起了游戏。这就是典型的不懂规则的父母在对孩子进行十分恶劣的教育示范。

在美国,孩子上幼儿园的第一课就是学会"遵守规则",让孩子理解规则的目的和必要性,教的内容都是学校里需要遵守的规矩,包括在什么地点和场合应该用多大的音量说话,在食堂吃饭需要帮助时打什么手势,要求上洗手间又打什么手势,等等。孩子懂得规则很重要,因此在参加社会活动,比如过马路、逛商场时,会先研究规则,然后按规则行事,如果写着"禁止通行",孩子就不会去走。

同时,在美国的家庭教育中,父母既给孩子自由,但也明确告诉孩子自由的边界在哪里,即对孩子进行规则教育。比如,孩子能独立吃饭时,父母会把孩子放在餐桌边吃饭,如果孩子说自己不吃了,离开餐桌,接下来不久又饿了,父母会拒绝给他再吃饭,只有等下顿饭再吃,因为他吃饭的时候不好好吃。这就是在给孩子"立规矩",通过这种"立规矩"的过程,孩子的习惯也就逐渐养成了。

而教育孩子与人相处,西方学校的第一课通常是"不要伤害别人,也不要让别人伤害自己",家庭教育则告诉孩子最重要的文明礼貌是"不打扰别人",因此,在公共场合,鲜有"熊孩子"。我有一次在一家国外宾馆办理入住手续的时候,碰到 4 支小学生夏令营团队,其中 1 支来自中国,另外 3 支来自其他国家。4 支团队中只有中国团在宾馆大堂内高声喧哗,闹成一团,老师只有大声叫大家不要大声说话。而其他 3 支团的学生,都安静地排着队。

我国学校和家庭有很多时候对学生伤害他人的行为,表现得很宽容,称之为"恶作剧"。比如,有孩子在上课时,在其他学生站起来回答问题时,会抽掉他的凳子,导致这名学生一屁股坐在地上,有的甚至造成尾椎骨骨折。家长会用"恶作剧"来开脱孩子的责任,但这是严重的伤害行为,并非什么"恶作剧"。之所以孩子将其视为"恶作剧",是因为没有人教育他这是严厉禁止的行为。近年来,我国中小学校园欺凌案高发,有一些欺凌他人的学生就将自己的行为解释为只是"恶作剧";而在国外,是不会理睬所谓"恶作剧"的解释的,如果欺凌行为涉嫌违法犯罪,将会依法追究涉事学生刑责。

德育需要从小做起,对于未成年学生,最基本的德育是做人的规则教育。需要注意的是,规则和自由并不矛盾,懂得尊重规则,会获得更大的自由活动空间。对孩子进行赏识教育也是如此,没有原则的赏识教育不是赏识教育,而是伤害教育,既伤害孩子,也会伤害他人,最终会害了父母。我国家庭教育需要走出这种误区。当然,这也需要对家长进行相关教育,在美国,就有针对家长的教育,第一课即为"家庭教育需要掌握的规则"。

发展教育，不能再用
"金字塔"结构、等级思维[①]

　　又到高考，几起"高考移民"事件引发关注。有意思的是，对于
有民办学校从外地买生源，运作"高考移民"，网友们的看法并不一
致，甚至引发尖锐的对立。本省户籍家长作为被"高考移民"侵犯
的群体，对"高考移民"很愤怒，但外地的网友则质疑，凭高考分数
被录取，何错之有，错的也是各地高考录取机会不均衡、不公平。

　　不得不说，在当前，任何教育问题都会撕裂舆论，其最根本的
原因是，大家没有共同的教育情怀或理想，很多人看待教育，采用
的是"丛林法则"、等级化思维，认为高考就应该按分数高低录取，
大学就应该分为三六九等，职业和劳动也要有高低贵贱，这样高分
进好学校，今后有好工作，才会激励人努力奋斗。如果大学都没有
等级了，职业和劳动地位都平等了，谁还力争进步啊？

　　这可以说是最为简单的"等级化"治理教育、管理与评价人才
的思路。按照这样的思路，基础教育阶段，学生按分数被分为优生
和差生，差生被逐渐边缘化；高等教育虽然马上要普及化，但是等
级分明；大学毕业生进入社会，用人单位有明显的学历歧视，但不
少人认为，好大学就应该得到优待。

---

① 本文作于 2019 年 5 月。

由此形成当前的"唯分数论""唯升学论""唯学历论"。这对整体人才培养和教育发展、社会发展是不利的，从基础教育到高等教育，再到社会，可以看到有三个"金字塔"：一个是基础教育的"分数金字塔"，高分在塔尖，依次是中低分，这个"金字塔"，只看到学生的分数，不见其他（个性、兴趣、综合素养）；一个是"学校金字塔"（少数顶尖大学在塔顶，地方本科院校在中间，高职院校在塔底，往前推，还有"高中金字塔"，以及在义务教育均衡中想推掉却实际存在的"金字塔"）；还有一个是"职业金字塔"，行业、职业、劳动也按薪酬、地位形成"金字塔"。

把这三个"金字塔"连在一起，每个人的成才路径就很清晰，高分、好学校、好职业，就是走在"塔尖"的成功人生，而低分、差学校对应的就是差职业——你还要怎样？争做"人上人"，就是这么来的。

这样的教育、职业"金字塔"结构是存在严重弊端的。在基础教育阶段，"分数金字塔"用一个分数标准对学生排序，忽视学生个性、特长，所有学生，只有一个第一名。而良好的基础教育应该是教育每个学生做最好的自己，促进学生多元发展。在高等教育阶段，每所大学办出自己的特色，包括职业教育也具有高质量，才能给学生多元选择，也让进入社会的大学毕业生各有所长。但在"金字塔"结构的高等教育体系中，高校"千校一面"，高职也参照本科办学，在底层的学校，就是"烂学校"、差学校。与这样的教育对应，行业的建设和职业发展也就可想而知。

我国已经明确要在2035年实现教育现代化，推进各类教育高质量高水平普及，这就必须审视目前存在的三个"金字塔"对人才培养的影响。改变"金字塔"结构将会涉及极为复杂的利益，尤其是那些自以为站在"塔尖"的群体的利益。比如，分数高者反对建立多元评价体系的改革,获得国家重点投入的大学反对减少专门的项目拨款,简单来说,就是要继续"丛林法则",继续维护等级。而且很多非"塔尖"者也支持继续维持这样的结构,因为层次分明、等级分明,好就是好,差就是差,更何况,国家哪有那么多经费建好每一所学校,把有限的经费用到少数学校,打造好学校,有什么不好呢?

沿着这种思路,就可以理解不少人为何支持"高考移民"了。他们认为考得好是本事,他们恨不得全国都是这样,教育就是比赛爬"金字塔",甚至希望进一步把等级搞得分明些。然而,他们不清楚,"金字塔"结构如果没有牢固的基础,"塔尖"也是不稳固的,而且在"丛林法则"的竞争中,最终是没有赢家的,就是自己考进了名校,能保证自己的孩子今后进的不是很普通的院校吗?

客观而言,在我国国力较弱时,集中资源重点建设少数学校是符合国情的;在国力增强、高等教育已经进入普及化时,再按"金字塔"结构发展高等教育、基础教育,就不是国情(财政实力)的问题,而是观念的问题了。

人脸识别技术用于监控学生表情是反教育①

　　一阵风起,"AI＋教育"概念迅速席卷教育行业的各个场景。据调查,至少5家知名教育企业正在研发或落地使用该项技术。此外,在许多教育峰会、论坛上,"AI＋教育"、人脸识别、表情分析等均是行业人士探讨的热词。但是,日益火热的人脸识别、分析学生上课状态的技术,却让不少学生、家长和专家深深担忧:"究竟是校园信息化还是校园监狱化""数据收集是否侵犯学生隐私""表情识别分析真的靠谱吗""孩子们小小年纪就要学演戏"……②

　　其实,在去年,某中学使用"黑科技"打造"智慧教室",对学生进行表情监控,以提高课堂教学效率时,舆论就普遍质疑,这不尊重孩子人格,侵犯学生隐私,学生长期在监控环境下学习、成长,会养成表演型人格,应该叫停这种所谓技术创新。但是,在资本和学校提高教学效果的驱动下,加上"AI＋教育"这一"创新概念"加持,越来越多的企业投身开发并推广这种以监控学生上课表情、行为的"智慧课堂"系统,也有越来越多的学校采用这一系统,并以使用后的效果,诸如学生上课更投入,教师管理学生更方便,学生成绩提升以及有关学生间、师生间的冲突与纠纷也减少,来论证采用这

---

① 本文作于2019年5月。
② 刘文静.课堂人脸识别让孩子变"戏精"?"AI＋教育"的伦理难题待解.未来网,2019－05－05.

一系统的科学性、合理性。这是必须引起教育系统与全社会高度重视的,学校是育人的地方,培养学生健康成长,所有教育创新,必须以尊重学生人格为基本出发点。

现代教育技术当然可以用于教育教学中,但是,这需要首先搞清楚教育是什么。很显然,在教室里安装监控,全天无休地对着学生,适时采集学生的表情、动作,这是把学生当作"犯人",时刻在监控。这种做法的反教育性质是十分明显的,却得到一些教育管理者和学校追捧,这是因为有的教育者和办学者忘记了教育是什么,只是考虑怎么管理方便,以及怎样提高成绩。

支持安装监控者认为,教室也是公共场合,学生和教师并无隐私之说。这把教室简单地类比于普通公共场所。教室虽然是公共场所,却是完成教学活动的共同场所,广场上的监控只是对路过的路人偶尔进行监控,而安装在教室里的监控则是一直盯着教师、学生。教室里可以安装监控,但是应该只在两种情况下使用:一是用于作为考场时,监控考场秩序;二是在得到教师和学生的同意情况下,直播课堂教学,与其他学校、课堂共享教育资源。一直使用监控,盯着学生和教师的上课情况,会让整个教学活动变为表演,对学生的人格成长产生很大的负面影响。

也有人说安装监控系统,便于教师管理学生,但其实,在监控体系之下,教师也是被管理对象,长期使用监控系统,对教师的职业化、专业化发展也会有很大的负面影响。教师上课就依靠智能系统的"反馈",告诉教师哪个学生不认真,哪个学生不专注,这是技术识别的结果。离开了技术手段,教师还会教学吗?教育是有情感和灵魂的事业,很多研究人工智能的专家认为,教师是人工智能时代最难取代的职业,就因为教育需要灵魂和情感,但是利用"AI+教育"无节制地使用人脸识别等技术,正在把教育变得没有灵魂和情感，那还不如使用教育机器人。

所谓"AI＋教育"提高课堂教学质量，也是基于错误的课堂质量观，就是对学生只是灌输，把学生作为被动接受知识的工具。这种灌输教育模式是和学校办学的应试倾向符合的，这也是有学校追捧使用这类技术的原因。采用这类技术，是把应试教育进一步"精细化"。事实上，近年来，有的学校为让学生把所有精力都用到学习上，还出台了被舆论质疑的变态校规，在"AI＋教育"这样的理由下，进行能提高成绩的"创新"，学校当然是乐见的。要让教育创新符合教育规律，应该由教师委员会和学术委员会进行论证，并广泛听取教师和学生意见，不能就由领导拍板。资本的驱动，"AI＋教育"的概念炒作，学校办学的急功近利，让"AI＋教育"的路越走越偏，需要及时正本清源，回归正道。

"在家上学"不能一禁了之①

　　"一些家长不送孩子上学,在家里或者是送到私塾、国学班等地方去学习,这些机构很难按照国家规定的课程标准要求,开齐、开足、开好相关课程,很难保障我们适龄儿童少年完成国家规定的义务教育。这对孩子一生的成长是很不利的。"2017年9月5日,教育部基础教育司司长吕玉刚在北京表示。

　　按照《义务教育法》,适龄儿童、少年的父母或者其他法定监护人应当依法保证其按时入学接受并完成义务教育,依法实施义务教育的学校应当按照规定标准完成教育教学任务,保证教育教学质量。因此,不送孩子到实施义务教育的学校接受义务教育,不管是在家上学,还是送孩子去不具有义务教育资质的读经班、国学班,都是违反《义务教育法》的。

　　但是必须意识到,简单地禁止监护人选择让孩子在家上学或送去私塾学习,可能难以从根本上消除这一问题。因为按照目前的《义务教育法》,监护人可以先让孩子入学取得学籍,然后请病假或者办理休学手续不去上学,学校虽然明知这些家长是让孩子在家上学,但由于学校办学无法满足这些家长的个性化教育需求,也只能睁只眼闭只眼。这也成为我国一些地区学校防控辍学的难点。

---

　　① 本文作于2017年9月。

家长之所以选择让孩子在家上学，一方面是出于对学校教育的不满，另一方面则是每个受教育者个体不同，受教育需求也不同，不管学校教育怎么做到个性化，都无法满足不同受教育者的不同需求。在美国，就有 200 多万孩子在家上学，但在家上学并不是不让孩子接受义务教育，而是把在家上学纳入义务教育体系，把每个在家上学的家庭，视为一所微型学校加以管理。

在美国，在家上学也经历过争议，从最初个别家长尝试，遭遇非法的质疑，到随后各州立法给在家上学合法的地位，纳入规范管理。美国的在家上学，不是任何家庭都可以，也不是父母想怎么教就怎么教。首先，在家上学明确是在家庭（以家庭为单位）进行教学。其次，在家上学需要父母单方或双方有教师资格，教师资格由教师行业协会颁发。再次，在家上学的学生必须完成州政府规定的义务教育课程教学，因为这是对每个国民的强制教育，在家上学也不例外。最后，在家上学的教育质量要接受专业委员会评估，如质量不合格，将取消在家上学，要求学生去公立学校或私立学校入学；如质量合格，可一直进行在家上学，用在家上学的成绩去申请大学。

按照美国对在家上学的立法规范，我国当前的在家上学或私塾教育是比较混乱的。像号称在家上学的私塾，根本就不是在家上学，严格说来，是教育机构办学。一些自己给孩子设计课程体系、上课的家长，也没有合格的教师资质，给孩子开设的课程并没有经科学论证，教育方法是家长自认为正确的一套。更重要的是，由于在家上学得不到法律认可，这令孩子的求学前景蒙上阴影，有的家长给孩子从小规划的是体制外成长道路。

近年来，一直有对在家上学进行立法规范的呼声，可不论是教育管理部门还是家庭，都不太愿意。对于教育部门来说，不愿意是可以理解的,因为这相当于开放了微型学校,将影响到学校的办学标准调整和教育部门对教育教学的管理。而家长不同意,则耐人寻味。虽然立法可以规范在家上学,可家长认为,按目前的《教师资格条例》《义务教育法》实施在家上学,可能与体制内办学没什么差异,学生也难以获得个性化教育。

在我看来,对在家上学进行立法规范,恰恰是推进教育改革的过程。一方面,立法不是由行政部门制定相关规定,而是由人大立法,明确政府、家庭、学生、社会机构在在家上学中的权责。另一方面,将在家上学纳入立法规范,势必要求我国推进教育管办评分离改革,对于教师资格管理、评价,应该从行政部门管理、评价,转为行业机构管理、评价;对义务教育教学评价,也由行政部门评审、评价,转为专业同行评价;对于学生的学籍管理,从原来的计划管理,调整为允许学生自由转学,在家上学(微型学校)的学籍、公立学校的学籍、私立学校的学籍是可以流通的。

随着社会的发展,我国家庭对子女的教育有更高的期待和更多元的需求。满足不同受教育者的受教育需求,既需要学校教育多元化、个性化,同时也需要有开放办学理念。如果能立法规范在家上学,在家上学就会走出灰色地带,孩子在家上学所接受的教育会有保障,同时,国学班、读经班这类机构也可为在家上学提供课程教学服务,毕竟父母只能进行部分课程教学,还有其他教学可聘请教师、委托机构,包括到学校完成。这就建立起开放而多元的教育体系。

疫情防控与教育生态建设^①

为阻断疫情向校园蔓延,确保师生生命安全和身体健康,教育部下发通知,要求 2020 年春季学期延期开学,学生在家不外出、不聚会、不举办和参加集中性活动。各培训机构也按要求取消各类线下课程。2020 年 1 月 29 日,教育部有关负责人在接受采访时表示,防控新型冠状病毒肺炎是当前头等重要的大事,各级教育部门正按教育部和当地党委政府统一部署要求,全力防控,坚决防止疫情蔓延,延期开学是其中的一项重要举措。与此同时,各地教育部门也为服务保障防控疫情期间中小学校"停课不停教、不停学"做了大量工作^②。

按照教育部的部署,"停课不停教、不停学",成为全国各地应对疫情防控的共同选择。对学校、教师来说,"停课不停教",是履行教育者职责,结合疫情防控对学生进行教育;对学生来说,"停课不停学",则是保持学习状态,也展现青少年积极向上的风貌。学生都居家进行学习,线下教育培训机构均暂停,这是教育第一次面对这样的变化。据此,有不少舆论认为,疫情防控下的"停课不停教、不停学",虽是无奈选择,但对重建我国教育生态,也是一个"契机"。

---

① 本文作于 2020 年 2 月。
② 教育部:利用网络平台,"停课不停学". http://www.moe.gov.cn/jyb_xwfb/gzdt_gzdt/s5987/202001/t20200129_416993.html,2020 - 01 - 29.

一、 疫情防控带来的教育变化

毫无疑问,疫情防控下的教育形态发生了变化,比较突出的变化有两点。

其一,在线教学变为"刚需"。由于学校延期开学,线下教育培训机构也暂停,在线教学一时间成为"刚需"。教育部的部署中也明确提到,"不能面对面课堂上课,我们就搭建云课堂,让孩子们在家也能开展学习"①。除教育部外,网易有道、VIPKID、学而思等多家在线教育企业宣布将为在家休假的学生开通免费在线教育课堂,助力学生"停课不停学"。阿里巴巴集团旗下优酷、钉钉宣布联手发起"在家上课"计划,给孩子们提供健康安心的学习环境。2020 年 2 月 10 日起,全国的中小学生登录优酷、钉钉 App,即可免费在家上课。②

其二,家庭成为学习的主阵地。延期开学,延长了学生在家时间,相当于延长了的寒假。为什么这次延长的寒假会与之前有很大不同呢? 这是因为以前的寒暑假,我国中小学生大部分的时间并不是在家里休假,而是用在上培训班上,但这个寒假,为防控疫情,线下培训机构暂停,所有人都要减少外出待在家中。家庭成为所有学生的学习主阵地,对此,很多家庭并不适应,学生也不适应。

二、"停课不停教、不停学"存在的问题及思考

"停课不停教、不停学"是为了让学生能够居家学习,取得与到

---

① 教育部:利用网络平台,"停课不停学". http://www.moe.gov.cn/jyb_xwfb/gzdt_gzdt/s5987/202001/t20200129_416993.html,2020 - 01 - 29.
② 赵语涵.多家在线教育开通免费课堂.北京晚报,2020 - 01 - 30.

校学习相似的效果。但是,从"停课不停教、不停学"的具体实施看,却存在以下几方面问题。

一是把学生的学习片面理解为知识学习,更片面地理解为在线知识学习。

众所周知,德智体美劳"五育并举"是我国的基本教育方针。学生的学习,除了学习知识外,还包括学会生活、学会生存、学会做人。应该在知识教育之外,给学生进行德育、体育、美育、劳育,进行生活教育、生命教育、生存教育,尤其在疫情防控期间,举国上下防控疫情提供了很多进行这方面教育的案例。

但是,全社会关注的依旧是学生的知识教育,而且是进行线上知识教育,连幼儿园、小学也兴师动众搞在线教学。

二是把在线教学理解为所有教师录课、上直播课。

据媒体报道,从 2020 年 2 月 10 日起,全国 300 多个城市的 60 万人民教师变身"主播",通过在线课堂的方式开展教学工作,预计覆盖全国 5 000 万学生。[①]

对此,教育部有关负责人在 2020 年 2 月 11 日表示:"开展'停课不停学'、做好网上教学工作没有必要普遍要求教师去录播课程。如果强行要求所有教师进行录播,不仅质量上难以保障,而且也会增加教师负担,并且造成资源浪费,这种现象必须予以制止。"[②]

不仅中小学如此,大学也存在类似情况。教育部有关负责人在 2020 年 2 月 12 日举行的国务院联防联控机制召开新闻发布会上特别强调:"我们特别不提倡、不鼓励、不希望、不建议各高校在

---

① 开学第一天,中国多了 60 万老师"主播".https://baijiahao.baidu.com/s? id=1658163637375797809&wfr=spider&for=pc,2020 - 02 - 10.

② 教育部:"停课不停学"不得强求所有教师录播课程.中国青年网,2020 - 02 - 12.

疫情期间要求每一位老师都要制作直播课。"①然而,很多高校还是组织教师给学生上直播课,如清华大学 2 月 17 日上午第一堂课,全校共开设 155 门次课程,涉及 31 个教学单位,其中 131 门次课程使用雨课堂开展授课。②

三是借"停课不停教、不停学"违规补课,提前教学。

"停课不停教、不停学"是针对延期开学而言的,也就是说,在延期开学期间进行。可是,不少地方的"停课不停教、不停学",却早在 2020 年 1 月底或 2 月 1 日、2 日就开始了,就是 2 月 10 日,也只是少数省市的中小学开学时间,还有不少省市的开学时间是 2 月 17 日,甚至 3 月 2 日,但是这些省份也都开始"停课不停教、不停学"。从严格意义上说,这就属于提前违规补课;如果再提前上新课,那就属于违规抢跑道提前教学。对此,有不少教师感慨,这哪是延期开学,而变为了提前开学。这是应该严厉制止的,可地方教育部门却成为这些教育活动的主导。

而且就是延期开学期间的"停课不停教、不停学",也不是就按正式开学的课表进行线上教学,中小学延期开学本质是延长寒假,学校、教师可以给学生推送学习资源,但是应把更多自主权交给学生,引导学生做好自主学习安排。

之所以会出现这些问题,主要有两方面原因。

其一,教育的功利主义。毋庸置疑,疫情带来了教育形态的变化,但是教育形态的变化不意味着教育生态的变化。要透过教育的形态去看实质。

---

① 教育部:我们特别不提倡、不鼓励、不希望、不建议高校疫情期间要求每一位老师制作直播课.http://shanghai.xinmin.cn/xmsq/2020/02/12/31656490.html,2020-02-12.

② 清华云课堂今开讲,新学期 3923 门次课在线教学.https://baijiahao.baidu.com/s?id=16587514968634669115&wfr=spider&for=pc,2020-02-17.

把"停课不停教、不停学"就理解为进行在线学科知识教学,从本质上看,还是"唯分数论""唯升学论"。教育部门、学校担心学生一天不学就会掉队。值得注意的是,之前的寒假,教育部门把学生负担沉重、大多在培训班度过的根源,指向教育培训机构逐利,家长不理性给学生报班。可是,在线下教育培训机构暂停后,为何教育部门就"坐不住",要站出来"不停教、不停学"呢?这表明,关注学生学习表现的,恰恰是地方教育部门。因为学生的考试成绩、升学情况是地方教育部门最重要的政绩。

小学、幼儿园也推进在线教学,则把功利主义表现得淋漓尽致。从孩子的视力发育以及健康学习习惯的养成出发,是不适合对幼儿、小学低年级学生进行统一的在线学习的,但是,在"停课不停教、不停学"旗号下,有的幼儿园要求家长下载 App,按在线学习课表组织孩子学习,这完全无视幼儿的身心健康发展,而且涉及与教育机构的利益输送问题。

其二,教育的形式主义。把进行在线教学理解为让所有教师录课、上直播课,缘于教育的形式主义。一些地方教育部门、学校把此作为防控疫情的"教育作为",而这是对在线教学的错误理解。

在线教育的优势是可突破时间、空间的限制,实现资源共享。我国发展在线教育已经有 10 多年时间了,不论是基础教育还是高等教育,都积累了大量在线课程资源。放着这些在线课程资源不用,要求每个教师自己上直播课,非但没有突出在线教育的优势,反而放大在线教育的弊端。

在线教育不是把线下授课搬到线上那么简单。要求没有直播经验的教师上网课,这些网课的质量堪忧,不少教师就只管对着镜头讲,不管学生学不学。加之在线教育本就对学生的自主学习能力要求高,把全体教师调动起来进行直播的在线教学,只是看上去很热闹,既折腾教师,又折腾学生和中小学学生家长,实际教学效果存疑。

在线教学的个性化,不是由每个教师上直播课实现的,比较合理的在线教学方式应该是利用已有的在线课程资源进行筛选、整合,推动学生自主学习,教师则作为学生的"学业导师",引导学生做好学习规划,对学生进行适当的在线互动辅导。

在这方面,上海面向全市中小学的在线教学方式是值得肯定的。上海市教委按照"同一学段、同一课表、同一授课老师"的原则,组织全市各学段、各学科1 000多名优秀骨干教师按课程标准录制相关课程。课程以电视播放为主,无法收看电视的学生可通过电脑、平板、手机等多种终端听课。对于少数由于特殊原因确实无法通过电视或网络上课的学生,将由学校"一人一策"做好托底方案,力争不让一个学生掉队。[①] 这追求的是实际效果,而非形式主义。

三、 构建新的教育生态

疫情防控给我国教育变革带来了"契机"。比如结合疫情防控,对学生进行生活教育、生命教育、生存教育,转变之前只重视知识教育的教育价值观。又如,通过"停课不停学"期间的在线教学探索新的学校形态,建立"线上+线下"教育新模式,打破学校的围墙,开放办学。再如,通过学生居家学习,构建新型的"家校共育"关系,从以前家庭教育围着学校教育转,到引导家庭教育回归,重视培养学生的自主学习、自主管理和自主规划能力。

但是,要抓住"契机",构建新的教育生态,则必须消除教育的功利主义和形式主义,一方面,要形成科学的教育发展观,另一方

---

① 上海中小学3月2日起开展在线教育.新华网客户端,2020-02-18.

面，必须推进建立现代学校制度。

科学的教育发展观，是针对当前的教育政绩观而言的。当前的教育政绩观在基础教育阶段强调分数与升学，具体表现就是"唯分数论""唯学历论"；在高等教育阶段，强调论文、奖项、成果，具体表现就是"唯学历论""唯论文论""唯帽子论"。如果这样的教育政绩观不能改变，教育形态的变化也最终服务于教育政绩。像人工智技术、大数据技术在教育领域的使用就被用来监控学生学习，提高应试成绩，而非发展学生。

科学的教育发展观要求教育回归本质，教师回归本职。教育的本质是完善每个学生，让每个学生生活更美好，不是搞竞技化，把学生分出"优生"和"差生"，尤其是基础教育、义务教育，必须是面向全体学生的教育。教师的本职是教书育人，要立足教师的本职，促进教师职业化、专业化发展，发展教育必须尊重教师。《中共中央国务院关于深化教育教学改革全面提高义务教育质量的意见》指出："党政有关负责人要牢固树立科学教育观、正确政绩观，严禁下达升学指标或片面以升学率评价学校和教师。""对办学方向、教育投入、学校建设、教师队伍、教育生态等方面存在严重问题的地方，要依法依规追究当地政府和主要领导责任"[①]，这需要切实落实。

现代学校制度则是学校坚持教育家办学，避免办学受功利主义和形式主义干扰的重要制度。具体而言，学校应该有充分的办学自主权，不是围绕行政指令办学；学校内部行政权、教育权、学术权分离，教育事务应该由教师委员会（大学的教授委员）负责，学术事务应该由学术委员会负责。如此，学校就会安心办学，坚持教育和学术发展的规律。

---

① 中共中央国务院关于深化教育教学改革全面提高义务教育质量的意见. http://www.gov.cn/xinwen/2019-07/08/content_5407361.htm,2019-07-08.

基础教育现代化
——基础教育投入

- 监管和市场双重失灵的学前教育困局
- 全面鼓励生育,应发展0—3岁普惠托育服务
- 全面建立生均拨款制度,须强化省级财政统筹
- 拿解决4%的决心解决教师待遇问题
- 解决我国教师待遇问题,增加教育投入的同时应探索实施年薪制
- 由"化缘校长"反思教育投入保障与教育慈善机制

监管和市场双重失灵的学前教育困局①

    近期,一批幼托机构和幼儿园接连曝出虐童案。针对此类案件,不少舆论谈到监管问题。比如要求提高幼儿园、幼托机构的准入门槛,要求提高幼师的资质门槛。还有的则提出,对私立幼儿园,要发挥市场机制的作用,要让私立幼儿园有质量意识,对幼儿健康成长负责。

    政府部门加强监管,以及发挥市场机制配置资源的作用,是规范管理、促进发展的正常思路。然而,对我国当前的0—6岁学前教育来说,监管和市场机制失灵的问题同时存在,而且,似乎越提高准入门槛,监管和市场机制越失灵。因为事实是,大量无证无照幼托机构、不合格幼儿园游离在监管之外,取缔不了,也淘汰不掉。包括一些从事幼儿教育的上市公司,骨子里似乎也并不重视质量。

    这是因为我国学前教育资源严重匮乏,政府投入不够,公共幼托机构极少,普惠幼儿园缺乏,而且过高的准入门槛又阻止了社会资金进入学前教育,导致学前教育供需严重失衡,缺乏竞争。所以,家长即便每月花七八千元甚至更高的费用送孩子进早教机构、幼儿园,得到的还是劣质幼托教育。

---

① 本文作于2017年11月。

一、 失灵的市场监管

学前教育监管失灵主要表现在两方面：一是幼儿托育几乎没有监管；二是幼儿园虽然有监管，但不合格幼儿园大量存在。

目前，我国对 0—3 岁的幼儿托育既没有清晰的认识，也没有明确的监管体系，基本处在谁办谁管，最终大家都不管的状态。参与幼托机构举办、管理的基本都不是地方教育部门，而是妇联、工会、卫计部门；社会早教机构多实行工商注册，而工商部门很难对早教机构提供的保育服务进行专业的监管。因此 0—3 岁的幼儿托育可谓乱象纷呈。

幼儿托育成为一个社会关注的问题，有诸多原因。一是随着时代发展，家庭对幼托的需求迅猛增长。2017 年 1 月上海市妇联公布的"上海市户籍 0—3 岁婴幼儿托管需求调查"显示，有 88.15％的家庭需要婴幼儿托管服务，73％的父母希望把托管点放在小区内。上海的这种需求也会成为我国其他城市、地区未来会呈现出来的需求，孩子不再由祖辈在家里保教，而会送去托育机构。但 0—3 岁的幼儿托育目前基本上由社会机构解决。来自上海的调查显示，上海有超过 10 万的 2 岁儿童需要托育服务，但上海市集体创办与民间创办的幼托机构合计招收幼儿数仅为 1.4 万名。从全国范围看，有幼托需求的孩子高达 3 000 万。

二是大量幼托机构无照经营，处于监管灰色地带，吊诡的是社会力量办幼托机构要通过审批却特别困难。本来，按照基本的市场逻辑，政府部门供给的幼托服务不足，难题就可通过市场解决，政府部门应该鼓励社会力量举办幼托机构。但在我国各地，要举办一个有正规办学许可的幼托机构，却有很高的门槛。比如，之前发生虐童事件的某企业曾自己经营内设幼托机构,因无法获得办学许可而被叫停。而同时,社会幼托需求旺盛,于是一些机构干脆不去审批,无照经营,照样生意火爆。对这些机构,政府监管部门就是监管、叫停也无济于事,关停之后孩子去哪里? 就这样,大量无照无证的幼托机构,基本游离在监管之外,教育部门不管,工商部门也不管。

3—6岁幼儿教育也如此。在北京,截至2011年年初的统计显示,有1 290余家未登记注册的自办园,正是这些被称为"山寨""黑园"的幼儿园,为北京的一半幼儿提供学前教育。此后,北京加大对学前教育的投入,但到目前为止,还存在为数不少的不合格幼儿园。最近媒体曝光的某上市企业开设的连锁幼儿园有合格资质且收费不菲,为何也会发生虐童丑闻? 这令人们困惑。但如果考虑到合格幼儿园是在充斥着不合格幼儿园的环境之中,也就不难理解:资本在追求大规模扩张时,是不会把质量放在第一位的。

就监管方而言,不合格幼儿园尚且无法取缔,对合格幼儿园更加不可能随时监管到位。况且,取缔那些不合格幼儿园之后,孩子到哪里去上幼儿园?

可以说,整体学前教育资源严重短缺,让监管也无所适从,看似严厉的监管并未能纠正幼托市场的畸形发展:市场需求旺盛但合格资源稀缺,同时不合格资源泛滥。

二、 虚设的幼儿教师准入

根据《2016年全国教育事业发展统计公报》,全国共有在园儿童(包括附设班)4 413.86万人,教职工381万人,幼儿园园长和教师共249.88万人。教育部2013年制定的《幼儿园教职工配备标准(暂行)》规定,一所全日制幼儿园的全园教职工与幼儿比为1∶5—1∶7,全园保教人员与幼儿比1∶7—1∶9。按照师幼比1∶7计算,我国需要幼儿园教职工630.5万人。也就是说,幼儿园职工缺口将达到250万人。在北京,按北京市规定,幼师比为1∶5.5,可幼儿园经常出现一名教师管25名幼儿的情况。

另外据统计,2015年,全国幼儿教师中,学前教育专业毕业的仅占65％,高中及以下毕业的占22.4％。2015年11月,教育部发布了《国家中长期教育改革和发展规划纲要(2010—2020年)》实施情况中的学前教育专题评估报告。报告称,从幼师队伍总体看,专科以上学历教师的占比较低,在农村地区不到一半;有幼教资格证的教师数量占比仅为50％左右;无证教师占30％左右,农村地区更高达44％。

国家也在加大力度培养学前教育师资,包括免费师范生,可是由于幼儿园教师待遇低,很多就是读学前教育的大学毕业生也不去幼儿园,尤其是男生。在北京,调查显示,北京地区幼师的平均工资在4 700—5 500元(远低于北京2016年月平均工资7 706元)。这是指有编制的教师,没有编制的教师收入有的只有有编制教师的一半,有的为80％左右。也就是说,幼师的待遇远远低于平均工资水平。在广州,2014年底进行的一项调查显示,广州越秀、天河和花都三个区,公办幼儿园教师的月平均收入是3 611元,民办幼儿园是3 098元。

一些论者认为可以通过提高幼师准入标准来提高幼师整体素质,可是在北京、上海、广州,一个月三四千元工资,能招聘到怎样的人才？说实在的,以当前幼师的工资待遇和工作强度,就是聘请无证人员,对方也可能不屑一顾。这和发达国家提高幼师标准完全不可同日而语。

三、 发展学前教育，政府要舍得投入

要让监管有效，市场机制发挥作用，必须有充足的学前教育资源。解决这一问题，首先需要我国政府充分认识到0—6岁学前教育的重要性。

对3—6岁幼儿园教育，我国已经将其定位为普惠教育，因此，政府已经开始加大投入，但距离实现普惠，解决"入园难、入园贵"还有很大的差距。而对0—3岁的幼儿托育，我国对其重要性还缺乏认识。

从发达国家情况看，发达国家幼儿正式入托的比重平均高于30%。例如英国幼儿正式入托的比重为35.1%，平均每周使用小时数为16.2小时；德国为29.3%，28.4小时；荷兰为54.6%，17.2小时。我国应该把0—3岁幼托教育和3—6岁幼儿园教育结合在一起考虑。

也有人建议，对3—6岁幼儿教育，政府应该承担投入、保障责任，而扩大0—3岁学前教育资源，主要应该通过市场解决。交给市场解决的设想当然不错，但是，如果幼托教育完全交给市场，在当前幼托需求旺盛的环境中，会滋生诸多乱象。

结合我国实际情况，从孩子生长发育看，0—2岁的幼儿虽然也需要早期智力开发，但主要还是照看，因此，0—2岁幼儿的托育可以由卫生部门管理（负责卫生安全检查），主要由社会力量供给，政府建立公共幼托中心，对贫困家庭提供兜底服务。而2—3岁幼儿的托育，因其早期教育的属性更强，可以考虑规定幼儿园扩大招收2—3岁的幼儿，由教育部门统一提供基本保障。

政府增加对学前教育投入，需要解决两方面问题。一方面，如

何明确政府对学前教育的投入责任? 目前,主要是靠推进学前教育三年行动计划,要求各地政府部门增加投入。但由于学前教育的显示度不强,地方政府投入学前教育的积极性远低于非义务的高中教育以及高等教育,而且对学前教育硬件设施投入、搞形象工程的重视,超过了对学前教育师资建设、课程建设、教育品质的重视。要确保政府对学前教育的投入,应该制定学前教育法,明确政府对学前教育的投入责任。

另一方面,要增加对学前教育的投入,新增经费从何而来? 在我看来,这需要我国优化教育支出结构,减少对高等教育领域的投入,增加对公共基础教育领域的投入。

因为保障公共基础教育,应该是政府发展教育的首要责任。发展高等教育,政府当然也有投入责任,但是,高等教育更应该加大开放力度,鼓励社会资金进入,尤其是政府部门不应该投入过多经费打造一流大学,一流大学更应该通过市场竞争产生,由此节省的经费投向基础教育领域,是十分充足的。

考虑到我国学前教育存在巨大的历史欠债,我国投向学前教育的经费应该占到总教育经费支出的 10%,用以大幅度提高普惠园幼师待遇,从而带动民办园也提高教师待遇,由此吸引优秀人才进入学前教育领域,减少幼师缺口,并提高幼师素质。在美国,公立幼儿园的教师在 2006 年就已经达到全部都有学士学位,现在更提出要有教育硕士学位的要求。

四、 如何改进审批和监管

可以说,学前教育资源整体呈严重短缺局面,让"严格"的审批变为笑话,也出现诸多怪相。

对幼儿园建设，我国目前的审批标准特别强调校舍面积、师资规模、教学设施等外在条件，要求校舍面积必须达到多少，教师与幼儿数量比是多少，要有怎样的卫生设施等，大资本投入很容易满足这些外在条件，但一些有教育理想而经济实力有限的资本，却很难满足这些硬件要求。表面上看，高硬件要求可以保障幼儿园规范办园，但过高的审批门槛挡住了其他办园力量，只是有利于大资本快速扩张，最终使大资本办园缺乏竞争，具体的教育教学质量反而无法得到有效保障。

《北京市举办小规模幼儿园暂行规定》要求，幼儿园要"有相对独立的幼儿户外活动场地及安全防护措施，人均面积不低于 2 平方米""每班幼儿活动室建筑面积不低于 60 平方米，人均使用面积不低于 2 平方米""幼儿盥洗室、厕所、消毒间面积不低于 10 平方米，且厕所必须采用水冲式"。此外，在配套设备方面，要求"图书、玩具人均 4 件（册）以上（含自制玩具）"；人员方面，要求"教职工与幼儿的比例在 1∶5.5—1∶6"。如此高标准的硬件要求之下，却是有资质的高端、合格幼儿园屡屡发生虐童丑闻。与此同时，一些面向普通大众的民办幼儿园，却由于难以达到合格指标，其运作一直游走在灰色地带。

所以，审批、监管的思路，不是进一步提高准入门槛，而是政府部门怎样做好放手、管理和服务工作。只有建立适合的科学的行业标准，让更多社会资金进入，才能增加学前教育的市场供给，发挥市场机制的作用。

前不久，北京采取建社区幼儿园办园点的方式，试图将不合格幼儿园建设为合格的办园点，纳入扶持、管理。对幼儿园办园点，北京降低了指标要求，比如在面积方面，要每班幼儿活动室生均使用面积不低于 1 平方米，若活动室与睡眠室共用，生均使用面积不低于 2 平方米；幼儿活动室应在一至二层（含二层）。这是正确的选择。

政府对幼儿园的办园监管，不能局限在前置审批，而应该集中在安全、卫生和孩子的人身权利保护上。以幼托为例，非幼儿园的幼托机构的审批，属于非营利性的，可以实行事业单位或民办非企业注册；属于营利性质的，可以实行工商注册。在注册时，提供 0—2 岁幼托服务的，由卫生部门发放卫生许可证，再进行工商注册，或事业单位注册；提供 2—3 岁幼儿托育服务的，则在注册之后，实行向教育部门备案制，即每招一批幼儿，均须向教育部门备案，由教育部门对其提供指导。

这种备案制，一方面可以降低准入门槛，将所有机构都纳入监管，另一方面可以由教育部门掌握机构的运行情况，实施风险保证金制度（避免机构收取学费后卷款而逃、倒闭等）等配套管理制度。

只有增加普惠学前教育供给，降低民间资金准入门槛，完善市场竞争机制，才能消除我国学前教育乱象，遏制虐童事件一再发生，真正做到让所有幼儿"幼有所育"。

全面鼓励生育，
应发展 0—3 岁普惠托育服务①

  2020 年全国两会大幕将启。根据人民网·中国统一战线新闻网联合中国共产党新闻网推出的"2020 年全国两会各民主党派提案选登"报道，民盟中央今年拟提交《关于调整社会家庭政策，应对人口发展问题的提案》，提出探索建立从怀孕到 18 岁或学历教育结束的全面鼓励生育体系，包括孕期保健补助、住院分娩补助、托育津贴、教育津贴、家庭个税抵扣，以及对不符合缴纳个税标准的低收入人群实行直接经济补贴等。②

  鼓励生育已是一个紧迫的问题，而育儿成本无疑是影响生育意愿的重要因素之一。从现实出发，我国有必要考虑发展 0—3 岁普惠性托育。这是降低育儿成本，鼓励生育意愿最直接、有效的措施。

  0—3 岁托育问题，是近年来两会热议的教育话题之一。有关统计显示，我国有近 5 000 万幼儿有托育需求，但入托率只有 4%（指在正规托育机构的幼儿人数占这一年龄段幼儿总数的比例）。由于有资质的托育机构少，我国早教市场乱象纷呈。

---

  ① 本文作于 2020 年 5 月。
  ② 民盟中央：探索从怀孕到 18 岁或学历教育结束的鼓励生育体系.澎湃新闻，2020 - 05 - 19.

去年 5 月，为促进婴幼儿照护服务发展，国务院办公厅发布了《关于促进 3 岁以下婴幼儿照护服务发展的指导意见》，明确到 2025 年，婴幼儿照护服务的政策法规体系和标准规范体系基本健全，多元化、多样化、覆盖城乡的婴幼儿照护服务体系基本形成。但总体看来，构建婴幼儿照护服务体系，主要强调市场的作用，即"充分发挥市场在资源配置中的决定性作用，梳理社会力量进入的堵点和难点，采取多种方式鼓励和支持社会力量举办婴幼儿照护服务机构"。

在这一过程中，政府的主要作用是政策引导以及建立规范标准，并不承担投入责任、兜底责任。完全把 0—3 岁托育服务交给市场，托育服务也就会根据市场需求定价，在托育服务供给不足而需求旺盛的情况下，就会出现"入托难、入托贵"的问题。

这和 3—6 岁学前教育阶段存在的"入园难、入园贵"问题是同一逻辑。在 2010 年之前，我国各地的 3—6 岁学前教育，主要由市场提供，财政性学前教育投入占总教育经费的投入只有 1.3%，导致总体学前教育资源匮乏，公办学前教育资源更少，各地都存在"天价幼儿园"的情况，家长感慨幼儿园保教费超过大学学费。

针对这一问题，2010 年，国务院发布《关于当前发展学前教育的若干意见》，明确"发展学前教育，必须坚持公益性和普惠性"，并启动学前教育三年行动计划，强调政府的投入保障责任。今年，我国将实现学前教育毛入园率 85%、普惠园率 80% 的学前教育普惠发展目标。而就是如此，"入园难、入园贵"问题还没有彻底解决，还需要进一步加大对学前教育的投入。

以此观察发展 0—3 岁托育服务，要满足幼儿的托育需求，减轻家庭的托育负担，也需要明确托育服务的公益性、普惠性，也就是说，要强调政府对托育服务的投入、兜底责任。从发达国家的托育服务发展看,0—2 岁托育主要是照看服务,强调安全、卫生,因此主要由卫生部门、民政部门负责;2—3 岁托育已经有早期教育的内容,因此纳入学前教育体系,提供 2—6 岁学前教育。

要满足托育需求,并减轻托育负担,我国可以把 2—3 岁托育纳入学前教育体系,"托幼一体化",由幼儿园开设托班,接受有需求的孩子入托。以前我国很多幼儿园是有托班的,但是幼儿园学位不够,要解决 3—6 岁孩子的入园问题,因此幼儿园普遍取消了托班。当前,由于学前教育将基本实现普及化,已有条件在幼儿园开设托班,并按普惠要求提供托育服务,这就可以较快增加托育供给。

发展托育服务,关键在于要明确托育服务的普惠性,而目前发展托育服务,还主要是"政策引导,普惠优先"。当然,明确托育服务的普惠性,需要转变理念。强调托育服务的普惠性,不仅是鼓励生育的需要,也是育人的需要,政府要首要保障基础教育。另外,也需要有财力支撑,这进一步则牵涉到增加教育投入,以及根据新的理念进行教育经费的重新分配问题。

全面建立生均拨款制度，
须强化省级财政统筹①

　　如何提高教育经费使用效益？2019 年 5 月 5 日，省教育厅官网公布《广东省进一步调整优化结构提高教育经费使用效益的实施方案》（以下简称《方案》）。《方案》透露，广东将全面建立生均拨款制度，自 2019 年起实施全省学前教育和公办普通高中生均拨款制度，到 2020 年全面落实各级公办学校生均经费基本标准和生均财政拨款基本标准，并建立健全动态调整机制。《方案》还提出，将逐步实现临聘教师与公办教师同工同酬。

　　去年 8 月，国务院办公厅印发《关于进一步调整优化结构提高教育经费使用效益的意见》，明确提到要建立健全国家教育标准体系，科学核定基本办学成本，全面建立生均拨款制度。到 2020 年，各地要制定区域内各级学校生均经费基本标准和生均财政拨款基本标准，并建立健全动态调整机制。因此，广东省全面建立生均拨款制度，是对国务院相关意见的落实。而且全面建立生均拨款制度，是稳定财政性教育投入的重要机制。要全面建立生均拨款制度，一方面，要进一步强化省级财政对基础教育的统筹；另一方面，要树立公办民办一视同仁的理念。

---

　　① 本文作于 2019 年 5 月。

我国各地义务教育阶段，按照《国务院关于进一步完善城乡义务教育经费保障机制的通知》要求，已经从 2016 年起统一了城乡义务教育学校生均公用经费基准定额。这确保了对城乡义务教育学校的生均公用经费投入。在统一城乡义务教育学校生均公用经费基准定额之后，就需要解决非义务的学前教育和高中教育学校的生均公用经费标准问题。在确定生均公用经费标准后，还必须解决各级各类学校的人员经费标准问题（即教师工资待遇问题），这一部分经费是基础教育经费的大头。

建立生均拨款制度，不仅要解决生均公用经费标准问题，还必须解决人员经费标准问题。目前，我国很多省市教师待遇主要由县市级财政解决。这种经费保障模式导致同一省内各地区的教师待遇标准并不一致，不但造成地区间的教育质量发展差距，也影响教师的合理流动。有的地区、学校使用临聘教师，临聘教师同工不同酬，就是因为经费紧张，于是以"临聘教师"为名，减少人员费用支出。要解决这一问题，不能单靠各县市的力量，还需要强化省级财政对基础教育的统筹。

从生均拨款概念看，生均拨款不只是按学生"人头数"保障对学校的投入；从学生角度看，也体现每个受教育者享有一样的财政性教育经费拨款。从道理上说，一名学生不管在公办学校读书，还是在民办学校上学，都应享有一样的财政拨款。因此，建立生均拨款制度，也可明确财政对民办幼儿园、民办中小学的拨款、补贴标准——注意，这不是补贴给学校，而是给每个学生，生均拨款（补贴）应抵扣部分学费，以此降低学生上民办幼儿园、中小学的学费。

我国在统一城乡义务教育学校生均公用经费标准时，就已经明确将民办学校学生纳入，要求民办学校学生免除学杂费标准，按照中央确定的生均公用经费基准定额执行。这就体现了公办民办一视同仁的公平原则，在建立生均拨款制度时，民办学校、幼儿园学生也应纳入。

据报道，广东《方案》明确，各地要严格落实公办幼儿园和普通高中生均拨款制度、普惠性民办幼儿园财政补助政策，这已经把普惠民办幼儿园以及所有普通高中都纳入，尚未把非普惠幼儿园纳入。从现阶段看，考虑到财政实力以及发展普惠学前教育，鼓励民办园举办为普惠民办园的政策导向，可以采取将普惠民办园纳入进行生均拨款。从促进所有幼儿园平等竞争、让所有受教育者享有一样的生均拨款（补贴）看，今后对于上营利性民办幼儿园的适龄儿童也可给予生均补贴。基本的做法就是实行学前教育券制度，把生均拨款作为学前教育券，适龄孩子拿着学前教育券可选择公办幼儿园、普惠幼儿园、民办非营利性非普惠幼儿园、民办营利性幼儿园。

因此，建立生均拨款制度，也是改革教育经费保障机制，进一步扩大教育公平的过程。推动各级教育高水平高质量普及是《中国教育现代化2035》部署的重要战略任务之一。建立生均拨款制度，就是建立确保"实现各级教育高水平高质量普及"目标的投入保障机制，可以说，这是实现教育现代化的基础性工程，必须做实做好。

拿解决 4%的决心解决教师待遇问题^①

国务院总理李克强 7 月 30 日主持召开国务院常务会议,会议听取了中小学教师工资待遇落实调研督查情况汇报,强调要强化地方政府责任,确保义务教育教师平均工资收入不低于当地公务员平均工资收入水平;凡未达到上述要求的都要限期整改达标,财力较强的省份尤其要加快进度,各地要定期向教育部、财政部报告落实情况,国务院适时开展督查。会议要求,要及时足额发放艰苦边远地区津贴、乡村教师生活补助等,提高义务教育学校的中高级教师岗位比例;严格规范教师编制管理,对符合条件的非在编教师要加快入编,并实行同工同酬。

我国于 1994 年实施的《中华人民共和国教师法》(以下简称《教师法》)明确规定:"教师的平均工资水平应当不低于或者高于国家公务员的平均工资水平,并逐步提高。"但到目前为止,这一法律条文在不少地区并没有落实。国务院常务会议要求必须"限期整改达标",对全面落实《教师法》,保障教师待遇具有重要作用。在我看来,解决教师待遇问题,可以借鉴解决财政性教育经费支出占 GDP4‰的做法,明确具体解决时间节点,以倒计时的方式督促地方政府履行责任,并着力排除阻碍问题解决的障碍,防止问题久

---

① 本文作于 2018 年 8 月。

拖不决。

财政性教育支出达GDP4%，曾是我国教育难啃的硬骨头之一。早在1993年颁布的《中国教育改革和发展纲要》中就写明，"逐步提高国家财政性教育经费支出占国民生产总值的比例，本世纪末达到4%"。可直到2010年，这一目标都未实现。21世纪初的10年间，每年的两会上，这都会成为代表、委员热议的话题。为了解决这一问题，2010年颁布的《国家中长期教育改革和发展规划纲要（2010—2020年）》提出，到2012年实现国家财政性教育经费支出占GDP比例达到4%。为了不让这一目标再次落空，国家还专门设立了"4%办公室"。2012年，我国财政性教育经费支出首次达到GDP的4%，这是历史上第一次实现这一目标。过去五年间，这一比例一直保持在4%以上。

这次国务院常务会议提到"限期整改达标"，"限期"对于解决教师待遇问题至关重要。首先，这意味着各地不能再有任何借口拖延解决教师待遇问题；其次，如果到时间还不解决，就将追究地方的责任，必须整改。我国《教师法》关于教师待遇的有关条款至今没有落实，就因没有严厉的问责机制，地方政府不依法保障教师待遇，却没有问责，甚至还出现问责颠倒的情形——有的地方没有保障教师待遇，教师依法向当地政府部门讨薪，还被视为师德有问题，不能无私奉献、任劳任怨。

建立问责机制，才能督促地方政府依法保障教师待遇。需要注意的是，在落实这一法律规定时，还需要明晰教师工资和公务员工资概念，防止地方自定义教师工资水平、公务员工资水平，比如把津贴、奖金排除在工资之外。从"工资"角度看，教师工资水平已和公务员工资水平一样，但进入口袋的总收入却相差甚远。公务员和教师都应实行"阳光工资"。

在建立问责机制的同时,还需要直面一些地方难以提高教师待遇的深层次问题。当前,我国各地的教师待遇实行以县乡财政为主的保障机制,但不发达地区、贫困地区的县市由于财政实力薄弱,难以保障教育投入。如果只是依靠地方财力保障教师待遇,这一问题将难以得到彻底解决。这也是以前问责机制难以建立的原因之一:地方拿不出钱来怎么办?另外,就是地方做到教师待遇与公务员待遇一样,可一省之内不同地级市、县的教师待遇差距大,会令待遇低的地区的教师对待遇不满,优秀教师会朝高收入地区流失,不利于推进义务教育均衡。为此,需要改革基础教育经费保障机制,要强化省级财政对基础教育经费的统筹,由省级财政保障全省范围内的教师待遇,做到全省所有地区、学校的教师同一薪资标准。对于贫困地区,中央财政进一步加大转移支付力度以提高教师职业的吸引力。在发达国家,由省(州)财政保障基础教育经费,这是通行做法,法国甚至由中央财政保障教师待遇。事实上,我国在解决 4% 问题时,也是采取强化省级财政统筹,以及加大中央财政转移支付的方式。

百年大计,教育为本;教育大计,教师为本。解决财政性教育经费支出达 GDP 的 4%,体现了"教育为本",只有啃下提高教师待遇这一块硬骨头,才能真正做到"教师为本"。

解决我国教师待遇问题，
增加教育投入的同时应探索实施年薪制①

　　河南省内乡县第五小学教师张景娟,可能已经成为这个县最有名的人。她的辞职文章《教学十九年,我终于辞职了》,不但阅读量早早突破 10 万,还有超过 1.6 万人点赞,而出钱赞赏的超过 1 700 人。按最常见的赞赏数额 5 元来计算,这篇文章的赞赏收入达到 8 500 元,相当于张景娟 3 个多月的工资。38 岁的她,已经在教师这个岗位上工作了 19 年,目前每月工资为 2 600 元,即便在河南的一个小县城,这个收入也难称得上体面。

　　在今年 8 月 31 日举行的教育部新闻发布会上,教育部教师工作司巡视员刘建同介绍,2017 年和 2012 年相比,整个教育行业工资收入增幅是 74%,其中公办中小学在岗人员 2017 年平均工资(税前)大概是 8.2 万元。从全国中小学在岗人员的平均工资水平看,8.2 万元看上去并不低。可是,近年来教师待遇低这个问题,却一直是社会舆论关注的焦点。如何看待这一问题,将影响到我国中小学教师队伍建设的战略选择。在我看来,继续按照目前的薪酬制度和教师管理、评价制度,再怎么增加国家对教育的投入,也无法解决教师待遇低这一问题。我国必须全面改革教师薪酬制度

---

　　① 本文作于 2018 年 10 月。

和管理评价制度。

8.2万元的平均工资水平至少说明一个事实,国家近年来持续加大对教育的投入,提高教师工资水平。但是,仍旧有不少教师认为待遇低,是因为他们是被平均的——2 000元和14 000元一平均也是8 000元。简单来说,目前教师待遇存在不同地方之间、不同职称之间的较大差距,在发达地区,职称高的教师待遇比较高,而一些不发达地区、农村地区,职称低的教师待遇就很低,假如是代课教师,那待遇就更低。张景娟老师的待遇为何很低?是因为她只是二级教师,也看不到晋升的希望。

这就需要分析教师薪酬存在较大差距是否合理的问题。如果从鼓励教师做出业绩角度看,强调"多劳多得",拉开差距,似乎无可厚非。但是,从教育发展和教师队伍建设看,教师的待遇却不宜差距过大。一方面,过于强调绩效,会让教育急功近利,只追求眼下取得的教育业绩;另一方面,政府保障的基础教育,均衡发展是第一位的要求,地区之间教师待遇的差距,会引导教师的不合理流动。更重要的是,年富力强、职称低的教师待遇低,同时他们有很大的生活压力,也面临更大的社会诱惑,如果不提高这一阶段教师的待遇,就无法留住优秀人才。

从发达国家建设教师队伍的经验看,是很注意防止教师待遇拉开差距的,包括大学教师,最高待遇和最低待遇之差也不会超过3倍。我国大学已经出现"富翁教授"和"贫困教授",同样是教授,收入差有的超过10倍。在中小学阶段,美国和加拿大都无职称制度,对教师实行年薪制、终身教职制度和教师同行评价制度,对教师实行基于职务的管理和专业评价。每个教师根据职务确定年薪,年薪随教龄增长而提高。这一管理制度并没有降低教师的工作积极性,因为与之对应实行教师专业评价,关注教师的教育能力与教育贡献，由此让教师既不为获得更高待遇而想着怎么评职称，又能专注教育事务。

我国实行的绩效工作制度和职称制度，一方面导致教师工资差距较大，另一方面把所有教师的精力都导向追求眼下绩效和评职称上。这非但没有提升教师的职业荣誉感，反而产生严重的职业倦怠感。因此，必须认真思考这样一个问题：如何让投入教育的钱发挥激励教师、促进教育发展的作用？如果教育投入增加，得到的不是教育生态的改善，反而加剧教育的功利以及教师的倦怠，就值得反思了。我国近年来也在推进教师职称制度改革，但主要是对职称评审的标准进行调整，诸如不再强调论文指标，不再"一刀切"要求考外语和计算机，要向农村教师倾斜，但并没有改变评审的基本机制。职称评审制度改革的方向应该是取消职称评审，实行基于职务的管理和评价。

根据我国对教育的投入情况，我国已经完全有条件借鉴国外管理、评价中小学教师的做法，推行教师年薪制，取消职称制度，实行教师同行评价。目前，推行这一改革的阻力，不在于基层教师。调查显示，绝大多数教师都赞成取消职称制度，其阻力在于那些获得高职称的骨干教师和行政领导，也就是当前的既得利益者，因为改革将触及他们的利益。就如目前国家推进的人才评价改革，要求不能将学术荣誉与学术头衔和利益挂钩，但在具体推进中却遭遇阻力，其原因十分简单，因为阻挠改革者就是那些获得学术荣誉、有学术头衔者。因此，改革必须拿出勇气，坚决破除既得利益，并改革改革的机制，就中小学的教师管理、评价改革应该听取广大教师的意见，进行民主决策。

由"化缘校长"反思
教育投入保障与教育慈善机制^①

  30 多年来,广西都安瑶族自治县高中校长莫振高用微薄的工资资助近 300 名贫困生,让他们进入大学;先后筹集 3 000 多万元善款,资助 1.8 万名贫困生圆了大学梦。他说:"帮一个贫困生,就是帮一个家庭!" 2015 年 3 月 9 日,这名"化缘校长"辞世。无数人在微博等社交平台纷纷表达了自己十分沉痛的心情。都安学校的学生自发举行停电仪式,数十间教室同时熄灯 3 分钟,他们这样做是为莫校长默哀 3 分钟。

  这名"化缘"校长一心为学校、为学生的精神令人敬佩,但将其称为"化缘校长",总觉有些不是滋味。从校长的个体行为看,他为贫困学生募捐善款,可谓"化缘",但是,还有必要进一步从教育投入保障、学校办学角度分析,这一"化缘"行为的背后,是由于政府对教育的保障力度不够,还是学校拓宽办学资源的行为。如果是前者,不能以校长"化缘"解决贫困学生入学,掩盖政府部门对贫困生救济的不力;如果是后者,则需要整个社会重新理解为学校办学募集更多资金,是非义务教育学校校长的职责之一,而不仅仅从道德角度看到募集办学资金的行为。——值得注意的是,我国义务

---

① 本文作于 2015 年 3 月。

教育领域,也有校长被称为"化缘校长",学校靠"化缘"维持办学,这在义务教育经费必须由政府保障的背景下,是不应该出现的。

对于一所示范性重点高中,当地政府是有责任保障学校基本办学经费,同时解决贫困学生的求学困难的,不能把解决贫困学生的困难,交给学校、校长。广西作为西部省区,从2009年起开始设立普通高中助学金,对全区4万名家庭经济困难的高中学生进行资助。这是政府履行救济贫困生责任的重要措施。因此,如果在2009年之前,都安高中的贫困生靠校长"化缘"救济,是因政府没有相应投入的结果,那么,在2009年政府已设立高中助学金之后,就不应该再由学校想办法救济贫困学生。

一所非义务教育学校的办学经费应该由举办者(公办学校举办者为政府部门)保障,办学者在举办者保障基本的办学经费的同时,还需要从学校更好发展、学生更好成长出发,拓宽学校的办学资源,寻求与社会机构的合作,获得社会机构、社会人士、校友的捐赠。像公办高中和大学在国家设立国家助学贷款、政府助学金的同时,可以争取企业、企业家、社会人士、校友在学校设立奖助学金,给学生提供更多的奖学、助学渠道,可以与企业和社会机构合作,在学校建图书馆、实验室、生活中心,改善学校办学环境。简单地说,就是在财政拨款保障教育投入的同时,学校必须拓宽办学资源,不能单靠财政拨款。在国外,就是有的公立大学,财政拨款也只占学校办学总经费的50%左右,其余的由学生学费、校友捐赠、社会募捐、学校经营所得。公办高中也类似,学校在获得政府拨款的同时,还拓宽办学资源,为学生提供更好的成长环境。

针对学校向社会募捐,整个社会也建立规范的教育慈善制度,形成良好的教育慈善风气,社会机构、个体向学校办学进行捐赠,是十分正常的,不会给人学校是在"化缘",社会机构、个体是在"施

"舍"的感觉。学校为获得更多的社会捐赠,还会组成专业的团队,联系社会机构、企业家、校友。在这方面,我国的大学近年来刚起步,但离专业化、规范化还有很大的差距,有的高中也开始重视社会募捐,可很大程度取决于校长的认识。再就是,我国学校社会募捐都与缺乏资金、贫困联系在一起,似乎学校办学资金充足,就不需要社会募捐,但在国外,一些办学资金充足的世界一流大学,照样十分重视募捐,从学校获得社会募捐额看,哈佛大学的校长可谓最大的"化缘校长"。

政府保障投入和学校拓宽资源是不矛盾的,两者不可替代——政府部门不能因学校拓宽资源而不履行投入、保障责任,学校也不能全部依靠财政拨款(就是义务教育学校,也是可以扩宽社会办学资源的),寻求社会合作和社会募捐,是学校办学的常态,也应该是职业化校长的职责之一。如果这两方面责任清晰,也就不存在"化缘校长"一说,政府保障学校基本办学(包括救济贫困学生的责任),校长则进一步通过慈善募捐拓宽学校的办学资源。目前,正是这两方面责任不清——没有明确政府的保障责任,以及职业化、专业化校长的职责,也没有形成重视教育慈善的环境,才让"化缘校长"充满强烈的道德色彩,通过其"化缘"行为来解决政府部门没有解决的问题,以及是靠个体的自觉来扩大学校的办学资源,而不是政府和办学者(校长作为其代表)各司其职,把学校办得更好。

基础教育现代化
——基础教育制度

- 以问题为导向,推进学前教育尽快立法
- 理性评估多校划片政策的效用
- "公""民"同招新时代,民办教育的定位和功能面临新的调整
- 超前教学下移到幼儿,亟须立法禁止超前教育
- 实施新《民办教育促进法》,如何创新对营利性民办教育培训机构的监管
- "高考移民"、代培模式、异地高考与高考改革
- 浙沪新高考改革试出的问题及完善建议
- "3+1+2"高考改革方案评析
- 从自主招生到"强基计划",自主招生改革的"自我教育"
- 高考报名人数重回千万级,完善分类高考才能"分流"
- 高考制度与大学人才培养为何陷入彼此制约的困境
- 高考延期一个月,重视教育过程公平的一次重要实践

以问题为导向，推进学前教育尽快立法^①

据媒体报道，教育部已将学前教育改革发展与规范管理工作列入2018年教育工作"奋进之笔"重点任务，将坚持公益普惠的基本方向，立足当前，着眼长远，多措并举，完善学前教育体制机制，积极回应家长和社会的关切。据介绍，教育部2018年工作要点已明确要推进学前教育立法，通过立法进一步明确各级政府和有关部门发展学前教育的责任，加大对办园违法违规行为的惩治力度，依法保障学前教育健康可持续发展。

推进学前教育立法，在我国已经提了快20年了。在过去10多年中，几乎每一年的幼儿园入园季，以及每一次发生幼儿园虐童案后，舆论都会呼吁加快学前教育立法，但立法进程并不顺利。关键在于，对于政府发展学前教育的责任，我国社会还未形成充分的共识，因此，期待这一次立法工作，能以问题导向和责任意识，解决困惑我国学前教育健康发展的难题。

早在2000年，"学前教育立法"就首次作为两会提案出现在公众视野；2003年，全国人大教科文卫委员会和教育部联合就学前教育立法进行专题调研；2011年，教育部就已把启动学前教育立法作为年度工作重点；2016年年初，全国人大教育科学文化卫生

---

① 本文作于2018年2月。

委员曾对学前教育立法专门作出回应称：教育部已完成学前教育法专家建议稿，拟在梳理总结国内地方立法成果和研究借鉴国外立法经验的基础上，研究提出法律草案。

去年 11 月 30 日，教育部副部长田学金在国务院新闻办记者会上被问起最近备受关注的红黄蓝幼儿园虐童事件时说，要积极推进学前教育立法，"我们正在就学前教育立法进行调研，已经启动程序，为学前教育依法办园、规范管理提供法治保障"。去年 12 月 27 日闭幕的十二届全国人大常委会第三十一次会议传出消息，我国正在加快推动学前教育立法进程，促进学前教育合理有序发展。

是什么原因导致学前教育法经过近 20 年的调研、讨论，却一直没能出台呢？最主要的原因应该是，对于学前教育究竟该怎么定位，政府究竟在发展学前教育过程中承担什么责任，还存在不同看法。客观而言，从 2010 年开始到现在，我国社会对 3—6 岁学前教育的定位，以及政府责任，已经比较明确，3—6 岁幼儿教育属于普惠教育，应坚持公益属性，政府要重视对学前教育的投入（建设公办幼儿园和扶持民办幼儿园），增加普惠园的供给，甚至已有舆论呼吁，把一年学前教育纳入义务教育，以进一步明确政府对学前教育的投入义务。但是，对于 0—3 岁托幼教育的定位和政府责任，却有很大争议，有人认为这应该由家庭和市场解决，有人认为政府也应该承担托底责任。

目前，我国社会对 0—3 岁的托育没有清晰的认识，也没有明确的监管体系，家庭有巨大的托幼需求，可政府举办的托幼机构少之又少，而且为了解决"入园难、入园贵"问题，有一些地方叫停原来公办幼儿园招 2—3 岁的幼儿。近年来，针对社会（随开放"二孩"政策）增长的托幼服务需求以及托幼乱象，在全国和地方两会上都有代表、委员提案,建议政府应尽快明确托幼服务的责任主体,应由政府补贴建立更多托幼育儿中心,等等。但对此,政府部门鲜有回应。

背后的原因是财政投入经费问题。一旦明确政府对托幼教育的责任,就需要增加大笔财政投入,然而目前我国解决 3—6 岁学前教育问题,都还在补过去投入不足的欠债。一方面,虽然我国学前教育三年毛入园率已经达到 77.4%,可 3—6 岁学前教育,一半以上依靠民办园,民办园在园儿童占所有在园儿童的 55%。另一方面,我国学前教育师资缺口巨大,如果按照师幼比 1∶7 计算,我国需要幼儿园教职工 630.5 万,缺口达到 250 万。这只是针对 3—6 岁学前教育的师资,0—3 岁托幼教育根本不纳入测算。

但这不能成为回避立法的理由,恰恰相反,应该以问题为导向,直面问题,通过立法来解决发展 0—6 岁学前教育的诸多难题。明确政府对发展学前教育的责任,需要政府转变教育政绩观。目前,我国有的地方政府不重视学前教育,是因为学前教育缺乏像高中教育一样的显示度,没有意识到这对孩子成长的重要性。同时,要围绕政府职能转变,调整教育拨款体系。2010 年之前,我国学前教育经费只占到总教育经费的 1.3%,近年来,这一比例持续增长,并且随着学前教育经费投入的增长,就要挤占对其他教育的投入。最近,媒体采访了学前教育立法研究课题组组长、江苏省教育厅原厅长沈健,沈健指出:"以问题为导向,以法理和学理为依据,是我们开展学前教育立法研究的一个基本的思维架构。"这是推进学前教育立法的务实态度。

理性评估多校划片政策的效用①

　　2016 年春节刚过,媒体就爆料称:教育部"放大招"! 你的学区房可能白买了! 报道指的是,教育部办公厅近日下发了《关于做好 2016 年城市义务教育招生入学工作的通知》,明确提出在教育资源配置不均衡、择校冲动强烈的地方,根据实际情况积极稳妥采取多校划片。媒体称,这是"教育部首次在官方文件中提出实施多校划片"②。

　　不得不说,报道这一消息的媒体对我国义务教育的升学政策并不了解,或者说,是为了吸引公众关注,故意进行炒作。这根本不是我国教育部首次在官方文件中提到实施多校划片——2015年教育部下发的《关于做好 2015 年城市义务教育招生入学工作的通知》③就提到"全面贯彻落实教育部关于义务教育免试就近入学工作总体部署,根据实际情况明确目标任务,全面实行单校划片或多校划片,加快实现免试就近入学全覆盖",而且 2014 年 1 月教育部下发的《关于进一步做好小学升入初中免试就近入学工作的实

---

　　① 　本文作于 2016 年 2 月。

　　② 　教育部"放大招",你的学区房可能白买了!.齐鲁晚报,2016 - 02 - 23.

　　③ 　教育部办公厅关于做好 2015 年城市义务教育招生入学工作的通知.http://www.moe.edu.cn/publicfiles/business/htmlfiles/moe/s3321/201504/185449.html.

施意见》①早就明确指出:"对于城市老城区暂时难以实行单校划片的,可按照初中新生招生数和小学毕业生基本相当的原则为多所初中划定同一招生范围(多校划片)。优质初中要纳入多校划片范围。"媒体现在还拿"多校划片"说事,从一个角度说明过去两年实行的多校划片政策效果并没有深入人心。由此,对多校划片政策进行理性分析、评估十分有必要。

一、 多校划片须充分听取民意

对于多校划片就近入学,一些舆论的理解是所有学校都多校划片,这完全是误解。教育部的规定,只是对于少数择校的热点地区实行多校划片。换言之,如果单校划片就近入学已经得到社区居民认可,而且这一地区择校问题并不严重(各校的办学差异不是特别明显),那就不会取消单校划片,而硬性改为多校划片。——这容易引起居民的不满,制造新的矛盾。因此,在现实中,实行多校划片就近入学的地区不会很多。多校划片要满足一些基本条件,包括这一区域择校情况很严重(学校办学差异较大)、单校划片遭遇其他非对口居民的反对,这样把优质学校和其他薄弱学校搭配,就有现实必要性。而且在进行划片时,必须充分听取居民的意见。

教育部办公厅印发的《关于做好 2016 年城市义务教育招生入学工作的通知》②指出,鉴于一些地方人口分布和学校布局具有不

---

① 关于进一步做好小学升入初中免试就近入学工作的实施意见. http://www.moe.edu.cn/publicfiles/business/htmlfiles/moe/s3321/201401/163246.html.
② 教育部办公厅关于做好 2016 年城市义务教育招生入学工作的通知. http://www.jyb.cn/info/jyzck/201602/t20160219_652318.html.

均匀性、街区形状具有不规则性，就近入学并不意味着直线距离最近入学。要充分考虑可能影响公平的各关键要素，确定相对科学的划片规则，确保适龄儿童、少年整体上相对就近入学。片区确定后，应在一段时期内保持相对稳定。

实行单校或多校划片就近入学以来，我国各地都曾出现一些针对如何划片的争议，有居民质疑，有学校就在自己的家门口，自己的孩子却被划到离家几公里外的学校"就近"入学，这怎么是"就近"入学？究竟是按什么原则划片的？教育部有关"就近入学并不意味着直线距离最近入学"的说法，针对的就是这类争议。但很显然，这是在给地方教育部门划片撑腰，可还是难以消除划片中的争议，要让划片结果得到认可、有公信力，关键在于划片时引入民主决策机制。

家门口就有好学校，可划片时却被划到离家很远的另外的学区，居民确实是很难理解的。如果距离远的学区教育质量较低，意见就会更大。纵使教育部门解释，这是综合考虑人口分布和学校布局确定的划片结果，可老百姓也不会接受，认为这是教育部门自说自话，把行政闭门决策的结果强加到老百姓身上。

从现实看，就近入学是不可能完全做到空间距离上的就近的，教育部"就近入学并不意味着直线距离最近入学"也是理性的，然而，要让居民也变得理性，唯有把居民的意见纳入划片的决策过程。教育部下发的通知明确，要"完善划片工作机制"。"对于新建学校或新建居民小区的划片，以及需要对现行片区进行调整或准备实行多校划片的，区（县）级教育行政部门要按照现代治理理念，完善各利益相关方参与的划片和片区调整工作机制，强化划片工作程序和内容的公开、公平、公正，提升划片结果的公信力"，针对的就是划片不公开、划片结果公信力不高的问题。可是，地方政府能否在划片决策时,采取民主决策机制,公开、透明地进行划片决策,却并不乐观。

我国于 2010 年颁布的国家教育规划纲要就已明确,重大教育决策要充分听取公众意见,但是,在具体教育管理中,有些政府部门却不愿改变传统的决策模式,对民主管理表现得很不适应,而且有所排斥。像划片就近入学,关乎老百姓的切身利益,划到理想学区的老百姓高兴,就是不在家门口入学,而是到更远的另外学区求学,也支持划片结果;但划到不太理想学区的老百姓就不乐意,哪怕就在家门口入学,可如果家门口的学校办学质量比较薄弱,也会对划片有意见。对此,教育部门担心听取居民意见,会是一个没完没了的过程,吵闹不休,怎么也不可能让所有人满意,因此,干脆就不听意见,就由行政部门"快刀斩乱麻"。甚至有的地方,临到学生要入学时才公布方案,并要求立即执行,说是避免家长炒学区房。

这表面上可以提高决策效率,可在执行时却存在诸多隐患,引发争议。这暴露出教育部门在推进民主管理时,缺乏对民主管理的正确认识。民主管理要听公众意见,但不是说要做到所有居民 100％满意,其基本原则是"少数服从多数",对于学区划分方案,如果大多数居民赞成,那么少数反对的居民应该接受民主决策的结果。如此确定的就近入学学区划分方案,不能做到学区空间距离最近,却能做到与公众意见最近。

二、 就近入学率不能真实反映择校情况

在 2015 年全国教育工作会议上,教育部部长袁贵仁在讲话中提到,2014 年,在大城市家长心中盘旋不去的择校焦虑,得到了一定缓解:教育部加强了对 19 个重点大城市的整治力度,公办小学

就近入学比例达到了 97.9％。[①]

教育部公布的公办小学就近入学率让一些舆论不太相信,觉得偏高。在我看来,由于这些城市实行按学区(多校划片)入学,19大城市的公办小学就近入学率达到这一比例,是基本可信的,但是千万别理解为这些城市的义务教育均衡问题就得到根本治理了。

首先,这指的是公办小学就近入学率,不是所有学校就近入学率,没有把民办小学包含在内。鉴于这 19 大城市中,小学阶段的名校有不少集中在民办,因此,如果把民办学校纳入,整体就近入学率就会大幅拉低。

虽然治理择校应该坚持"公办不择校,择校到民办"的原则,政府部门重点关注公办就近入学是对的,但如果公办校和民办校的办学差距较大,而且公办校保障的程度比较低,那么,民办学校的择校会带动整个区域的"择校热",因此,还应该公布整体就近入学率。比较理想的状况是,到民办择校的学生应控制在 10％之内。

其次,教育部公布的公办就近入学率,是在实行按学区划片入学之后。众所周知,按学区划片入学,只要在学区内入学,就算就近入学,这无疑会大大抬高就近入学率。但是,这只是技术层面的操作减少,而非实质性的义务教育均衡——就是不推进均衡,按学区入学统计,也会减少择校率,而且学区划得越大,择校率越低。

再次,就近入学率只能反映学生户籍与求学学区(学校)的对应情况,却无法反映出家长为让孩子有这一学区户籍所进行的户籍迁移情况。随着按学区入学政策的实施,不少城市都出现"学区房热",择校演变为择学区。家长花巨资购买学区房,他们也是就近入学,但为就近入学,付出很大的代价。

---

① 堵力,原春琳,袁贵仁.去年高校特招 5 万名优秀农家娃,还不够.中国青年,
2015－01－23.

因此,就近入学率并不能客观反映一地的真实择校、择学区情况,教育部门不能简单地以公办就近入学率来体现推进义务教育均衡的政绩,也不能以此简单判断多校划片入学政策就取得成功。对义务教育均衡的评价,应该由独立的第三方机构,针对幼升小、小升初中家庭的现实选择以及各校的具体办学质量、办学条件,进行多指标、多角度的测评,而不只是由各地教育部门自行统计粗略的就近入学率数据。不然,一边是教育部门公布的极高的就近入学率,一边却是老百姓严重的择校焦虑,这会让政府公布的数据失去公信力。而且,如果以这些数据作为进一步决策的依据,会误导推进义务教育均衡的政策。

三、 把学区房价格作为义务教育不均衡指数

在我看来,相对而言,用整体就近入学率,而不只是公办就近入学率,更能反映一地的择校情况。鉴于当前社会存在的"学区房热",应把学区房价格作为各地的义务教育不均衡指数之一——学区房价格越高,义务教育均衡程度越低——这远比教育部门公布择校率更能反映老百姓对义务教育均衡的实际评价。观察一地的义务教育均衡情况,不要看表面上的择校率,而应该看老百姓的具体反应。学区房价格居高不下,就是义务教育不均衡的真实写照。如果某地存在学区房,而且学区房价格普遍高于周边房产,则意味着当地义务教育严重不均衡。

《中国经济周刊》2014 年 7 月 29 日报道,北京最贵的房子,既不是玉渊潭公园附近价格曾超过 20 万元/平方米的钓鱼台七号院,也不是紧挨天安门、开盘即超过 10 万元/平方米的霞公府,更不是鸟巢旁的豪宅盘古大观,而是分布在重点小学附近、被称作

"学区房"的普通住宅。调查显示,北京学区房均价超 5 万元/平方米,最高每平方米达 34 万元。[①]

按照目前教育部门推行的就近免试入学政策(单校划片对口入学或多校划片对口入学),择校率会大幅降低,但如果各学区间义务教育学校办学质量、办学条件不均衡,择校会变为择学区,而择学区的表现就是购买学区房,这非但无法降低社会择校的焦虑,还会增加择校的负担,将择校、择学区变为"拼爹"游戏。

有人对学区房价格达 34 万元/平方米深感不解,家长有必要为孩子上学投这么多钱吗? 这是不了解学区房的价值。购买学区房对于很多有相应经济条件的家庭来说,是双重投资:一则可以让孩子进更好的学校,二则在孩子上完学之后,学区房的价格会进一步飙升,除非学区的办学质量均衡,老百姓对择校的需求减少。这种投资最大的风险就在于学区均衡,可近年来各地推进义务教育均衡的实际情况,将这一风险因素也消除了——义务教育均衡工作推进缓慢,地区之间、学校之间的差异依旧很大,当年购买学区房者已经获利,这激励后来者前赴后继。

从表面上看,实行多校划片会增加入学的不确定性——不能确定进入办学质量最好的学校,由此让学区房炒不起来。但这是把问题简单化了。一方面,如果学区与学区之间的办学质量有很大差异,某一学区的整体水平高于其他学区,家长会不会择学区?另一方面,如果学区内某所学校办学质量很好,而在学区内摇号选择学校时(对于申请入学人数超过学位数的学校,政策规定采取摇号方式),操作并不公开、透明,那有权有势的家长会不会预定优质学校的学位? 对于后一方面,教育部门要求学区内的优质学校在

---

① 刘德炳.北京学区房疯了:均价超 5 万 最高每平达 34 万.中国经济周刊,
2014 - 07 - 29.

分配学位时要进行公开的摇号,接受监督,这或可做到公平,但对于前一方面,教育部门尚难回应。

另外,针对学区房价格飙升,政府部门还想出其他治理的招数。据报道,北京准备限制新购学区房家庭的孩子就近入学;上海规定同一门牌号的住户,5年内只能有一个学生入学;深圳则计划实行积分入学,明确将入学与家庭户籍类型、住房性质、入户时间、居住年限、社保年限或纳税年限、计划生育情况等挂钩起来。可是,这些招数都招来质疑,购房是老百姓的权利,就近入学是老百姓的权利,凭什么买了房,不让学生就近入学?

实事求是地说,多校划片政策,对治理"择校热",治标不治本。虽然媒体警示"你的学区房可能白买了",但其实,学区房的概念,就是针对多校划片而来的——以前是针对单校划片的学位房。反过来,需要提醒教育部门,实行多校划片入学可以提高就近入学率(只要在这一学区范围内入学,都算就近入学),但如果在实行多校划片的同时,不缩小学区与学区之间,以及学区内部的学校之间的办学质量、办学条件差距,家长的择校焦虑会依旧存在,择校会演变为择学区,学区内的择校暗流也会涌动。

义务教育均衡和就近入学的逻辑,应该是推进义务教育均衡,引导居民自觉就近入学。现在的治理逻辑是狠抓就近入学(禁止学校跨区域招生和禁止居民跨区域选择公办学校),想以此倒逼义务教育均衡。但众所周知,如果只治理下游,而不治理上游,最终还是会决堤。而且多校划片入学,说到底也只是过渡措施,从就近入学看,今后还是要实行单校对口就近入学。为此,在抓就近入学"下游"的同时,必须争分夺秒地疏通上游,即调整义务教育资源配置方式,加强对薄弱学校的建设,真正缩小学校之间的办学质量和条件差异。根本的途径是政府履行投入责任,转变投入模式,同时放权给学校自主办学。这都需要建立新的教育管理体制。

首先，应该成立地方教育拨款委员会，负责教育拨款预算，监督政府拨款，这有利于保障教育经费，同时把经费拨付到最需要的地方。

其次，应在学区成立学区教育委员会，负责学区教育战略，监督学区办学。我国现在实行的学区制，只是按学区入学，而非国外的学区制。国外的学区制，是由专门的学区教育委员会负责学区内的教育事务管理、决策，包括选拔校长、监督各校使用经费、公开办学信息等。我国在实行学区划片入学中，为确保划片入学的公正，也引入纪委监督，可说到底，这还是行政监督，远不如社区居民、家长代表直接参与监督。

再次，给各学校办学自主权，鼓励、引导学校在质量均衡的基础上办出个性和特色，这就合理地处理好均衡和特色的关系。在这种情况下，也会有少数学生择校，可是，不是为教育质量而择校，而是为特色而择校。

这些才是政府部门应该积极作为的地方。

"公""民"同招新时代，
民办教育的定位和功能面临新的调整^①

  近日，上海、浙江、江苏三地教育部门公布 2020 年义务教育阶段学校招生入学工作的实施意见，均明确民办义务教育学校招生纳入审批地教育行政部门统一管理，与公办学校同步招生，对报名人数超过招生计划的，实行电脑随机录取。同时，从今年起，义务教育阶段特长生招生也将全部取消。

  去年 7 月颁布的《中共中央国务院关于深化教育教学改革全面提高义务教育质量的意见》，明确"民办义务教育学校招生纳入审批地统一管理，与公办学校同步招生；对报名人数超过招生计划的，实行电脑随机录取"。因此，上海等地公布的意见，是对国家层面规定的具体落实。事实上，从今年开始，我国义务教育阶段学校的招生、办学，都将全面进入"公""民"同招新时代，民办教育在义务教育发展中，将扮演全新的角色和发挥新的作用。

  说这是"公""民"同招新时代，不只是基于民办学校招生时间、招生方式的变化，而是教育发展进入新的阶段，民办教育的定位和功能面临新的调整。我国教育在今年将全面实现普及化，包括高等教育，也已实现普及化。在教育全面普及化之后，必须承认的事

---

  ① 本文作于 2020 年 4 月。

实是，民办教育原来的"补充"公办教育资源不足，推进教育实现普及化的作用，就变得不那么重要，如果还继续民办教育的"补充"定位，那民办教育，尤其是义务教育阶段的民办教育，就面临生存危机，因为有很多社会公众甚至呼吁民办教育退场。

但其实，民办教育的作用不仅是"补充"，还有更重要的作用，是探索与公办学校不一样的办学模式，进行多元教育、个性教育，为受教育者提供差异化选择。义务教育要在普及基础上提高质量，实现优质均衡，就需要民办教育发挥这一作用。

这就需要地方政府转变过去的民办教育管理模式，民办教育办学者转变传统办学思路。在过去，有的地方政府对教育投入不足，甚至有的推卸对义务教育的投入保障责任，采取"主打"民办教育的方式，给民办教育各种招生方面的支持政策；在国家明确规定公办学校实行就近免试入学后，纵容当地公办学校办"假民办"，以享有民办学校的招生和收费政策；还有的民办学校在支持政策基础上，再扩大区域招生、扩大规模招生、违规收费，地方政府部门也视而不见。这确实"解决"了教育资源的问题，也"激发"了民办教育的"活力"，但是，老百姓对这样的教育资源保障并不满意，普通家庭的教育支付负担沉重，同时，民办学校带有"掐尖"意味的提前招生，客观上刺激了"择校热"，也增加了学生的学业负担。

基于义务教育普及、免费、均衡、强制的特征，我国在对民办教育实行分类管理改革时，明确不得设立实施义务教育的营利性民办学校，也就是说，所有义务教育阶段的民办学校，都必须选择非营利性。这一分类改革，本身也意味着民办教育发展进入新时代。

于政府部门来说，需要依法对非营利性民办学校给予财政拨款、税收优惠、使用土地优惠，甚至在财政拨款上，要做到和公办一样，给予足够的生均拨款。有人会问，既然政府要拨款，为何还要举办民办,不如就只办公办? 这就不了解民办教育的多元化办学,对促进教育质量提高、满足受教育者差异化选择的作用。从发达国家的义务教育私立学校发展看,其重要功能就是多元办学,私立学校照样获得政府的生均拨款(在私立学校上学的学生,也应该享有一样的财政资源),采取更个性化的办学方式,以满足部分受教育者的选择。众所周知,随着社会的发展,受教育者的选择会越来越多元化,公立学校即便有办学自主权,也难以满足不同受教育者的不同需求。

于义务教育民办学校办学者来说,在新的时代背景下,需要有两个转变。一是从"逐利"、做"教育生意",到"办教育"转变。毋庸置疑,进入我国民办教育领域者,有很多是有追求投资回报的诉求的,这是历史事实,但随着教育的普及化,国家明确不得设立实施义务教育的民办学校,就是为了引导民办教育办学者转变对待民办教育的态度。当然,也有民办教育者质疑这是"过河拆桥",当资源充分后,就不要民办学校、"打压"民办学校。这需要地方政府在推进分类管理时,尊重历史,依法保障民办教育原有举办者、办学者的合法权益,同时也要构建适应新时代教育发展要求的科学管理模式,落实对非营利民办学校的生均拨款,不仅要做到"公""民"同招,更要做到"公""民"师生同权,一视同仁。民办不再是办学属性(大部分经费有可能都来自财政拨款),而是一种办学模式。

二是从享有有别公办学校的"优待政策",到平等招生、平等竞争转变,公办学校和民办学校的所有办学权利应该一致,不同的是学校的教育个性和特色。在义务教育阶段,民办学校提前招生,可以面试选学生,公办学校质疑这不公平;在高考招生中,民办本科高校以前大多安排在第三批次招生,变为"三本",民办学校质疑这对民办不公平。实行义务教育阶段学校"公""民"同招,以及新高考改革取消高考录取批次，就是让所有学校平等招生，引导学校把精力用到办学中，而不是在招生手段、招生时间上花精力做文章。这有利于公办学校和民办学校的良性竞争，营造健康的教育生态。

超前教学下移到幼儿，亟须立法禁止超前教育①

近日，北京一家小升初辅导机构水木龙华培训学校忽然贴出通知暂停小学培训业务，并为家长安排全额退费。这个学校曾被家长称为"龙校"，一些重点中学依托它的奥数成绩在小学阶段进行"点招"。"龙校"暂停小学培训业务，可见教育部整治校外培训机构效果初步显现。自今年2月，教育部办公厅等四部门印发《关于切实减轻中小学生课外负担开展校外培训机构专项治理行动的通知》以来，教育部连发"减负令"重拳出击整治校外培训机构。教育部以及社会关注的"负担"对象主要是中小学的学生，但记者发现，目前市场上部分培训正是针对上小学之前的幼儿，课业负担正在下移。

坚决纠正校外培训机构开展学科类培训（主要指语文、数学等）出现的超纲教学、提前教学、强化应试等不良行为，是这次对培训机构进行专项治理的亮点之一。但是，治理也存在不完备之处，其中一个很明显的问题就是，这仅仅针对中小学生减负，没有考虑学前教育小学化问题，而学前教育机构给幼儿提供诸如幼儿奥数这类小学化教育培训，是一个舆论诟病已久的问题。另外，此次治

① 本文作于2018年4月。

理针对的是校外培训机构，体制内的学校教育也存在超纲教学、提前教学、强化应试的问题，比如初二时上完初中的全部课程，高二时上完高中的全部课程，然后用一年时间复习准备中考、高考，目前对这类提前教学行为没有治理。因此，从全面禁止超纲教学、提前教学出发，应该立法禁止超前教育，避免行政治理的片面性和局限性。

多年前，我国教育部门就对幼儿园的小学化倾向，发文明确禁止幼儿园小学化，即在学前教育阶段，不能对孩子进行知识化的教育，而应该重视培养孩子的行为习惯、卫生习惯，完善孩子的个体认知。但是，这是行政规章，只能管住体制内的幼儿园，对社会培训机构没有约束作用，因此，有很多社会早教机构就开展面向幼儿的早期培训，这导致幼儿园去小学化面临很大的尴尬——在幼儿园内不能进行小学化教育，而幼儿园门口就有早教机构的幼儿奥数、幼儿英语培训招生广告，使幼儿园面临很大的压力，家长都要求幼儿园要教小学的知识。

这次对培训机构的专项治理，超纲教学、提前教学被纳入治理，表明政府部门对提前教学、超纲教学对教学秩序的冲击、危害已经引起高度重视，但是治理带有"减轻中小学生课外负担"的行政任务，因此，治理超纲教学、超前教学，却把学前教育阶段排除在外，这意味着对幼儿进行小学化培训的早教机构是没有纳入治理范畴的，这给了培训机构将提前教学培训业务下移的理由。虽然教育部门规定所有小学都必须进行"零起点教学"，意味着上小学之前的孩子都不能接受知识化教育，可是由于没有明确的对早教机构提前教学的禁令，早教机构继续搞幼儿小学化培训，监管部门将难以查处。另外，由于专项治理只针对中小学生负担问题，这还会让培训机构将学前教育阶段的提前教学进一步"合法化"——你看,国家进行专项治理,都没有涉及学前教育阶段的超前教学问题。

对培训机构提前教学、超纲教学的治理,还存在行政治理通常存在的局限问题,即强调对某一领域的专项治理,而忽视整体性问题。分析我国基础教育的办学现状,不难发现,提前教学问题在我国基础教育学校中普遍存在,比如初二时就上完初中的全部课程,这已经被社会普遍接受,以至于有的人大代表、政协委员以此为依据提议缩短一年初中学制,高中教育也是如此。很显然,要有效治理超纲教学、提前教学问题,就必须校内、校外一起治理,学前教育、义务教育、高中教育全面执行。否则,教育"剧场效应"的问题——坐在前排的人站起来看戏,没有人让其坐下来,于是第二排、第三排……所有的人都站起来——就会一直存在,制造教育焦虑。

事实上,从法律角度看,早教机构的幼儿知识化教育,是没有法律禁止的。"法无禁止则可为",治理早教机构的提前教学,就无法可依,对教育培训机构进行道德化说教,是无用的。而且,目前所有治理提前教学、超纲教学的措施,都是行政措施,而不是通过立法方式。只有通过立法方式,把包括学前教育在内的所有基础教育阶段的超前教育,都纳入治理,才能对这一问题进行系统治理,这也是依法治教的基本要求。

实施新《民办教育促进法》，
如何创新对营利性民办教育培训机构的监管[①]

我国新修订的《中华人民共和国民办教育促进法》（以下简称《民办教育促进法》），于 2017 年 9 月 1 日起实施。对民办教育按营利性和非营利性进行分类管理，是新《民办教育促进法》的最大亮点。鉴于民办教育培训业存在的乱象——今年，上海就启动了对民办培训业的规范治理，经上海市教育、工商等部门摸排发现，上海目前近 7 000 家各类教育培训机构中，证照齐全的约四分之一，"有照无教育培训资质"的体量最大，"无证无照"的有 1 300 余家——舆论普遍期待，实行分类管理，能理顺政府部门对民办教育培训业的监管体系，有效治理民办教育培训的乱象。

实行民办教育分类管理，若要不辜负社会公众的期待，解决民办教育培训机构由于多头管理、监管主体不明而存在的现实问题，关键在于，各地在贯彻落实新《民办教育促进法》时，要以改革的精神，创新对营利性民办教育培训机构的注册登记、监管办法。如果在实行分类管理后，仍按照原有登记办法对营利性民办教育培训机构进行登记，民办教育培训业的乱象将难以得到根治。

关于民办学校的登记，《民办教育促进法》第十五条规定："民

---

① 本文作于 2017 年 9 月。

办学校取得办学许可证后,进行法人登记,登记机关应当依法予以办理。"根据这一规定,营利性教育培训机构(《民办教育促进法》将营利性教育培训机构称为"举办实施以职业技能为主的职业资格培训、职业技能培训的民办学校")要进行企业法人登记,需要获得办学许可证。这和之前的登记方式并无本质不同。

早在2011年5月,上海市就已经对营利性民办教育培训的登记进行改革。2011年5月1日实施的《上海市终身教育促进条例》第二十七条规定:"设立经营性民办培训机构的,申请人应当向工商行政管理部门申请办理名称预先核准手续后,向工商行政管理部门提出登记申请。工商行政管理部门应当将有关申请材料送教育行政部门或者人力资源和社会保障行政部门征求意见;教育行政部门、人力资源和社会保障行政部门应当及时反馈书面意见。工商行政管理部门应当在收到书面意见后作出是否准予登记的决定。作出准予登记决定的,颁发《企业法人营业执照》,并抄送教育行政部门或者人力资源和社会保障行政部门。作出不予登记决定的,应当书面告知理由。"也就是说,设立经营性民办培训机构,并不需要办学许可证,而是向教育行政部门或者人力资源和社会保障行政部门征求意见。这在当时被认为是创新,也被认为是分类管理改革的趋势。

那么,在实施《民办教育促进法》之后,各地究竟该怎样对营利性民办培训教育机构进行登记、注册呢?目前有三种意见。

第一种意见是,设立营利性民办教育培训机构,按照《民办教育促进法》的规定,需要经过教育行政部门或劳动行政部门审批,获得办学许可证。由于机构要营利,要从严审批。

第二种意见是,设立营利性民办教育培训机构,与设立营利性的举办学历教育的民办学校不同。举办学历教育的营利性民办学校需要办学许可证，而进行非学历教育培训的营利性教育培训机构不必像设立非营利性教育培训机构那样要求获得办学许可证，但需要工商部门在登记时征询教育行政部门或劳动行政部门的意见，根据教育部门或劳动行政部门的意见，决定是否登记。此即上海实行的登记方式。

还有一种意见是，不必经教育行政部门或劳动行政部门审批，或征询意见，直接由工商部门按企业登记办法登记，并在登记后，对教育培训机构的培训项目实行备案制。

其中第一种意见是延续之前民办教育培训机构登记为企业法人的做法，唯一不同的是，明确这些教育培训机构为营利性。按照这种登记办法，要顺利登记成功颇有难度，需要有（办学许可）证才有（营业执）照。但从以往的管理实践看，这种登记管理办法并没有遏制培训乱象。由于登记门槛高，有的机构干脆就不登记，没有任何资质就招学生；有的办不出办学许可证，于是就办一个教育咨询类公司的营业执照，虽然标明涉及前置审批的教育培训除外，但在具体运营时，往往超过经营范围，涉足培训，甚至将培训作为主业。这反而使违规办学的教育培训机构处于灰色地带。教育部门和工商部门都要对培训机构的资质和合法经营负责，却变为互相踢皮球。那些约束正规教育培训机构的监管措施，如建立教育培训机构风险保证金制度、教育培训机构学杂费专用存款账户监管制度（均为避免培训机构经营不善卷款而逃、恶意终止办学），都不适用于这些没有合法资质的机构。

第二种意见明确了营利性教育培训机构的监管主体就是工商部门，但要求登记时征询教育行政部门和劳动行政部门意见，和第一种操作并无多大不同，教育部门或劳动部门可能就按审批办学许可证标准提出意见。办教育培训营业执照难，会让一些机构选择违规超出规定经营业务经营。我国有省市多年前已经试点这种登记办法,但实施多年后,无证无照的教育培训机构和超出经营范畴的培训机构甚多。

目前几乎没有省市考虑第三种意见。主要原因是,相关管理部门以及一些专家均认为教育培训有别于其他经营活动,因此需要一定的前置审批。而我赞同的是第三种意见,从改革角度看,这是一种具有创新意义的登记、监管方式。一方面,减少前置审批,降低举办教育培训机构的门槛,符合简政放权的改革方向。教育培训业虽然有其特殊性,但实践表明,前置审批对规范培训发展作用不明显。另一方面,取消前置审批,降低教育培训机构的登记门槛,那些因门槛太高而选择违规经营者会主动登记,于是可将所有机构都纳入监管范畴,可改变有大量机构长期违规经营的现象。更重要的是,将前置审批改为备案制,这并不影响培训机构的自主经营(备案制是把教育培训项目向工商部门备案,对于合法的培训项目,监管部门并不干涉,只有违法、反科学的培训项目监管部门方可叫停),但有利于监管部门掌握培训机构的经营状况,而且备案制是实施风险保证金制度、学杂费专用存款账户监管制度极为重要的配套制度。

当然,由于《民办教育促进法》有明确的"民办学校取得办学许可证后,进行法人登记,登记机关应当依法予以办理"的规定,各地在实施时,可能对营利性民办教育培训机构的登记管理创新空间十分有限。但是,可以对举办学历教育的营利性民办学校、进行教育培训的非营利性民办学校、进行教育培训的营利性民办学校,设置不同的办学许可条件。应该尽可能降低营利性民办教育培训机构的登记门槛。从长远看,营利性民办教育培训机构的登记,要实现工商登记,登记后实行备案制。

"高考移民"、代培模式、
异地高考与高考改革①

    2019 年高考之前,"高考移民"因深圳富源学校的"高考移民"事件,以及贵州招生考试院发布的一则撤销三名违规运作"高考移民"的学生的大学学籍的通报,而再次引起舆论关注。

    说是再次引发关注,是因为"高考移民"问题,一直是社会关注的高考公平议题,而且对于"高考移民",也一直存在争议。虽然从维护各省考生的高考利益看,治理"高考移民"是为了维护公平,但是不少人质疑高考分省录取的制度安排本就不公平,"高考移民"是由于各地教育发展不均衡,以及录取机会不平等而催生出来的。

    但这一次深圳富源学校的"高考移民"事件,却和以往有所不同。以往的"高考移民"主要是学生、学生家长个体进行运作,违规办户籍、学籍,采取学籍空挂方式,获得高考竞争优势,但这一次却是民办学校主导推进,从外省购买生源,违规办户籍,再采取合作办学方式,让学生在外地继续读书,高考时再到落户省参加高考,以此快速打造升学品牌,再以升学品牌招揽生源,实现民办学校的快速发展。

---

① 本文作于 2019 年 5 月。

这表明,学校办学在畸形的高考竞争驱动下,已经盯上了"高考移民"。照样有部分家长同情"高考移民"的学生,认为他们面临的升学竞争太残酷了,为何凭自己的本事考出高分,却被认为是违规? 可以说,这起"高考移民"事件,为治理"高考移民",推进异地高考,以及高考改革,都提供了新的思路。

一、 民办学校主导"高考移民"的实质和危害

这种"高考移民",毫无疑问侵犯户籍考生的高考利益,也不属于合法的异地高考,其办理户籍就是冲着高考而去的。这不必赘述。其更大的危害在于,把全国所有地区都卷入畸形的高考竞争中。

毋庸置疑,在衡水中学、衡水一中办学模式的推动下,河北省学生的高考分数越来越高,北京大学、清华大学在河北的录取分数就比在广东的录取分数高 20 分左右(两地实行同一套全国卷),一名在河北考不进北京大学、清华大学的学生,到广东参加高考,可能就能进北京大学、清华大学。这是民办学校运作"高考移民"的现实基础,有的河北家长也赞成。但是,这能说明河北的基础教育质量就比广东高吗? 事实并非如此,河北考生高考分数高,这是学校狠抓应试训练的结果,这种模式虽然"育分效果"突出,却遭遇广泛质疑。广东的高中学校近年来正推进素质教育改革,学生的高考成绩比不过衡水模式培养的学生,是很正常的。

因此,如果不对这种"高考移民"进行治理,就会刺激所有学校的高考竞争,让正在推进的素质教育改革遭遇巨大阻力。广东省已经宣布取消"高考移民"学生在广东参加高考的资格,同时追究民办学校的责任,减少民办学校的招生计划数。但是,还需要进一

步防止基础教育办学倒退为"唯分数"升学竞争。

二、 合法的代培模式因助长畸形竞争而面临被终止

除违规运作"高考移民"外，富源学校和衡水一中合作办学，由衡水一中代培富源学校招收的学生，也是家长质疑的问题。这种办学模式本来是符合法律法规的，广东省的高考政策并没有要求本地户籍考生有本地连续高中学籍，因此，一名有广东户籍的考生在外地读完高中，回广东也可参加高考。这一政策给本地户籍考生提供了求学的便利，却被部分民办学校运用来进行高考竞争了。另外，学校间进行合作办学也是教育改革的积极探索，可让学生共享优质教育资源，有更完整的教育体验，但很显然，合作办学因目的变为对学生进行应试训练而异化，遭遇质疑。

据媒体报道，除和富源学校进行合作办学、代培学生外，衡水中学异地办学分校在国内遍地开花。据不完全统计，衡水中学在国内 10 个省份开设至少 18 所分校，遍布昆明、遂宁、张家口、南昌、合肥、邯郸等地，甚至开到马来西亚。衡水中学的分校普遍采取和衡中一样的办学模式，其对学生升学成绩的提升是显著的，但是，也毫无疑问刺激、加剧高考升学竞争。

要遏制合作办学的异化，在当前的高考制度框架下，地方教育部门有可能调整高考报名政策，要求本地户籍考生也必须有连续高中学籍，即"户籍＋学籍"双证制度，这会给随父母到外地学习、生活的学生带来不便，但这却是无奈的选择。未来，各地的高考报名都可能以学籍为主，实行"学籍＋户籍""学籍＋居住证"制度。如果实行这一制度，合作办学代培模式就有学籍空挂之嫌，将被纳入"高考移民"进行治理。贵州招生考试院通报的三名学生，就属

于学籍空挂。

三、 根治"高考移民"，统一试卷、统一分数线没有出路

针对各地高考录取分数线的差异，不少人提出，要根治"高考移民"，就应该实行全国一张卷、一条分数线录取，这样就不存在"高考移民"了。这种想法并不现实。

恰恰相反，如果实行全国一张卷、一条分数线录取，会导致高考竞争进一步加剧，出现全国性的超级高中、全国范围的大择校，教育薄弱地区的学生进重点大学的比例会进一步减少，而且教育发达地区也会卷入高强度的高考升学竞争之中。

不妨假设，如果取消现在的分省录取模式，就用高考分数录取，会出现怎样的结果。一个众所周知的结果，必然是教育薄弱地区的学生缺乏竞争力，被重点大学录取的名额大大减少，对此，国家可以采取单列计划来做出调整（如同现在的国家扶贫定向招生计划），但是当整体高考分数偏低时，最终会回到分省计划。另外，教育薄弱地区的学生为提高高考分数，必然会想办法到强调应试训练的地区学习，这会导致跨省择校、"移民"，更加严重。

观察富源学校"高考移民"事件和其与衡水一中合作的代培模式，不难发现，背后有三股力量在推动。一是追求升学政绩的地方政府，二是逐利的资本，三是渴望孩子进更好大学的家长。显然，如果取消分省录取，实行全国一张卷、一条分数线录取，这三股力量会变得更强大。

另一个结果则是，全国各地的学校都进入分数比拼模式。也许有人会说，这没有什么不好，"分数面前人人平等"。然而，基础教育"育分不育人"的问题，已经严重影响我国的人才培养质量，甚

至国家和社会的长远发展。去年召开的全国教育大会提出，要深化教育体制改革，健全立德树人落实机制，扭转不科学的教育评价导向，坚决克服唯分数、唯升学、唯文凭、唯论文、唯帽子的顽瘴痼疾，从根本上解决教育评价指挥棒的问题。因此，改革决不能走回头路，重回更加顽固的"唯分数"评价。

四、落实招生自主权，实行基于同一考试基础之上的高校自主招生，破除"唯分数论"，打破分省录取体制

我国新高考改革中，恢复全国统一命题，是重要的改革内容之一。恢复全国统一命题，除了提高命题质量的考量外，还希望给异地高考学生创造便利，甚至有人提出异地借考（在求学地高考，在户籍地录取）。但现在看来，恢复统一命题而不改革分省录取制度的问题，越来越明显。

一方面，虽然有的省市用同一套试卷，有本地户籍的考生确实可以到外地读书，高考时再回本省，可是由于各地教育发展不均衡，家长担心这被利用，并刺激高考竞争；而且考虑到各地教育发展水平不同，异地借考显然难以实现，家长会认为这就是"高考移民"。

另一方面，采用同一套试卷的省市面临提高学生高考分数的压力。由于采用同一套试卷，各地的高考分数就有了可比性，虽然各省还实行分省录取，但是好事者还会比较考生的分数，比如文理科 600 分（满分 750 分）以上的考生有多少，高考成绩低的省市就会被质疑基础教育没办好。同时，各地因录取指标、考生考试情况不同而存在的录取分数差异，刺激运作"高考移民"的冲动。

按照这种情况继续发展，恢复统一命题，各省采用同一套试卷的改革会受阻。在我看来，实行全国统一考试的改革，需要录取制

度改革配套,即实行统一考试基础之上的高校自主招生。这既可打破"唯分数论",也全面解决分省录取问题。

具体而言,我国的高校可按举办属性分三类进行录取改革。

第一类是国家举办的重点大学。这类大学应面向全国招生,实行"全国统一考试+学校自主招生"方式。所有考生自由报名参加统一考试,在考试成绩公布后,由大学自主提出申请成绩要求。达到成绩要求的学生可自主申请多所学校。大学再根据统一考试成绩、中学学业成绩、地区教育因素、大学面试考察等综合评价录取学生,一名学生可同时获得多张大学录取通知书,再做选择。这一改革就突破了户籍限制,并以统一考试保障基本的公平,由大学独立评价录取,考虑学生教育环境,进行多元评价。这一改革可以选择"双一流"大学进行试点,目前,社会关注的高考公平,也主要集中在重点大学招生上。

第二类是地方本科院校。这类院校采取原有模式招生。地方本科院校主要由地方资金举办,因此,地方本科院校可把更多的招生名额分配给本省户籍考生,招生方式采取"统一考试成绩+分省录取"模式。

第三类是高职高专院校。这类院校实行注册入学、申请入学。目前,高职院校已经在推进注册入学、申请入学改革,但是,对申请者还有户籍、学籍要求(达到高考报名条件)。完全可以取消户籍要求,由有高中毕业证,或有高中同等学力的受教育者,包括农民工、农民工随迁子女自由申请。如果能取消户籍限制,那么占我国高考招生数一半的职业院校招生,就完全开放异地高考,这不论对职业院校办学,还是学生选择职业教育,都是利好。在实行注册入学、申请入学之后,高职院校要推进宽进严出的办学改革,以保障高职教育质量。

浙沪新高考改革试出的问题及完善建议[①]

　　浙江和上海 2017 年的高考录取已进入最后阶段。总体看来，虽然浙江省出现了极少数考生的"误报"志愿事件，但是，两地作为我国高考改革的首批实验省份（市），第一轮高考实验比较平稳收官，不论是浙江实行的分段专业平行志愿录取，还是上海实行的院校专业组志愿录取，最终投档、录取的结果都基本符合考生的期待。

　　从今年 9 月起，北京、山东、天津、海南 4 个省市将在浙江和上海之后启动新高考改革。在这个时候，分析浙江和上海高考改革中存在的问题，对于接下来进一步完善浙江和上海的高考改革，以及推进全国新高考改革，有着十分重要的意义。

一、 不可忽视的新高考功利倾向

　　浙江和上海的高考改革都是按 2014 年 9 月颁布的《国务院关于深化考试招生制度改革的实施意见》实施的，具体改革内容包括：实行"3＋3"科目组合，文理不分科，外语科目一年多次考，将高中学业水平测试成绩纳入高考，对学生实行综合素质评价，取消

----

① 　本文作于 2017 年 8 月。

高考奖励性质加分,逐渐取消高考录取批次,等等。改革的重要出发点和目标是扩大学生的选择权,但是从实践情况看,扩大学生选择权的改革存在被功利对待的情况。

这轮高考改革最核心的内容就是"3+3"科目改革,浙江省是"3+(7 选 3)",上海市是"3+(6 选 3)"。科目改革在高考改革方案推出时,被赋予很多的意义,主要就是扩大学生的选择权,具体包括:

其一,扩大学生科目选择权。6 选 3 有 20 种组合,7 选 3 有 35 种组合,不像以前"3+文科综合或者理科综合"只有 2 选 1,可以鼓励学生按照学科兴趣来选择科目。

其二,扩大学生课程选择权。以前学生都被安排在一个固定的班里学习,现在则实行选课走班,学校为学生提供了更大的课程学习选择空间,不能说是国外中学那样的完全学分制,但可以说新高考之后,很多高中都开始实行走班制。

其三,扩大学生考试选择权。根据新高考改革方案,外语科目考两次,选择最好一次计入高考成绩。全国各省今后都一样,因此学生的考试选择权扩大了。浙江省更进一步,7 选 3 的选考 3 门也可以考两次,因此,浙江有 4 门科目考两次,改革的复杂程度和难度比上海大了很多。

其四,扩大学生学校选择权。新高考不仅有"3+3"科目改革,还有要求取消录取批次的改革。今年浙江省把所有录取批次都取消,所有学生可以同时填报本科和高职志愿(今年浙江高考录取中出现了学生志愿填报失误的乌龙事件,与此是有密切关系的。当然,这不是取消批次改革的问题,而是说改革还存在其他需要解决的问题)。上海在 2016 年时,就取消了"一本""二本"录取批次的区别。取消录取批次最重要的价值是可以扩大学生的选择权,学生可以不再按照批次、按照"身份"来选择学校,而要关注学校本身的办学质量和办学特色。

其五,扩大学生专业选择权。实行新高考改革之后,浙江和上海两地的高考志愿填报、录取发生了改变:上海市实行院校专业组平行志愿录取,学生可以填报 24 个院校专业组,每个专业组可以填报 4 个专业,总共可以填 96 个专业;浙江省实行分三段填报志愿,每一段所在学生可以填报 80 个专业平行志愿。

从改革初衷看,新高考改革是为了全面扩大学生的权利,这也是恢复高考 40 年以来,高考改革一直坚持的改革方向。扩大学生的权利,要让学生有获得感。但是,这些权利落地了吗? 客观而言,在有的地方、有的学校,学生的权利是落地了,但是因为制度设计本身存在的不完善之处,以及学校、学生、社会以功利的态度来应对这一轮改革,所以,有的地方反而出现更加严重的问题。主要有三个方面。

首先,部分学校以功利的态度对待新高考。6 选 3 有 20 种组合,7 选 3 有 35 种组合,这是理论上的组合,理论上可以扩大学生的科目选择权。但是,调研显示,大多数学校能够提供七八种组合给学生选择已经非常不错了。学校认为,如果要给学生提供这么多的科目组合选择,意味着必须开设更多的课程,也就需要更多的师资,可学校师资不够! ——来自上海浦东新区的研究显示,要落实新高考改革方案,教师要增加 30%,使师生比达到 1∶8 左右。如果实行大规模的走班制,则需要有更高难度的学校管理,还要培养学生的自主学习、自我管理能力。最重要的是,不管怎样选,学校必须关注学生最终的高考成绩,即便给了学生 20 种组合选择,如果最后高考成绩不理想,家长和学生也都不会满意。

综合各种情况,有的学校就采取"套餐制",结合学校师资情况,给学生设置几个科目组合套餐,供学生选择。不可否认,"套餐制"相对于以前也有进步,但距离实现学生充分的科目选择,还有很大的距离。

浙江省有4门科目考生可以考两次,高二就有两次选考机会,结果导致有部分高中在高一时,同时进行8门选考科目的学习。这样做的意图很明白,就是争取让学生高二完成3门选考考试,之后就只学语数外。上海比浙江的情况好一点,因为上海每门选考科目只有一次考试机会,且高二只安排了生物和地理两门科目的选考,其他科目的选考则安排在高三下学期。但就是如此,上海有的著名高中也明确告诉学生,必须在高二把这两门干掉,接下来高二干"3+1",或者高二至少选择考掉一门,否则高三要"3+3",很难和其他"3+1"的学生比拼。很多家长很苦恼,说学校告诉我们必须选两门,如果不选两门,今后你们自己出了问题我们是不管的。外语科目有两次考试,按理学生可以自由选择参加其中一次。但从实践情况看,上海市参加秋季高考的学生95%以上两次考试都参加,第一次100%都参加,第二次只有极个别没有参加(有一所高中,高三毕业生400名,只有4人没参加,而且这4人准备出国留学,要学习德语)。一方面是学生觉得多考一次说不定可以考出更高的分数;另一方面则是学校告诉学生,第二次除非特殊原因,必须参加。

其次,学生和家长也以功利态度来对待。新高考改革设计,没有打破一个基本框架,就是按照"3+3"的总分进行排序、录取。所以学生在选择科目的时候,首要关注的还是哪一个科目组合会得到高分,不管"3+(6选3)",还是"3+(7选3)",很多学生在选择的时候,没有考虑自己的兴趣(包括学科兴趣、未来的大学兴趣和专业兴趣)。

今年浙江省高考志愿填报出现误报的乌龙事件,有考 646 分的学生填报了作为独立学院的同济大学浙江学院,原因何在? 除了浙江省高考志愿填报系统把独立学院招生计划和母体学校招生计划混在一起,对独立学院的标识、提醒不够外,出现这种情况也与学生在高一选科时,没有考虑自己的兴趣和长远的升学规划是有关系的,因为高一选科就应该基本确定大学、专业目标,要了解学校,了解专业。在填志愿的时候,连同济大学和同济大学浙江学院都分不清楚,意味着他们在高中选科时,没有考虑这个问题,还是以能考出多高的分数来选科,而非结合自己的兴趣选科。

我到浙江一所非常好的高中调研,这所高中的校领导告诉我,他们学校今年高考非常吃亏。为什么吃亏? 因为这所学校原来是传统理科强科学校,很多学生选了物理、化学、生物,结果他们学校得 3A＋这个等级的学生很少(每门选考科目按百分比计等级,前 1％计 A＋,2％计 A,一共分为 21 个等级,在高考录取时再折合为分数,每个等级相差 3 分,A＋计入高考的分数为 100 分,3A＋是指 3 门选考科目的等级都是 A＋,3 门选考科目计入高考分数为 300 分),还比不过其他原来比本校成绩差的学校学生,因为这些学校的学生有不少不选物理,而选地理或技术。

来自浙江省的数据显示,2017 年全省高考共有 29.13 万考生,比去年减少 1.6 万人。其中普通高校招生报名 25.01 万人,单独考试招生报名 4.12 万人。但是选考物理的学生只有 8 万多,占普通高校招生报名人数的 30％多一点。而 2016 年,浙江省普通高校招生报名 26.86 万人,其中文科 9.95 万人,理科 16.91 万人,也就是说,选择理科综合的学生占 63％。上述数据对比告诉我们,实行新高考之后,选考物理的学生几乎减少一半。

为什么很多学生不愿意选物理? 主要是觉得物理科目比较

难,和高手比拼得到的等级不高,会影响高考分数。虽然有的高校的专业明确要求需要选考物理,但这些学生的考虑是宁愿考更高的分数,选好的大学,而不是选好的专业。众所周知,如果学生以功利的态度对待选科,选物理科目的学生减少,这会对基础教育中的自然科学教育产生很大的影响,这一问题如果不处理好,会引起基础教育质量的下降。

再次是社会功利对待新高考。今年浙江高考成绩公布后,媒体马上关注的还是高考状元,这名状元物理、化学、生物三门是3A+,被媒体解读为三科满分,这是和改革背道而驰的,因为这三门是以考生的百分位计等级,目的是扭转每分必究,却又被解读为分数了。因此,针对计等级的改革,学生和家长质疑,既然最终录取看分数,为何考试时计等级呢?

高考改革中,文理不分科是一项重要措施,其目的是避免学生过早分科,促进学生综合素质发展。可是为应对选考,选科基本上在高一就进行,分科反而提前了。需要注意的是,我国中考改革将推进"4+X"科目组合,在语文、数学、外语和体育之外,由学生在其他科目中根据当地教育部门的要求任选 X 门。如果中高考改革导致的功利选科的问题不解决,有可能从初一起,学生就开始选科、分科了。比如一个偏理科的学生,就主要选理科科目,文科达到基本合格要求即可。中考改革已经注意到这一问题,要求所有学生选科时,要文理兼顾,但这不能避免过早选科带来的实际分科的问题。

二、 新高考被功利对待的制度原因

为什么会出现高考改革被功利化对待的问题? 主要有以下几

个方面的原因。

一是高考改革方案本身存在比较大的需要改进的空间。总体看来，这一轮高考改革重点是科目改革，但没有触及录取制度改革，也就是说，考试科目调整了，增加了考试次数，但是，最终仍是按考生的科目总分排序，结合志愿进行录取。虽然新高考改革方案提出，实行"两依据一参考"（依据统一高考和高中学业水平考试成绩，参考综合素质评价），要推进综合素质评价，但是在实践中，综合素质评价的参考作用没有体现出来。浙江和上海的新高考中，都有部分学校进行自主招生试点和"三位一体"综合素质评价录取改革（所谓"三位一体"，即高考成绩、大学面试成绩、中学学业成绩三者综合起来进行评价），但是，自主招生和"三位一体"综合素质评价录取所占的比例相当少，而且目前的自主招生、综合素质评价录取还是和集中录取制度相嫁接。自主招生仅是给获得资格的学生一定的录取优惠，而综合素质评价是对按 1.5：1 投档（即如果招 100 人，拿 150 人档案）进高校的学生再进行面试考察，按高考成绩、面试考察成绩和中学学业成绩录取。因此，要推进综合素质评价，就需要大学自主招生，但是自主招生所占的比例相当少，而且目前的自主招生还是和集中录取制度相嫁接。在按总分录取的制度不变的情况下，扩大科目选择权、考试选择权，反过来会制造一些混乱局面。

比如，浙江省给考生的选考科目提供了 4 次考试机会（高二两次、高三两次），学生可从中选择两次。从考生选择权角度看，这样的改革似乎扩大了考生权利，但存在两方面问题。一方面，这刺激部分学校、学生在高二时，就把选考科目考掉，无疑冲击了高中教学秩序，也把高考延续到整个高中三年，学生一次次参加考试就是为最后录取做准备。另一方面，如果选考科目是按百分位计等级，是不适合考多次的,因为每一次参加考试的学生的情况是不同的,比如甲乙两组跨栏比赛,A组有刘翔,B组没有刘翔,但AB组的第一名、第二名是等值的,那就会促使学校、学生对考试做功利的选择。

上海所有选考科目只考一次,而且最主要的一次是放在高考之前,因此没有整体影响到高中教学。但浙江的改革把高中教学打乱了,所有考生从高一开始就准备高考,拉开了战线,这是必须注意的问题。在没有对高考录取制度进行根本性改革的背景下,扩大学生的考试科目选择权,不但会让选择权的落实受限,也会诱发新的应试倾向。

二是改革配套措施没有跟上。至少几方面配套改革,是明显缺乏的。

其一,政府部门应该结合新高考,解决学校的师资、场地等问题。新高考实行选课走班,对高中阶段的师资、场地条件有更高的要求,如果师资不足,选课走班就难以进行下去。在教育资源相对丰富的上海,推进新高考改革之后,都存在师资、场地不足的问题,在其他地方推进新高考,这一问题会更加突出。

扩大学生选科权利需要学校有充分的资源配合。上海和浙江在进行第一轮改革时,缺乏准备过程,结果师资、课程、教学、管理都边走边摸索。接下来,其他省市进行高考改革,应该有后发优势,这就需要结合上海和浙江推进新高考出现的问题,进行有针对性的准备,但目前来看,其他省市还没有针对新高考改革对高中教育的要求,在师资、课程建设上做出实质调整。比如有的高中,一个年级招3000多人,人数是上海一个年级的八九倍,这么庞大的规模,怎么走班?这些问题必须未雨绸缪。

其二,高中学校要根据新高考对学生进行生涯规划教育,这是学生理性选择学科、选择考试的需要,也是培养学生自主性、独立性,适应新高考选课走班新的学校管理方式的需要。

其三,大学的招生、培养要做出改革。针对新高考"3＋3"科目组合,大学每个专业要提出选科要求。从浙江和上海的新高考改革实践看,大学提出的专业选考科目要求比较随意,有的学校只是考虑到增加学生报考,而不是按专业对学生学习科目的要求而设置选科,提出的选科要求比较随意或者不严谨。另外,实行专业平行志愿录取,需要部分大学按专业大类进行招生改革,过细的专业设置,不但会增加学生选择的难度,还会导致高校不同专业录取的学生存在较大的分差。

其四,独立学院办学改革。今年浙江实行专业平行志愿投档、录取,把这一问题凸显出来,独立学院和本科院校混在一起,但是独立学院仍冠母体校的名字,导致有部分学生搞不清楚。在取消录取批次的整体改革中,要给所有学校平等竞争环境,就必须推进独立学院与其母体学校脱离,完全独立办学。

三、 完善高考改革的几点建议

针对浙江和上海高考改革试点存在的问题,我有如下几点建议。

第一,政府教育部门需要根据"3＋3"科目组合在高中推进过程中遇到的问题,提高高中办学标准,包括师资建设标准、课程建设标准、校舍建设标准。根据新高考的选课走班要求,全国范围内的高中的生师比要确定为 10 为宜,各地可以结合现实情况,明确适应新高考改革的生师比,按照这一比例加强高中学校师资建设和课程建设。目前,全国高中的平均生师比为 14.95,北京为 9,上海为9.45,浙江为 12.92。如果按生师比 10 计算,推进新高考要增加50％高中教师,这是巨大的挑战。上海和浙江在推进新高考改革时,都觉得师资紧张,那么有的生师比达17的省市,师资缺口将特别大。

第二,在不改革高考按总分录取模式的制度框架下,实行多次考试的意义并不大,因为多次考试,服务的仍只是一次集中录取(这与国外多次考试、多次录取不同)。因此,建议浙江和其他将开始改革试点的省份,将选考科目的考试设定为一次,且安排在高三时进行。多次考试从实践看,只是看上去很美,实践效果并不理想。不但增加政府部门的组考成本,还增加学生的考试负担,拉长高考战线。今年浙江高考,有记者在浙江省高考现场问学生、家长:今年高考轻松不轻松? 学生和家长都说很轻松。因为这样的高考已经参加过多次了,从高二就参加了。这是真正的轻松吗?!

第三,谨慎推行专业平行志愿录取改革。实行专业平行志愿录取,需要学生有非常明确的专业兴趣,对大学和专业都十分了解,同时大学各专业有自己的办学特色。在当前情况下,这些条件并不成熟,相对来说,上海的院校专业组志愿,既满足"3＋3"科目组合的需要,又能考虑到学校的专业特色,更适合在推进新高考改革时推广。

第四,要对大学专业的选科要求进行规范,组织大学开展专题研讨。大学专业的选科要求将影响中学的选科,因此,扭转中学生的功利选科,要从大学专业的选科要求着手。目前的选科要求会误导部分考生投机选择。一种方法是,明确规定大学的专业可提出三种选科要求,偏理科专业要求物理科目,偏文科专业要求历史科目,再就是科目不限。另一种办法是,从目前大学最多提出三个选科要求,考生只要满足其中一科即可(比如大学提出物理、化学、生物科目要求,只要选有其中一科即可填报),调整为大学每个专业提出三个科目要求，考生要满足其中两门才能报考。究竟怎样规范选科要求，要体现大学的自主性。这需要深入听取大学、中学的意见，不能把高中和大学割裂开来。

第五，高考改革必须坚持推进招考分离，只集中进行科目改革，将无法根本扭转应试倾向和功利选择。只要还实行集中录取制度，用单一标准来评价学生，高考改革不管怎么进行科目调整，改来改去，都可能原地打转。相比恢复高考制度的1977年，我国的教育形势与社会环境已经发生了根本变化，因此，高考改革需要突破传统录取的架构，做出更大的改革探索。

在浙江和上海的高考改革中，上海的春季高考是真正具有招考分离意义的改革。考生先参加统一测试，再参加学校的面试，一名考生可以申请两所大学，拿到两所大学的录取通知书。目前上海所有地方本科院校都参加这一考试、招生。但遗憾的是名额还有限，在2 000名左右，如果上海本科院校50%以上的录取名额，甚至更高比例的名额都通过招考分离形式的春考录取，其他外地院校也逐渐参加，那么，招考分离的改革就可以扩大。

对于目前实行的自主招生和"三位一体"的综合素质评价录取改革，也应该以招考分离为原则，深化改革。具体而言，可将其逐渐与统一填报志愿、录取脱钩，改革为在高考成绩公布后，实行自主招生和"三位一体"综合素质评价录取的高校，自主提出申请成绩要求，达到要求的学生可自主申请若干所大学。大学独立对学生进行评价，根据申请学生的统一高考成绩、学科特长（竞赛获奖）、中学学业表现、中学综合素质和大学面试考察成绩进行录取。只有大学实行自主招生，独立对学生进行多元评价，而不是把学生纳入一个分数标准体系排序、投档、录取，才能引导学生根据自己的兴趣自主选择学科，发展个性和兴趣。

"3+1+2"高考改革方案评析^①

2019 年 4 月 23 日,广东、江苏、辽宁、河北、福建、湖南、湖北、重庆等 8 省市同时公布新高考改革方案,宣布从 2018 年秋季入学的高一学生起,实行新高考改革。与已经启动新高考改革的浙江、上海、北京、天津、山东、海南 6 省市实行"3+3"方案不同,这 8 省市实行"3+1+2"方案,"3"指除所有学生必考语数外 3 门,"1"指从物理、历史两门科目中选 1 门,"2"指从化学、生物、政治、地理科目中任选 2 门,"3"和"1"按原始分计分,语数外每门 150 分,物理、历史 100 原始分,"2"按等级赋分,每门 100 分,"3+1+2"总分 750 分。^②

对于这 8 省市实行的"3+1+2"方案,有人认为这是对之前"3+3"方案的否定,甚至进一步要求实行"3+3"方案的省市改为"3+1+2",也有人认为"3+1+2"是倒退,依旧实行文理分科,与文理不分科的新高考改革精神不符。对此,需要理性分析。本文认为,"3+1+2"方案并非对"3+3"的否定,而是结合这 8 省市的情况采取的适合本省市的新高考改革方案,实行"3+3"方案的省市,应坚定推进"3+3"方案,针对试点发现的问题,进行优化调整。

---

① 本文作于 2019 年 4 月。
② "3+1+2"八省份发布高考综合改革方案.https://m.baidu.com/sf_baijiahao/s? id=1631745196280256228&wfr=spider&for=pc,2019-04-25.

而对于"3＋1＋2"方案，也不能用传统文理分科思路应对，这会导致"3＋1＋2"在推进过程中也被功利对待，地方教育部门要提高高中建设标准，满足"3＋1＋2"给学生提供的选择权，以确保"3＋1＋2"改革顺利实施，在条件成熟后，也可实行"3＋3"方案。

一、"3+3"方案的问题，可优化调整解决

这8省市实行"3＋1＋2"方案，也把"3＋3"方案推向风口浪尖。"3＋3"方案在推进过程中，确实出现了一些问题，诸如：由于选考次数增多、考试时间安排不合理（浙江选考科目考4次，考生可选择两次参加，选考从高二就开始，且安排在学期中的10月、4月），冲击高中教学秩序，增加学生负担；高校招生专业提出的选科科目要求不严谨，大多提科目不限，或三门满足一门、两门满足一门，加之选考科目实行等级赋分没有考虑学科难度差异，导致出现选科博弈，以及博弈带来的弃考物理科目问题；由于学生生涯规划教育没有跟上，学生不适应选课走班教学，加之高中师资、课程建设跟不上新高考的要求，"3＋3"理论上给学生提供的35种科目组合选择（浙江省7选3）、20种科目组合选择（上海6选3），在实施时被打折扣，选课走班教学被"套餐制"教学替代。

以上这些问题完全可以通过调整方案加以优化。首先，调整选考次数、考试时间和赋分方式。浙江已经取消高二期间组织选考，把选考全部安排在高三，并调整到学期末的1月和6月（一次选考安排在语数外统一考试后）。山东从2017年启动新高考改革，选考次数只有一次，且安排在语数外统一考试后进行。另外，山东调整了等级赋分方式，不再采取浙江和上海的每档相差3分的等级赋分方式，而是结合学生的等级，以及具体的考分进行赋

分,每门选考科目赋分区间为 21—100 分,这让赋分方式更趋合理。

其次,要求高校严谨论证招生专业选考科目要求。去年初,教育部下发了《普通高校本科招生专业选考科目要求指引(试行)》,对每个具体专业提出了可选科目和选考要求,为高校专业选科给出官方指南。根据这一指引,有 19 个专业类要求必考一门物理,还有的专业可提出必考两门、必考三门,而非之前的两门满足一门、三门满足一门即可。① 这提高了报考的门槛,也压缩了选科博弈的空间,弃考物理科目的问题,在按指引提出专业选考科目要求后,有很大程度改观。社会舆论讨论"3+3"方案导致弃考物理现象,都是用 2017 年到 2019 年,浙江和上海在高校招生专业没有做出选科要求调整之前的选科数据。

再次,提高高中建设标准,改革高中育人模式,加强学生生涯规划教育。实施"3+3"高考方案,对高中办学条件提出很高的要求,也要求高中转变原来的以班级为主的管理方式。因此,出现办学条件、管理方式跟不上新高考改革要求的问题,可以说是正常的,这也是改革需要解决的问题。如果能针对"3+3"方案在实施过程中暴露的问题,加大对高中办学的投入,围绕选课走班教学,建立学校新的管理模式,并面向学生开设生涯规划教育必修课,进行生涯规划教育、引导,那么新高考改革促进高中办学改革的效应也就体现出来。

总之,"3+3"方案对于扩大学生的选择权富有积极意义,在推进过程中,出现的冲击高中教学秩序、功利选科博弈、选择权因学校办学原因未得到充分落实等问题,是完全可以得到解决的,已经

---

① 教育部新高考选科指引:这 19 个专业类必考物理. https://edu. sina. cn/gaokao/gkrx/2018-10-16/detail-ihmhafir9468758.d.html.

实施"3＋3"改革的省份，是没有理由取消"3＋3"方案，采用"3＋1＋2"方案的。

二、"3+1+2"方案，减少改革不确定性风险

实行新高考改革的 8 省市采用"3＋1＋2"方案，主要是为了稳妥推进高考改革，减少改革不确定的风险。

与"3＋3"方案相比，"3＋1＋2"有两大重要变化。一是限定学生必选一门物理或者历史，二是给学生 12 种科目组合选择，与 6 选 3 有 20 种科目组合相比，减少了 8 种。限定选择物理或历史，是解决"3＋3"方案出现的弃考物理科目问题，明确物理对自然科学和历史科目对人文社会科学的重要地位；而减少科目组合选择，是适应高中办学，因为给学生提供 12 种科目组合选择，对高中办学的要求要比提供 20 种科目组合选择低很多。

虽然前文提到"3＋3"方案弃考物理的现象，可以通过而且已经通过高校招生专业提出更严谨的选科要求加以解决，但是还是有不少人担心，高校出于提高录取分数的功利考量，会降低专业选科要求，也就是说，通过高校的专业选科要求来引导学生选科，还是有一定不确定性和风险。直接限定选物理或历史，也就消除了这一不确定性和风险。当然，这是以减少学生的选择权来消除这一风险，而且物理和历史不能同时选择，是"3＋1＋2"方案无法回避的问题。

推进"3＋1＋2"方案，对高中办学的要求相对要低一些，因此从改革实施角度看，比"3＋3"更易于操作。这是这一方案得到地方教育部门和学校支持的原因。可以说，"3＋1＋2"方案是"3＋文科综合或理科综合"到"3＋3"方案的中间版。据此，有理由相信，

接下来启动新高考改革的省份,都可能采用"3+1+2"方案。

但是,这不意味着"3+1+2"方案在实施过程中就不会出问题。目前看来,各地教育部门、学校、教师和学生、家长对"3+1+2"方案的认识是存在偏差的。比较普遍的看法是,"3+1+2"方案还是文理分科,而如果以文理分科思路对待"3+1+2"改革,那么就是"3+1+2"给学生提供的12种科目组合选择,也会进一步打折扣,学校只会给学生有限几种组合。要顺利推进"3+1+2"方案,必须加大对高中的投入,加强师资和课程建设,满足学生的科目选择权,同时,重视对学生的生涯规划教育,引导学生理性选择适合自己的科目。

"3+1+2"方案,虽然限定学生必选一门物理或历史,但并非文理分科。与传统的文理分科相比,有三方面不同。① 一是所有学生考一样的数学,数学不再分文理;二是选物理或历史科目的学生,各有6种科目组合选择,而非之前的文科综合、理科综合二选一;三是虽然高校招生时分物理类、历史类单列计划,并分开划线,但是各专业还会再提选考科目要求,大学将根据专业的选考科目要求,分为不同的院校专业组,如"物理+化学"专业组、"物理+生物"专业组等。

这三方面不同,要求高中要加强师资和课程建设,否则学校就可能只给学生提供五六个科目组合选择,这会令"3+1+2"方案继续遭遇质疑。另外,还要开展对学生的生涯规划教育,避免学生功利选科,出现新的弃考化学科目问题。

实行"3+1+2"方案后,高校不是简单地就按物理类、历史类招生,而是进一步提出选科要求,就是为了避免4选2时,出现6

---

① 熊丙奇.高考改革来了,高中教育要作出哪些转变.羊城晚报,2019-04-27.

选 3 时的功利选科、选科博弈问题。6 选 3 的选科博弈导致了弃考物理问题,4 选 2 的选科博弈,则可能导致出现弃考化学问题。这一问题在江苏 2008 年开始实施的"3+2"高考改革中,已经出现。江苏规定,所有考生要么选一门物理,要么选一门历史,然后再在其他 5 门(化学、生物、历史、地理、政治)中选一门,这两门在高考中计等级,各高校招生时提出报考等级要求。实行这一方案后,选化学的学生就比较少。

是否会出现弃考化学科目的问题,与高校招生专业提出的选考科目有关(如果提必考物理和化学的专业多,那么弃考化学科目不会那么严重),还与学校开展的生涯规划教育有关。假如学校只考虑高考分数,不考虑学生未来报考大学、专业,以及学生的长远发展,就可能形成功利选科的氛围,也会影响"3+1+2"方案实施的效果。

三、打破"唯分数论",发挥科目改革价值,要推进录取改革

无论是"3+3"方案,还是"3+1+2"方案,抑或是"3+文科综合或理科综合",这都属于科目组合,只要按考试科目总分录取的录取制度不改革,科目组合调整的意义并不大。这是我国社会和教育系统必须有的改革共识,即不要指望通过调整高考考试科目组合,就解决基础教育的应试教育倾向问题。

新高考扩大了学生的多方面选择权,包括学科选择权("3+6选 3",20 种科目组合,"3+1+2",12 种科目组合)、考试选择权[6 省市外语科目(部分或全部)考两次,8 省市取消两次考]、课程选择权(选课走班教学),以及学校选择权(取消高考录取批次)、专

业选择权（实行院校专业组平行志愿或专业平行志愿），但是，落实选择权，遇到按总分录取的困境，学校、学生、学生家长关注的还是高考分数高低，学生的学科兴趣并没有得到重视，应试负担也没有减轻。

要让科目改革发挥作用，必须推进录取制度改革。新高考改革针对本科院校的录取改革，主要有三方面：一是各地推进的春季高考改革，二是自主招生改革，三是综合素质评价录取改革。其中，综合素质评价录取改革，由于把综合素质评价纳入，被认为是落实新高考"两依据一参考"的重要改革措施，这一改革推进的力度，直接影响新高考改革的成效。

目前浙江、上海、山东等地推进的综合素质评价录取改革，基本操作方式是：把综合素质评价录取纳入统一招生之中，由（获得综合素质评价录取入围的）学生填报综合素质评价志愿，再根据高考分数投档；学校再对投档进来的学生，根据高考成绩、大学面试考察成绩、中学学业成绩进行"三位一体"综合评价、录取。这样的招生方式，并没有摆脱分数评价标准，学校只是对投档进来的学生进行有限的综合评价，也没有扩大学生的学校选择权，每个学生只能获得一张录取通知书。

进一步推进综合素质评价录取改革，应该坚持招考分离原则，把统一高考成绩作为评价学生的一方面依据，由大学自主提出申请成绩（总成绩、语数外成绩、选科及选科成绩）要求，达到申请成绩要求的学生，可自主申请若干所大学，大学独立进行评价录取，一名学生可同时获得多张大学录取通知书，再做选择。这种录取方式，以统一高考成绩保证基本的公平，以学生和学校双向选择，落实学生的选择权和学校的自主权，有利于切实建立多元评价体系。这一改革可选择42所"双一流"大学在各省进行试点，综合素质评价录取的时间，可安排在高考成绩公布后的 6 月底到 7 月中旬，在完成综合素质评价录取后，没有被录取的学生再填志愿。

录取制度改革远比科目改革难度大。这不仅要设计科学的录取制度改革方案，还需要推进大学办学改革，建立现代大学制度，成立独立招生委员会，用好学校自主权。全面的高考改革，是教（基础教育）、考（考试评价）、招（大学招生、培养）的系统改革，理想的高考改革，是打破教招考一体化，走向教招考分离。

从自主招生到"强基计划"，
自主招生改革的"自我教育"①

最近，教育部宣布启动"强基计划"，传统的自主招生不再开展。与之前自主招生以学科竞赛获奖等作为入围条件，经学校测试后给获得自主招生资格的学生一定的"降分录取优惠"不同，"强基计划"是用统一高考成绩作为入围条件，由高校对投档进来的学生按高考成绩85%、学校测试成绩15%进行综合评价录取。

由于"强基计划"是用高考成绩作为入围条件，且在高考成绩公布后，再由学校组织校测，结合高考成绩和校测成绩进行录取，有舆论将这解读为"回归高考"、注重公平但学校自主不足。这种解读，还是基于对自主招生的狭隘认识。

在我看来，从之前降分录取的自主招生，发展到当前的"强基计划"，是我国教育部门和高校在实施自主招生改革过程中进行"自我教育"，对自主招生有了更新的认识：自主招生不是降分录取，而是多元评价；自主招生也不是强调学校自己组织考试、不要统一考试，而是学校自主利用好已有的学生考试成绩、学业和素质评价材料，按自己的招生标准进行自主评价、录取。而基于统一考试基础之上的学校自主多元评价，才是自主招生改革的正确方向。

---

① 本文作于 2020 年 3 月。

一、 以"自主考试"推进的自主招生一直遭遇质疑

对于高校自主招生，我国教育界和社会有两个认识：一是要由高校自己组织笔试，二是要对学生进行面试。从 2003 年开始启动自主招生改革试点以来，我国高校的自主招生基本上就围绕这两个认识推进，这不但让自主招生存在各种争议，而且也走了不少弯路。落实高校的自主权，建立多元评价体系，并不是要求高校自行组织笔试、面试，而是要用好已有的评价材料，自主确定招生评价标准，并由学生和学校双向选择。

自主招生就要由高校自己组织笔试，这是在 2003 年启动自主招生改革时存在的"主流认识"。因此，自主招生的设计安排在高考前，大约在 1 月份时，就由试点高校组织笔试。这种设计随之出现一系列问题，高校组织的考试和高中教学冲突，被质疑冲击高中教学秩序；学生四处赶考，增加学生的赶考负担；各校大同小异的笔试，也增加学校组织考试的成本。而且，依靠学校自己举行笔试选拔人才，把自主招生和高考对立起来，也令社会错误理解自主招生，认为推进高校自主招生最终就要取消高考。

我当时就建议，自主招生不需要高校各自为政自己组织笔试，把统一考试成绩作为一方面评价依据即可，就像美国大学招生，并不是每所学校自己组织考试，而是用统一的 SAT（学术能力评估测试）或 ACT 成绩作为学生申请和学校评价的基本依据，只是不是按这一成绩就进行录取。如果高校觉得统一高考的评价质量不高，那么，自主招生试点高校可以组织联考，学生可以用联考成绩申请大学，各大学认可联考成绩。

随后，自主招生出现联考模式，包括"北约""华约""同盟"等。

联考的改革方向是对的,但是,高校在具体实施时却错误地把联考和学校绑定,不是由学校自主认可联考成绩,这导致联考被质疑为高校集体"圈地"抢生源。联考模式没有坚持多久,就因质疑声太大而被取消。

针对这种情况,我呼吁自主招生调整到高考之后进行,可把高考成绩作为申请依据,大学结合高考成绩、大学面试考察成绩、中学学业表现、特长表现等综合评价录取学生。2015 年,国家把自主招生调整到高考后进行,然而,调整到高考后的自主招生,只是调整了学校组织测试的时间,并没有改变招生方式,参加学校测试获得自主招生资格的学生,只是获得一定的降分录取优惠。于是,高考前自主招生存在的问题,在高考后的自主招生中也一样存在。学校的自主权,其实就是给学生降分录取优惠的自主权,而非多元评价的自主权。

二、"统一考试+学校自主评价"是建立多元评价体系的正确选择

这次教育部推出的"强基计划",要求以高考成绩作为进入计划的门槛条件,有舆论把这解读为"回归高考",还有人认为这是自主招生的倒退。这显然还是受"自主招生就要自主考试"的影响。推进高校自主招生改革,关键要教招考分离。教招考分离是指中学自主教学,考试社会评价,大学自主招生,自主招生的大学并不需要自己组织考试,尤其是笔试。统一的笔试完全可以作为大学评价学生学习能力的重要指标。

近年来,已有很多国外大学认可中国高考成绩,他们的做法就是把高考成绩作为评价的依据之一。为此,我国的高考改革不应该把精力用在考试改革上,而应该用在招生、录取改革上。要改革

的是用统一考试成绩对学生进行排序的评价、录取方式，建立基于统一考试的学校多元评价、录取方式。

上海、浙江等地探索的综合素质评价录取改革，就是用统一高考成绩作为重要的评价依据，再加上学校的评价。尤其上海，是在高考成绩公布后，由学生结合高考成绩进行综合素质评价录取志愿填报，参加综合素质评价录取的高校按计划数的150％拿学生档案，再对进档学生进行面试，根据高考成绩60％、大学面试考察成绩30％、中学综合素质评价10％进行综合评价、录取。

"强基计划"可以说是上海综合素质评价录取方案的"全国版"，只是有一些操作细节不同，包括学校投放的专业、志愿填报方式、投档比例，以及高考成绩所占比重。教育部规定，高考成绩的比重为85％。这可视为推进这一改革的谨慎态度，之后，高考成绩比重会进一步下降，校测成绩比重会提高。而把统一高考成绩作为高校自主招生、综合素质评价的入围条件，这是自主招生告别"自主考试"，真正走向多元评价。教育部在发布"强基计划"时提出不再组织高校自主招生，这针对的是传统的自主招生方式。

这种方式和国外大学的自主招生只一步之遥，只须把填报志愿、按分数投档，改变为学校提出申请成绩要求，达到申请成绩要求的学生自主申请学校，一名学生可同时申请多所学校，大学独立评价、录取方式即可实现"学生和学校双向选择"的自主招生。在这一招生方式中，统一考试成绩确保基本的公平，学生和学校双向选择会促进学校重视人才培养质量，也提高学生对大学、专业的满意度。

三、 未来多元评价，高校也不一定要搞面试

前面提到的是笔试，对于学校组织的面试，舆论也有诸多担

心：参加高校的自主招生、综合评价都要举行面试,怎么保证面试的公平、公正性? 农村孩子到大学(考点)参加面试,不是增加经济负担吗? 这就涉及"自主招生都要面试"的认识了。申请国外高校的学生会知道,需要面试的高校只是少数,很多高校根本不举行面试,就根据提交的高中课程成绩、统一考试成绩(雅思、托福或SAT等)、推荐信、特长表现进行录取。学校就是要求进行面试,也不是都到学校去参加校园面试,而是有多种面试方式,包括委托校友面试、电话面试、在线视频面试等。

这是我国高校推进自主招生改革需要进一步达成的共识,同时也需要配套其他改革。首先是要建立现代大学制度,从严要求大学生,对不能达到培养要求的学生实施淘汰。大学的严格淘汰制度,也可视为对招生的约束,那些不适合本校的学生,就是招来也可能被淘汰,也就是说,不能让学生认为进入大学就进了"保险箱",进校后就浑浑噩噩度日。学生在选择大学时,必须考虑自己是否适合这所大学。这一方面的改革,近两年已经在推进,教育部明确要求高校要淘汰"水课"、打造"金课"、取消"清考"制度,严把毕业质量关。"强基计划"与之前的自主招生相比,有一个显著变化是,强调培养改革,如实行小班化教学、配备导师。

其次,要提高评价的质量,尤其是中学对学生综合素质进行评价的质量。我国新高考改革,要求对高中生实施综合素质评价。这一评价要能被大学认可,直接用于评价学生,必须要做到个性、写实、客观。这要求落实学校办学自主权,进行多元教育和个性化教育,培养有个性的学生,同时,要求中学也进行现代治理改革,让学校、教师对学生的评价不受行政和利益因素的干扰,能做到客观、公正。

高考报名人数重回千万级，
完善分类高考才能"分流"①

2019 年全国普通高校招生考试安全工作电视电话会议 5 月 6 日召开。教育部党组书记、部长陈宝生在会上透露，今年高考报名者达到上千万。这是 2009 年以后，高考报名人数首次超过千万。2008 年的高考报名人数一度达到 1 050 万，2009 年为 1 020 万人，2010 年降至 957 万，2014—2017 年稳定在 940 万左右。2018 年，全国高考报名人数增长至 975 万，比 2017 年增加 35 万。今年，高考报名人数继续增长，超过千万。

对于高考报名人数重回千万级，有一些舆论认为高考竞争激烈程度将加大。其实，近年来的高考人数增加，主要是因为高职院校面对中职招生的规模增加，中职毕业生参加高考的人数增多，整体高考的录取比例，包括本科录取比例是在逐渐提高的。随着高等教育进入普及化时代，我国高中毕业生将大多进入高等学校接受高等教育，我国有必要完善分类高考制度，同时调整之前高校以学历为主导的办学思路，重视人才培养质量和特色。

可能有一些人忘记了高职院校今年扩招 100 万这件事，而其实高职扩招 100 万，也是纳入今年的高考招生计划，报考高职的学

---

① 本文作于 2019 年 5 月。

生也属于高考报名人数的。教育部在5月8日举行新闻发布会,教育部职业教育与成人教育司司长王继平介绍了《高职扩招专项工作实施方案》有关情况。王继平表示,2018年,我国高校招生790.99万人,毛入学率已达到48.1%。2019年毛入学率将超过50%,实现高等教育普及化。今年高职扩招100万,成为高等教育普及化的"临门一脚",直接推动我国高等教育迈入普及化阶段。

虽然对于高等教育发展来说,高职扩招100万是一件大事,但从社会反应看,总体比较平淡,普通高中毕业生对高职大多不感兴趣,高职院校本来在秋季普通高考招生中也面临招生困境。高职扩招100万,主要的对象是中职毕业生和退休工人、退役军人。为了完成这一扩招目标,国务院要求今年高考前组织一次高职扩招补报名。

所以,报考人数并不能说明什么问题,甚至整体升学率也不是当前社会关注的重点,大家更关注的是本科升学率,以至重点升学率。这导致高考竞争在高考录取比例提高的情况下反而加剧,简单来说,就是大家都挤"名校独木桥"。这是在高等教育进入普及化时代后,必须解决的问题。因为不论从高等教育的发展还是社会对人才的需求看,我国80%以上,甚至90%的高校(包括地方本科和高职院校),都应该进行职业教育,培养职业技术人才和应用技术人才。

为推进高等职业教育发展,我国在新高考改革中,已经实施了分类高考改革,高考分为学术型高考和技能型高考,职业院校主要通过技能型高考招生。这一方面是为了解决人才分流问题,另一方面也是为职业院校招收适合学校培养的技能人才。但是,从分类高考的具体实施看,学生、家长和社会对职业院校的关注,是远低于对统一秋季高考的关注的。主要的原因是,职业教育(职业院校)还被视为低人一等。

从分类高考角度看,要提高技能型高考的吸引力,关键在于我国更多本来定位就应该是进行职业教育的本科院校,也通过技能型高考招生,而不只是主要由高职院校采取技能型高考。包括一些重点大学的不少专业,也属于职业教育,完全可以通过技能型高考招生。这可以扭转社会对职业教育的看法,真正把职业教育办为和普通教育平等的类型教育。

另外,考虑到高职院校办学的特点,我国大部分高职院校的招生可以采取注册入学、申请入学方式进行。如果采取这一方式,高达400万的高等院校招生计划就不必通过统一考试进行。当然,实行注册入学、申请入学,要求高职院校办学必须做到宽进严出,严格把控质量标准,而不是让学生轻松混到文凭。

高考制度与大学人才培养
为何陷入彼此制约的困境①

回顾 2018 年的教育发展,有两件令人关注的事件,一件是 10 个省区宣布高考改革暂缓,另一件是教育部发布《关于加快建设高水平本科教育全面提高人才培养能力的意见》,也称"新时代高教 40 条",要求提高大学教育质量。舆论在分析这两件事时,基本都是分开来看,但其实,我国现行高考制度与大学人才培养是交织在一起的,这两者本来应该形成良性互动,高考制度促进大学提高招生、培养质量,大学高质量的招生和培养,为优化高考制度提供动力。然而,当前我国的高考制度和大学人才培养并没有形成良性互动,而在某种程度上,已经形成恶性循环,这导致高考改革难,大学培养质量也难以提高。要推进高考改革,提高大学人才培养质量,就必须打破这一恶性循环。

一、高考制度制约大学培养质量提高

我国现行高考制度,直接影响大学人才培养质量。具体表现在三方面。

---

① 本文作于 2019 年 2 月。

其一,高考制度导致基础教育学校办学存在严重的应试倾向,不少学校只育分,不育人。这导致进入大学的学生不但没有进一步学习的兴趣,还有相当部分学生有身心健康问题。调查显示,我国高中毕业生的身体素质相比 10 年前、20 年前反而有所下降,高中生视力不良率达到 80%。大学对新生进行心理健康普查也发现,进名校的学生有心理问题的比例高达 20%—30%。由于基础教育阶段的教育不重视学生的个性和兴趣培养,不少学生学习学到高中毕业就结束,进入大学后有严重的厌学情绪。

其二,单一的分数评价体系影响大学招收适合本校的学生。我国所有高校都用统一考试的分数评价、录取学生,不同学校以及同一所学校的不同专业,都看学生统一考试的成绩,这样的评价、录取也就无视学校办学差异以及不同专业对人才能力、素质的不同要求。单一分数评价,于基础教育就是"提高一分,干掉千人""唯分数论",于高等教育就是"粗陋"的"一把尺子"选才。众所周知,生源质量对学校办学有很大的影响,没有一流的生源,必然影响大学办为一流大学。

其三,高考制度让大学难以淘汰学生,大学提高质量缺乏制度支撑。提高大学人才培养质量,淘汰是必不可少的。但是,我国大学却难以淘汰学生,因为大学实行计划招生、计划培养,一名学生读到大学三年级,如果学业不合格被淘汰,还想要继续读全日制大学,就必须重新参加高考,填报志愿。这让大学淘汰学生面临巨大的阻力。去年,华中科技大学 18 名学业不合格的本科生转为专科,引起社会广泛关注,而华中科技大学每届本科生约 7 000 名,在读本科生约 28 000 名,18 名不足所有学生的千分之一。连千分之一的淘汰,都如此受社会关注,大学怎么实行淘汰?事实上,考虑到学校的学费收入、大学毕业生就业率,我国很多本科院校、高职院校根本就没有淘汰制，实行"零淘汰"。只要计划招生、计划培养模式不变，那么提高大学培养质量，只能停留在文件。这也是我国早在21世纪初就提出大学本科教育质量工程，但很多高校并不重视办学质量的重要原因之一——重视质量必然要淘汰不合格学生，但淘汰没有制度支持，学校也就不想惹这个麻烦。

二、大学办学让招考分离的高考改革遭遇强烈质疑

对于我国高考制度存在的问题，社会是有共识的，就是要扭转基础教育的"唯分数论"，必须改革录取制度，推进招考分离。但是，对于招考分离、落实学校招生自主权的改革，每走一步几乎都遭遇质疑。前不久，教育部对2019年的高校自主招生做出部署，明确要压缩自主名额，这是对社会质疑高校自主招生的回应。之所以会存在这种改革困境，是因为大学办学没有建立现代大学制度，以及在整体高考制度约束下，大学并不重视人才培养质量。

首先，由于缺乏现代治理，我国大学的招生不独立、不专业。这导致大学实行自主招生遭遇质疑。我国从2003年开始推进高校自主招生改革，但是在推进自主招生改革时，我国大学却没有同步推进现代治理改革。2010年颁布的《国家中长期教育改革和发展规划纲要（2010—2020年）》提到要建立现代大学制度。但从改革落实情况看，建立现代大学制度的改革很缓慢。

拿自主招生来说，要避免行政和利益因素干扰自主招生，就必须建立独立的招生委员会，由招生委员会制定本校的招生标准，并负责监督落实。但我国大学并没有建立独立的招生委员会，而是成立由校长负责的招生工作小组。由于招生工作不独立，甚至直接受行政领导，那就很难树立招生的公信力。

另外,从具体实施情况看,我国大学试点自主招生也并不专业。每年高校自主招生面试,都会出现一些奇怪的题目。这一方面是因为学生、家长和社会公众不适应自主招生,以传统标准化思维理解自主招生;另一方面则是因为大学组织面试比较随意,认为任何一名学科教授都可以担任面试考官的任务,但其实招生是专业事务,对面试官有很高的要求。

由于招生的不专业,旨在建立多元评价体系的改革也和初衷偏离。比如,自主招生提出有论文的学生可以提出申请,这本来是关注学生在中学期间参与学术研究活动得到的锻炼,但学校却看发表论文结果,这导致家长以功利态度对待论文,出现代写论文、论文造假等问题。社会舆论也质疑高校自主招生提出的论文要求。

综合素质评价应该对学生进行综合、动态、持续性的评价,简单来说,就是要重视对学生的过程性评价,结合学生的成长环境、成长过程进行评价,但是,目前的综合素质评价却也是结果性评价。这让综合素质评价改革遭遇对农村学生不公平的质疑,由此影响这一改革的推进。

其次,在传统高考制度之下,高校重招生,不重培养,而且重招生,也只重招生政绩,即录取分数线。近年来,虽然高校在推进自主招生改革,但是北京大学、清华大学等名校在高考集中录取阶段还是争抢高分学生,这和打破"唯分数论"的改革背离,也给基础教育学校传递混乱的信息。

新高考实行"3+3"科目改革,扩大学生的选择权,却出了选科失衡、弃考物理科目的问题,这是多地暂缓高考改革的重要原因之一。这一问题主要由高校招生专业提出的选考科目要求不合理而产生,很多高校为吸引学生报考,提高录取分数,提出很低的选考科目要求,包括很多理工科专业都提出科目不限,或者三门科目只要满足一门即可报考,这充分暴露高校只重招生而不重视培养的问题。如果高校重视人才培养,严谨论证某一专业需要报考的学生选考哪几个科目,那么就不会出现如此严重的弃考物理问题。去年4月,教育部要求高校招生专业,大部分理工科专业必须提出必选一门物理的要求,以及部分专业提出必选两门或三门。由行政部门要求高校怎么制定选科要求,折射出高校没有用好自主权。

三、 突破恶性循环,关键在高校建立现代大学制度

把高考改革和大学提高办学质量分开看,这两者之间是相互制约的,给人的感觉是,难以找到突破口。但是,如果把其作为一个系统进行分析,是可以找到破除恶性循环的突破口的,就是坚定推进落实和扩大学校自主权,建立现代大学制度。

首先,自主招生改革不能走回头路,必须进一步推进改革,解决改革试点中出现的问题。必须意识到,如果高考录取就用单一的分数标准评价学生,实行按计划招生,那么我国基础教育就不可能走出应试教育,我国大学的人才培养质量也难以提高。去年召开的全国教育大会明确指出,"唯分数论""唯升学论""唯学历论""唯帽子论""唯论文论"是我国教育评价体系存在的顽瘴痼疾,必须扭转。推进高校进行自主招生改革,是扭转"唯分数论"的唯一途径。

其次,应该按照招考分离原则,改革目前的自主招生。我一直认为,我国高校进行的自主招生,并非真正意义的自主招生,只是嫁接在集中录取制度上的有限自主招生。真正的自主招生应该是学生和学校双向选择,一名学生可获得多张大学录取通知书,再做

选择。这样的自主招生，才把选择权真正交给学生，让大学被选择，以此促进大学重视教育质量，也把自主权真正落实给大学。当大学和学生可以双向选择时，大学的淘汰和退出机制也得以建立，大学提高培养质量获得制度支持。

再次，要提高学校现代治理能力，建立现代大学制度。2010年颁布的《国家中长期教育改革和发展规划纲要（2010—2020年）》要求我国大学要建立现代学校制度。现代大学制度是我国大学用好办学自主权的基本制度，所以所有落实大学自主权的改革，都要求大学要建立行政权、教育权、学术权分离，实行以教育和学术为本的管理和评价体系的现代治理结构。但遗憾的是，大学建立现代学校制度的改革推进不力。可以说，如果没有现代大学制度建设，就不可能有进一步深化的高考改革。

从提高大学人才培养质量角度看，也只有建立现代大学制度，才能让大学有明确的办学定位，在教育教学和学术研究中能坚持教育和学术规律。因此，突破高考改革的困境，提高大学人才培养质量，突破口在建立现代大学制度。这是我国深化教育改革，必须首先着力解决的问题。

高考延期一个月，
重视教育过程公平的一次重要实践^①

2020 年高考是否延期？"靴子"终于落地。根据教育部消息，经党中央、国务院同意，2020 年全国普通高等学校招生统一考试延期一个月举行，考试时间为 7 月 7 日至 8 日。具体科目考试时间安排为：7 月 7 日，语文 9：00 至 11：30，数学 15：00 至 17：00；7 月 8 日，文科综合/理科综合 9：00 至 11：30，外语 15：00 至 17：00。湖北省、北京市可根据疫情防控情况，研究提出本地区高考时间安排的意见，商教育部同意后及时向社会发布。

明确高考延期一个月，不仅给受疫情影响延期开学的高三学生更充分的高考准备时间，也给考生和家长吃下"定心丸"。

高考推迟一个月是防控疫情的需要，也从根本上体现了公平导向，符合公平原则。高考公平不只是结果公平，还涉及起点公平、过程公平，近年来国家推进高考改革，完善高考政策，都更重视从关注结果公平，到关注过程公平、起点公平。这让所有学生获得公平的求学环境和升学机会，也促进各地教育部门、学校，重视学生的教育过程，提高教育教学质量，给学生更好的教育。从这一角度说，结合疫情防控形势，做出将高考延期一个月的决策，也是推

① 本文作于 2020 年 4 月。

147

进教育过程公平的一次重要实践。

高考延期一个月，首先是出于疫情防控的需要。当前，在举国的努力下，国内疫情已经基本得到控制，但是，由于境外疫情的蔓延，国内防控疫情依旧面临巨大的境外输入压力。根据专家的预测，国外疫情高峰会在5月或者6月到来，因此，将我国高考推迟一个月，会减少组织线下考试的安全风险，切实保障所有考生的生命安全和健康。

目前，我国已有部分省份的高三学生已经开学，可还有部分省市的开学时间尚未确定，甚至有可能在4月底或者5月初才开学。从高考录取规则看，只要同一省份的学生同时开学、同时考试，对录取格局并不会有什么影响。因此，也有部分学校教师、学生、学生家长认为没必要延期，哪怕5月才开学，6月有条件举行线下考试，按原时间高考，对大家也是一样的，这也能尽快回到原来的轨道。

保持高考时间不变，这是很便捷的操作，貌似对所有学生都公平。可是，这是表面上一样，或者说是结果公平——所有同省考生在同一时间参加同样的考试——实质并不一样，从过程公平角度看，延期开学一个多月（甚至两个月）时间，但升学考试时间却不变，这对农村家庭、贫困家庭学生来说并不公平，因为他们没有和城市家庭学生一样的学习环境和学习条件。

在延期开学后，各地教育部门、学校都启动了在线教学。同样，从表面上看，在线教学对所有学生是公平的，大家获得的在线教育资源似乎"完全一样"，但是，从教育过程来说，除了农村学生、贫困家庭学生上网条件差之外（媒体曾报道有农村学生到山顶搭帐篷搜信号上网课等），各地、各校的在线教育发展程度并不同，有的城市学校的教师有比较丰富的上网课经验，在统一网课基础上，还给学生上精彩的直播课,进行个性化的在线辅导,而不少农村地区的学校,是在仓促之间启动在线教育,有的教师还是第一次上直播课,在线教学效果也就可想而知。开学延期的居家学习对学生的自主学习能力提出更高的要求,因此,舆论都强调学生自身要克服困难,努力学习,但客观上,不同地区、学校学生的在线教育过程差异是不可忽视的。必须注意的是,我国学生还普遍适应集体学习环境,在线教育是难以在短时期中替代学校教育、传统教育的。2020年3月8日,山西省教育厅就发布了当地"中考原则上延迟一个月"的通知,得到学生和家长的欢迎,这某种程度也折射出地方对高考延期的期待。

也会有人把这次高考推迟,和2003年SARS肆虐时高考时间反而提前对比。但当前的环境和2003年并不相同。2003年时,学生们已经开学,只有少数省份的学生在学期中途短暂停课,整个高三下学期的学习过程是基本完整的,而且那时也没有在线教育。

从学生接受教育的起点和过程来思考教育公平,是我国近年来扩大教育公平的新理念。在义务教育阶段,我国强调推进义务教育均衡,让所有的孩子"能上学",更"上好学",要求办好每一所乡村学校;但在高考录取时,2012年我国推出了重点高校招收农村和贫困地区学生专项计划,这是基于教育过程公平推出的补偿公平计划。农村地区、贫困地区的学生接受的教育,相对于本省的城市学生来说,存在客观上的差距。因此,如果就完全用一个高考分数标准录取,表面上大家平等竞争、同场竞技,但实际上对农村学生、贫困家庭学生是不公平的,其结果就是重点大学的农村生比例持续下降。在实施农村和贫困地区学生专项计划后,重点大学的农村生比例逐年提高,这是我国推进高考公平、教育公平的改革亮点之一。

因此,高考推迟一个月,并不只是时间的简单后延,而是向社会传递重视过程公平的理念。我们也期待这种教育公平理念,能在我国教育教学改革中更多地得到实践。

高等教育现代化
——高等教育理念

- 提高大学培养质量，要避免"应景式"从严
- "考研热"折射的高等教育普及化时代的"学历社会"问题
- 北大、清华位列亚洲前三，离世界一流还有多远？
- 清华大学新闻学院取消本科招生，如何避免学历高消费？
- 从百篇论文撤稿看中国学术生态
- 反思清华大学招收国际生实行申请—审核制引发的争议
- 人工智能、大数据专业大热，要避免盲目追逐热门
- 高等教育普及化时代不能再有"精英教育情结"

提高大学培养质量，要避免"应景式"从严^①

华中科技大学 18 人因学分不达标而本科转专科，连日来引发广泛关注。10 月 17 日，教育部高教司司长吴岩对华中科技大学此举给予肯定。他表示："天天打游戏，天天谈恋爱，天天浑浑噩噩的好日子将一去不复返了，不能搞玩命的中学，也不能搞快乐的大学。"每所大学抓本科教育质量的方式可以有所不同，但目标是一致的。

在教育部要求高校要杜绝"水课"，严把质量关之后，我国高校开始在"严出"上采取行动，除华中科技大学实行本科转专科之外，云南大学要求学生平均分必须达到 70 分才能拿到学位证。而且，高职院校也开始行动，湖南环境生物职业技术学院最近对 2017—2018 学年经补考后学业成绩未达到要求的 22 名学生予以退学，40 名学生予以留级。但是，不少舆论担心这是"应景式"从严，只抓几个淘汰不合格学生的典型。我国大学要普遍实行"严出"教育模式，必须深入推进学校办学改革，为"严出"模式提供制度保障。

不少舆论把华中科技大学的做法，解读为实行"严出"，但值得注意的是，这只是相对于之前太宽而言的。华中科大本科在校生约 28 000 人（每届约 7 000 人），只有 18 人本科不合格转专科，这

---

① 本文作于 2018 年 10 月。

连总学生数的万分之七不到；如按一届学生算，也只有千分之三不到。这么低的淘汰率还这么受关注，并不能表明大学有多严格，而是表明大学要实行严格培养任重道远。

其实，每次提到抓大学教育质量，我国媒体都会马上报道大学退学不合格学生的新闻。比如，早在 2004 年，"上海大学 81 名学生遭遇退学"的新闻，就引起社会舆论广泛关注。甚至舆论"惊呼"，大学不好混了。可是，从那时到现在，15 年时间过去了，我国大学并没有建立起淘汰机制，以至于到现在大学淘汰学业不合格的学生还是"大新闻"。之所以存在这一问题，是因为"严出"培养模式缺乏制度保障。

首先是对大学的评价体系并不支持大学采取"严出"培养模式。当前所有高校，包括本科院校和高职院校，都重视学术研究取得的成果，这最具有显示度；在人才培养方面，则关注就业率。为提高就业率，我国高校不是花精力提高培养质量，而是在就业环节上做文章，具体而言，就是大部分高校的最后一学年，都变为就业年，基本不安排什么课程，就让学生去跑人才市场或者进行就业实习，这直接导致大学教育缩水——本科四年变三年，高职三年变两年。要引导高校重视过程质量管理和评价，给学生完整的大学教育，就必须清理引导高校不重视教育质量的评价体系，其中就包括取消初次就业率统计。

其次是当前的招生、培养制度，不支持高校较大比例淘汰学生。实行严格的培养质量要求，必定要淘汰不合格的学生，但是，不要说淘汰 10％ 的不合格学生，我国高校就是淘汰 1％ 的学生——一般地方本科院校的在校生规模都在 2 万左右，1％ 就是淘汰 200 人——都做不到。因为按照我国的大学招生、大学学生学籍管理制度，一名学生从大学三年级退学，如果想继续接受全日制高等教育,就必须重新参加高考,填报志愿;被大学录取后,要从大学一年级重新开始学习。由此,学生被大学退学,大学被质疑为"不人性",但这并非大学的问题。华中科技大学对达不到本科要求的学生,采取转专科的处理方式,主要就是为被退学的学生考虑出路。如果没有这一出路,家长就会找学校求情。与此同时,对大学的质疑也会随之而来:大学平时严格要求学生了吗?设置的课程合理吗?2004年上海大学81名学生被退学,就引来舆论质疑,为回应质疑,上海大学对相关的学生辅导员、学院教学秘书,还有一个学院的领导进行了包括通报批评、降级使用、调离岗位和调整领导班子等的处理。当学生的退学被渲染为教师平时要求不严之后,学校就会在做出退学处理时小心翼翼。

发达国家的高等教育实行"严出"培养方式,是因为学生被退学后,并不愁继续接受高等教育的出路,他们完全可以再申请其他高校继续学业,因为大学招生实行自主申请制度,随时可接受学生申请转出和转入。而且退学制度,不只是学生不合格被学校退学,还包括学生对学校、专业不满而选择主动退出、转学。我国高校要提高培养质量,就必然会有相当部分学生因学业不合格而被淘汰,但如果被淘汰的学生的出路受阻,淘汰就可能只是针对极个别的学生,而且主要是严重违反校规,诸如考试作弊的学生。当一所学校的淘汰率只有0.1%(2万学生淘汰20人)时,这几乎就相当于没有淘汰。以我之见,我国大学的平均淘汰率应该至少10%,才能实现提高培养质量的要求,怎么做到?这需要推进从招生、培养到管理、评价的全方位改革。

"考研热"折射的高等教育普及化时代的"学历社会"问题①

据教育部公布的数据,继 2017 年硕士研究生报名人数高涨之后,2018 年硕士研究生报名人数继续高涨,达到 238 万人,比 2017 年增加 37 万人,增幅 18.4%。其中,应届考生 131 万人,比 2017 年增加 18 万人;往届考生 107 万人,比 2017 年增加 19 万人。考生中,往届生增幅超过应届生。调查显示,超七成考生读研为改变学校背景出身,提高就业竞争力。② 据国家统计局发布的《中华人民共和国 2017 年国民经济和社会发展统计公报》,2017 年全年研究生教育招生 80.5 万人,普通本专科招生 761.5 万人。这是我国研究生教育招生首次突破 80 万人。③

怎样看待"考研热"以及在"考研热"背景下的研究生教育扩招,关系我国在进入高等教育普及化时代后的教育发展定位:是继续坚持之前的学历教育导向发展高等教育,还是转变学历教育导向,重视高等教育结构和质量与社会需求的对接。

目前看来,我国在发展高等教育时,还有"学历教育"惯性,通过扩大研究生教育规模,满足社会的学历需求,也一定程度缓解了

---

① 本文作于 2018 年 4 月。
② 陈福宽,高玉伟.2018 谁在考研.光明日报,2017 - 12 - 23.
③ 2017 年全年研究生教育招生 80.5 万人.中国教育报,2018 - 03 - 02.

大学本科就业难。但这不但影响研究生教育质量,还会误导部分本科院校的办学定位以及学生的求学选择。随着高等教育进入普及化时代,我国应该摈弃传统的以学历为导向的发展教育的思路,重视教育内涵建设。

一、 研究生扩招受欢迎,满足的是学历需求

2017 年年初,教育部和国务院学位委员会联合发布了《学位与研究生教育发展"十三五"规划》。规划提出,到 2020 年我国将建成亚太区域研究生教育中心,在学研究生总规模将达到 290 万人,千人注册研究生数达到 2 人,专业学位硕士招生占比达 60%左右,学位授权布局更加合理,不同层次、不同类型的研究生比例更加协调,服务经济社会发展的能力持续增强。[1]

根据《2016 年全国教育事业发展统计公报》,我国 2016 年的全国在学研究生规模为 198.11 万人。因此,如果要达到 2020 年在学研究生总规模 290 万的目标,意味着在 2017—2020 年,我国研究生在学总规模将增加 91.89 万,增幅为 46.3%。2020 年的全国研究生招生规模(包括非全日制硕士研究生、博士研究生)将达到 95 万,增幅 42.4%,要实现这一目标,研究生招生规模每年要增加 7 万左右。2016 年全国研究生招生规模为 66.71 万,那么按规划,2017 年将达到 73 万,2018 年 80 万,2019 年 87 万,2020 年 95 万左右。这 4 年间的平均增幅要达到 10%左右。

也就是说,根据《学位与研究生教育发展"十三五"规划》,我国准备在 2017—2020 年,对研究生招生进行新一轮大扩招。扩招人

---

[1] 教育部国务院学位委员会关于印发《学位与研究生教育发展"十三五"规划》的通知. http://www.moe.edu.cn/srcsite/A22/s7065/201701/t20170120_295344.html.

数近 30 万，这一扩招幅度，相当于 2005—2016 年的扩招幅度——2005 年的招生规模 36.48 万，到 2016 年的招生规模 66.71 万，共增加招生 30 万左右；是 2010—2015 年扩招幅度的 3 倍多——2010—2015 年，我国研究生招生规模增加了 10.69 万。

本来对于研究生教育规模如此大幅度的扩大，社会舆论应该十分敏感，因为在 2005—2007 年这段时间，我国社会舆论对研究生大规模扩招是持质疑态度的。在 2007 年，教育部回应社会舆论对研究生扩招的质疑，明确未来几年研究生的扩招比例控制在 5％以内。而那时，扩招的绝对人数并不多，扩招比例没有突破 10％。那么，为什么对于现阶段的研究生大扩招，舆论反而不敏感了呢？

这是耐人寻味的，可以解释的理由是，面对"考研热"的现实，舆论也已经接受了研究生规模要扩大的现实。一方面，我国高等教育毛入学率到 2020 年会达到 50％，进入高等教育普及化时代，随着高等教育的普及化，我国很多本科毕业生有进一步读研究生的需求，对于研究生扩招，考研学生是欢迎的；另一方面，不管舆论怎么质疑用人单位的学历高消费，但是越来越多用人单位在招聘人才时，都提出硕士、博士学历的要求。这是从学历需求角度来发展研究生教育，但也存在诸多问题。

二、 研究生招生和培养管理，存在规模化思维

虽然相对于 10 多年前，我国高校的办学条件已经大幅改善，但是，在 4 年间将研究生规模扩大将近 50％，这对保障培养质量是严峻的挑战。虽然有舆论认为，扩大的研究生规模中包括非全日制研究生、专业硕士，全日制学术硕士的比例只有不到 40％，但

是,不管是全日制学术硕士,还是专业硕士或非全日制研究生,都是研究生,不能因是非全日制、专业硕士就降低质量要求。不顾质量扩大招生规模,会导致研究生教育泡沫化。

我国研究生教育从招生到培养,以及毕业管理,都存在规模化思维。具体而言,在招生方面,虽然我国在硕士研究生招生中引入推免制度,并提高推免比例,在博士研究生招生中,引入申请—审核制度,与国际接轨,但是,面向社会的硕士研究生招生,主要还是"统一考试+复试"方式,这导致考研的应试化,尤其是地方本科院校的毕业生,当前成为考研的"主力军"——这些院校的毕业生有很强的读研究生提高学历身份的意愿,但能获得推免机会的学生很少(推免主要集中在"985""211"院校学生)——他们为了在考研中获得好成绩,有的从进大学起就准备考研,只重视考研相关科目的学习,忽视其他大学课程,虽然他们的考研成绩很高,可是缺乏基本的学术训练,甚至有的接受的大学本科教育也不合格,这直接影响研究生招生质量。

要治理应试考研,必须进一步改革研究生招生制度,要落实和扩大学校的招生自主权,普遍实行申请—审核制,重视考察申请学生大学本科的课程学习成绩、学术能力、创新潜质。对此,有舆论担心高校在进行自主招生时会搞潜规则,但从已经实行的博士研究生招生申请—审核制看,通过完善高校治理结构,完全可以杜绝招生的潜规则,大学导师会重视自己的教育声誉和学术声誉,以教育声誉和学术声誉保障研究生招生、培养的质量。

从研究生招生的规模看,我国研究生教育的入学标准相比以往已经降低。在这种情况下,要保证研究生培养质量,必须严格培养质量标准,加强过程评价与淘汰,然而我国研究生教育和本科教育一样,缺乏"严出"机制。近年来,虽然有部分高校为提高研究生培养质量，对超期硕士、博士进行清退，但是总体看来，研究生培养机构为不引起争议和社会矛盾，基本会让硕士研究生顺利毕业。如此一来，研究生教育对部分研究生来说，回报就是一纸学位文凭。这导致研究生培养质量下降，也影响研究生的社会竞争力。

在我国就业市场中，存在三个"985"（博士"985"院校毕业、硕士"985"院校毕业、本科"985"院校毕业）这样的学历歧视，是需要治理的。出现这样的学历歧视，和应试考研与研究生教育缺乏质量保障有关。有的研究生虽然从"985"高校毕业，但用人单位还要看本科文凭。用人单位的理由是，如果他们从一般地方本科毕业，由于要考研，本科质量很难保障，考上研究生后，虽然获得文凭，但不表明质量就过硬。这是学历导向办学的恶果。

研究生招生和培养的规模化思路，说到底就是学历教育思路。这种思路已经落后于时代。以学历为导向的研究生教育会让学历需求"虚高"，也使人才培养和社会需求"两张皮"。

三、 高等教育普及化时代，应该从"学历社会"走向"能力社会"

国务院办公厅 2017 年 12 月 19 日发布《关于深化产教融合的若干意见》，将产教融合上升为国家教育改革和人才资源开发的基本制度安排。该意见指出，要深化"引企入教"改革。支持引导企业深度参与职业学校、高等学校教育教学改革，多种方式参与学校专业规划、教材开发、教学设计、课程设置、实习实训，促进企业需求融入人才培养环节。推行面向企业真实生产环境的任务式培养模式。职业学校新设专业原则上应有相关行业企业参与。鼓励企业依托或联合职业学校、高等学校设立产业学院和企业工作室、实验室、创新基地、实践基地。①

　　这不但针对高职院校，也针对进行职业教育的地方本科院校。按照高等教育的定位，在高等教育普及化时代，进行通识教育，培养学术型人才的高校，最多不超过 10%，其余的高校应该培养高素质的应用技术人才和职业技术人才，否则高等教育的人才培养结构和质量就难以满足社会发展的需求。我国大学生就业难，有很大一部分原因是，本应该进行职业教育的地方本科院校，想办成学术型大学，结果导致其培养的人才高不成、低不就，成为最难就业的群体。为了解决就业难，这些院校通常把考研作为学生的出路，由此产生连锁负面反应。

　　我国高校的办学和受教育者的教育选择，都要从"学历社会"走向"能力社会"。对于高校办学来说，不应该再把提高学历层次作为学校上水平的目标。我国部分地方本科院校不安于自身定位，总希望举办研究生教育，以有多少硕士点、博士点来论办学水平的高低，这是学历导向下的办学定位错位，也助推研究生教育规模扩大。地方本科院校要安于自身的定位，在自身定位基础上办出一流水平，要重视培养学生的就业能力，而不是把考研率（多少学生考研成功）作为评价本科教学质量的指标。如果地方本科院校回归职业教育定位，既能解决大学生就业难题，也会治理"考研热"，对提高研究生教育质量也有很大的促进作用——选择考研的学生，不是逃避就业，或者延缓就业，而是有学术兴趣，或有明确的职业发展规划。

　　对于受教育者来说，以提升学历作为考大学或者考研的目标，最终会遭遇学历贬值。当前，已有部分学生质疑研究生文凭贬值，

---

　　①　国务院办公厅印发《关于深化产教融合的若干意见》.新华网，2017 - 12 - 19.

思考读研究生值得不值得。这就需要从提升能力角度来规划学业选择。在高等教育普及化时代,社会评价人才,不可能再看人才身份,而必然会看人才本身的能力和素质。一个简单的道理是,2018年我国大学毕业生人数达到 820 万①,在就业时,再强调大学生身份,已经没有价值。但我国还存在用学历评价人才以及评价人才就业的陈旧观念,比如最近有地方环卫部门招聘公厕管理人员,要求有本科文凭,就引发舆论争议。赞成者认为提高公厕管理水平,确实需要大学生,反对者则认为这是学历高消费。从"能力社会"角度解读这一问题,地方环卫部门在招聘时提出本科学历要求,是不对的,这是对应聘者提出学历限制;如果本科毕业生应聘成功,不值得大惊小怪,因为在高等教育普及化背景下,社会各行各业的从业者都会提高学历层次,关键在于接受高等教育者是否真有更高的能力,他们到行业、岗位之后,能否带来行业、岗位服务水平的提升。高等教育发展与社会发展形成良性循环,将两者间联系起来的纽带不应该是学历,而应该是能力。

---

① 代丽丽.2018 年高校毕业生 820 万创历史新高.北京晚报,2018 - 01 - 29.

北大、清华位列亚洲前三，
离世界一流还有多远？①

英国《泰晤士高等教育》专刊公布了 2017 年"亚洲前 300 名大学排行榜"，香港排名最高的香港大学由 2016 年的第四名跌至第五名，北京大学连续两年排名第二，清华大学拿下第三。《泰晤士高等教育》往年多在 6 月公布亚洲大学排名，2017 年提前一季度公布。它是根据教学、研究、论文影响、国际表现和智财收入共五大绩效指标进行评分。

对于世界大学排行榜，不必过度关注，这只是一家机构根据自己所采用的指标，对大学评分列出的排名，并不能全面、真实地反映一所大学的办学质量。如果就盯着大学排行榜办学，会严重误导办学方向，把大学办为排行榜中的大学，导致大学办学急功近利，失去大学的文化和精神。

总体看来，目前所有大学排行榜都存在两大问题。一是排行榜重视学术研究成果，而轻视人才培养质量。这是由排行榜的属性所致。对于不同的大学，要纳入一个评价体系进行排行，必须选择带有共性的指标，而且是数据可得的指标，因此，选择发表论文数量、发表论文期刊影响因子、发表论文引用数等作为排行指标，

① 本文作于 2017 年 3 月。

就显得顺理成章。因为这些指标,所有大学都会有,具有"可比性"。比如,《美国新闻与世界报道》在对美国国内大学进行排名时,用的指标是新生录取率、新生留校率、教育资源利用率、毕业率、校友捐赠率等指标,这些指标反映的是学生对学校的选择、学校教育质量,因为美国大学实行自由申请入学制度和自由转学制度,所以可以使用这些指标。但在对国际大学进行排名时,却主要用的是学术研究指标,因为各国大学的录取制度、学籍管理制度不同,很难找到大家都有的评价教学质量的共性指标。

然而,这些学术研究指标,首先,对于不同类型的大学、学科,是不公平的,发论文较多的医科、理工科以及相关大学有很大的"排行优势",而发论文(国际论文)较少的人文社会学科、艺术学科以及相关大学则面临很大的"排行劣势"。大家所见的是,以人文社会科学见长的大学在世界大学排行榜中,很难有很高的排名。那些排名进步很大的学校,都因在生命学科、理工科领域发论文增长快。如果重视排名,大学就会重视这些学科建设。我国大学之前热衷合并医学院,就与医科论文多有关。

其次,让大学把办学精力聚焦在学术研究上。相对来说,分类排行由于对同一类型的大学进行排行会更客观一些,但就是如此,用学术研究作为主要指标,也会引导大学把主要精力用到学术研究上,而忽视学校的教育教学。但教育教学是一所大学的根本所在。

二是排行榜重视体量,忽视个性和特色。虽然有的大学排行榜已经意识到这一问题,在排行时,除统计总体数量外,还关注质量并重视产出效率。比如,在发表论文数量基础上,引入顶尖期刊论文数、论文引用率、教师论文产出率等指标,但是这无法避免数量评价的局限性。一方面,有的数据是可以采取一定的手段做出来的,比如期刊影响因子、论文引用率,近年来我国就曝出影响因子造假、论文引用造假。另一方面,那些办学体量大的学校,在综合排行中,比学科少的学校是具有优势的,因此,我国大学都追逐办成"高大全"。

大学排行榜作为社会机构对大学进行的专业评价和社会评价,对大学的办学具有一定的参考作用——前提是大学排行榜本身的指标科学、合理,数据真实、客观。但是,如果就盯着大学排行榜办学,会让大学办学变得功利,甚至可能与真正的世界一流大学渐行渐远。我国内地的大学近年来在"世界大学排行榜"中的排名越来越高,可是,却没有转化为国际竞争力——来我国这些名校攻读学位的发达国家生源远远少于到英美国家大学攻读学位的生源——也未得到国内舆论广泛认可。其原因在于,这都是学术研究带来的排名提高,而学术研究也主要体现在发表论文上,但论文发表不该是学术研究的最高追求。我国大学重视论文发表,结果导致整个学术界被"唯论文论"笼罩,撰写、发表论文成了学者的首要任务,这让学术变得急功近利,充斥学术不端。我国学者发表的论文数已经全球第一,可是,这些论文有多少是具有原创价值、世界影响力的学术研究成果呢?而且针对我国存在的"论文发表情结",国外一些学术期刊已经在做专门为中国学者发表论文的生意。大量的科研经费就这样被用到论文发表中。

我国当前正在建设"双一流",加快推进建设世界一流大学、一流学科。有正确的"一流"认识,对建设"双一流"至关重要。这需要建立科学的评价"一流"的体系。不能采取简单的量化指标来评价大学的办学,而需要综合评价一所大学在人才培养、学术研究中所做出的教育贡献与学术贡献。

清华大学新闻学院取消本科招生，如何避免学历高消费？^①

据媒体报道，5月14日，清华大学新闻与传播学院通过现场加网络远程在线的方式召开全体教职工会议。会议传出消息：学校反复研究、慎重决策，决定大幅度扩大新闻学院硕士研究生规模，今后学院的人才培养主要在研究生层次进行。

这被一些自媒体解读为："出席会议的清华大学副校长彭刚宣布，清华大学新闻与传播学院从2020年起，将取消本科招生。"而从清华大学新闻与传播学院团委主办的"清华清小新"公众号发布的信息看，并没有从2020年起"取消本科招生"的明确说法，只是将主要在研究生层次进行人才培养。

在当前这一考试季，取消本科招生的消息，肯定更受舆论关注，所以媒体会突出强调这一招生变化。但目前看来，自媒体的解读并不严谨，取消本科招生将影响今年高考生的志愿填报，因此需要学校及时做出回应、澄清。

在我看来，取消或大幅度减少本科招生，主要在研究生层次培养新闻专业人才，对于像清华大学这样的学校来说，是大势所趋。但进行这样的人才培养改革，需要避免学历导向，应按学科建设、

---

① 本文作于2020年5月。

专业人才培养的规律统筹推进。

新闻学和管理学、法学等专业一样,都是偏应用的人文社会科学专业,这些专业领域的高级人才培养,应在本科教育阶段有宽厚的基础、复合的知识结构,而不是在本科阶段就接受"过窄"的专业知识教育。本科接受其他专业的教育,再在研究生教育阶段进行提升,不论是培养学术型人才,还是培养应用型人才,更符合人才培养规律。

但招生、培养的变化,会影响考生的报考选择,这也是在进行招生、培养改革时需要注意的一个因素。多年前,我国有一所高校,准备对工商管理类专业人才的招生、培养进行改革,取消直接从高考中招收工商管理学生,而是在大二结束后,由全校其他专业的学生选择。虽然学校的改革有亮点,也符合工商管理人才培养的规律,但这一改革试行几年之后就被取消,原因在于,很多高考高分学生还是愿意直接在高考时报考经管专业。国外大学培养工商管理人才,往往是在本科毕业后,在研究生层次进行,可是由于本科这一专业不招,就直接影响学校招生的吸引力。从现实出发,也就得考虑考生的选择。

清华大学主要在研究生层次培养新闻专业人才,也可能会面临同样的问题。由于没有本科招生,研究生招生招来的都会是其他专业的学生,学校的培养怎样应对这一变化?毕竟,在开设本科专业时,研究生培养会和本校本科教育进行衔接。如果不处理好这一问题,即便现在取消本科招生,可能在多年后又恢复本科招生。

主要进行研究生层次的新闻专业人才,也被解读为本科不值钱,都要发展研究生教育了。这是从学历角度而非从能力角度理解研究生教育。清华大学调整人才培养,需要避免向社会传递研究生教育是更高层次教育的"学历至上"的观念，制造学历高消费。在发达国家的大学，硕士研究生教育是过渡性教育，很多学生上研究生课程主要是完成从本科毕业之后的"职业化"过程，如修文学本科专业的学生读新闻与传播研究生。因此，硕士研究生有不少是课程型研究生，读完规定的课程，获得学分就毕业，这类似于我国的专业硕士。这类研究生教育，就属于职业教育，是培养高素质应用型人才的教育。但在我国，很多人还把其理解为高学历人才，认为比本科学历人才层次更高。

今年，我国考研人数为 341 万，招生人数会超过 100 万。发展研究生教育，会成为包括清华大学在内的"双一流"大学的重点工作。在发展研究生教育时，要从人才培养的规律来理解改革、实践改革，而不是迎合社会的学历需求。于学校而言，必须遵循人才培养规律，保障培养质量，不应因扩招而影响培养质量；于考生而言，需要以能力提升来规划学业发展，而不是追求获得更高文凭。在高等教育进入普及化时代后，全社会要从"学历社会"走向"能力社会"，避免学历泡沫。

从百篇论文撤稿看中国学术生态^①

德国知名出版商施普林格出版社 2017 年 4 月 20 日发布消息称,经过调查发现,在 2012—2016 年,有 107 篇刊登在出版社旗下学术期刊《肿瘤生理学》上的论文涉嫌"同行评审"造假,这 107 篇论文全部来自中国。^②

这是中国学者遭遇的第三次大规模撤稿。2015 年 8 月,施普林格宣布撤回旗下 10 个学术期刊已经发表的 64 篇论文,这些论文均出自中国作者。之前的 2015 年 3 月,英国出版社 BMC 宣布撤回 43 篇学术文章,其中 41 篇出自中国作者。虽然这一次撤稿,是之前撤稿行动的继续,但是由于一次性撤稿超过百篇,创下了正规学术期刊单次撤稿数量之最。这引起国内一片哗然。

和之前期刊宣布的撤稿原因一样,这次大规模撤稿原因也是论文作者编造审稿人和同行评审意见。对此,中国科学技术协会回应称,虽然作者有不可推卸的责任,但出版集团和期刊编辑存在内控机制不完善、审核把关不严格等问题,也理应对此承担责任。^③ 对于这次撤稿,有国内舆论为论文被撤医生叫屈,认为他们

---

① 本文作于 2017 年 4 月。
② 中国科协:107 篇论文撤稿事件中,施普林格出版集团亦负有责任.中科协官网,2017 - 04 - 22.
③ 中国科协:107 篇论文撤稿事件中,施普林格出版集团亦负有责任.中科协官网,2017 - 04 - 22.

也是受害者，是第三方中介违规操作同行评审，而且同行评审造假不是论文造假，也并不意味着论文就是低水平。①

如何看待连续发生在中国学者身上的大规模撤稿事件？这不但关系对撤稿学者的处理，还直接影响我国学术的国际声誉，也对如何推进我国的学术管理和评价改革有十分重要的作用。

一、 比国际学术丑闻更严重的是把国际学术丑闻淡化处理

毫无疑问，论文大规模撤稿是严重的国际学术丑闻。但是，即便是大规模撤稿，也只是部分学者的问题，只要严肃调查、处理撤稿事件，查找这背后的原因，完善学术管理和评价制度，也会为中国学术赢得尊重。而如果对于国际学术丑闻进行狡辩和掩盖，那么这就是比丑闻更严重的次生丑闻。次生丑闻的发生，意味着学术土壤和生态恶化。

目前我国有关部门和部分社会舆论就在制造这样的次生丑闻，试图把造假责任推给出版社、学术期刊和第三方机构，甚至把被撤稿学者描绘为学术期刊不严格审查、第三方机构逐利的受害者。这是颠倒黑白、搅浑水，对学术造假纵容，只会令学术不端更加猖獗。

撤稿事件中，有三个关系要搞清楚。一是学者造假与期刊审核不严的关系；二是学者造假与第三方机构造假的关系；三是学者造假和同行评审造假的关系。必须明确地意识到，就是期刊审核不严，给学者造假可乘之机，但这也不能改变造假性质，仍属于学术造假；学者委托第三方机构发表论文，第三方机构发生的一切造

---

① 杰文津，董瑞丰.中国107篇医学论文被撤调查：作者或未参与造假.新华社，2017-04-26.

假行为,都属于作者造假;论文同行评审造假,也属于学术造假。

以上这些道理,在健康的学术环境中,其实就是基本的学术常识。把撤稿责任推给出版社、学术期刊审核不严,就如一名小偷偷了东西,不追究小偷的责任,却要求被偷者对自己缺乏防患意识负责——被偷者当然会针对被偷加强防患,但那是另一回事,小偷必须承担偷窃的法律责任。把学者为发论文而委托的第三方机构与学者分开,把第三方机构发生的问题认为仅仅是第三方机构的问题,而不是作者的问题,这是错误的。所有通过第三方机构发表论文出的问题,都必须由作者自己承担,因为在期刊论文上署名的是作者,作者必须对论文负责。但事实上,根本就不应该有什么第三方机构为发表论文服务。这种第三方服务,会令论文发表变味。而认为同行评审只是评审造假,不是论文造假,更是典型的为造假开脱,在论文已经被撤稿之后,还没意识到同行评审造假的严重性,那只能说明,我国学术界的学术规范意识实在太薄弱。

对于论文被撤稿事件负责任的态度是,每个被撤论文作者所在机构,都要启动学术调查,根据调查结果进行处理。不论是国际学术界,还是国内学者,都在看着这些机构怎么处理,如果最终处理不了了之,那我国今后会发生更多的学术不端事件,我国学术的公信力将不再。事实上,上次论文大规模被撤事件发生后,只有国家自然科学基金委对获得基金资助的学者进行了调查,撤销了对23名学者的资助,同时禁止申请基金5年,而不见任何被撤论文作者所在机构公开对被撤论文学者进行调查、处理。考虑到前车之鉴,担心有关机构不了了之,我国已有媒体整理出524名涉嫌造假的中国学者姓名、公职机构以及所在科室,并公之于众。如果有关部门再不启动对这些学者的调查、处理,可以想见,这对我国的学术环境会带来怎样严重的影响。

二、 国际通行同行评审规则被我国学者利用，根在缺乏学术尊严

只有严肃处理论文被撤学者，才能深刻反思我国学术管理和评价中存在的问题。道理很简单，如果不严肃处理这些学者，有关部门就会回避反思这些问题。所谓的规范学者行为的规定，也只是一纸空文。就如 2015 年年底，中国科协、教育部、科技部等部门联合印发《发表学术论文"五不准"》，具体包括：不准由"第三方"代写论文，不准由"第三方"代投论文，不准由"第三方"对论文内容进行修改，不准提供虚假同行评审人信息，不准违反论文署名规范。这"五不准"很明确，可是，为何有机构会出来推卸这些学者违反这"五不准"的责任，还有舆论为他们叫屈呢？

对于发生在我国学者身上的学术不端行为，有关部门一直表态要严肃查处，做到"零容忍"，可是在现实中，处理学术不端，却总是被各种行政和利益因素纠缠。这次百篇论文被撤事件也一样。

不妨思考这么一个问题：如果同样发现论文存在同行评审造假，我国国内核心期刊会做出这样大规模的撤稿行为吗？需要注意的是，撤稿对于学术期刊来说，也是污点，会影响期刊的声誉，暴露出期刊审核不严的问题。可是，世界知名的学术期刊却在发现同行评审造假之后，毫不犹豫地全部撤稿，这是十分简单而有力的回应学术造假的态度。在我们这里，或许还有人会建议，对这些论文进行重新评审，如果评审意见不错，就不撤。这貌似对论文质量负责，却忽视了一个基本问题：同行评审已经造假，表明学者存在学术诚信问题，而学术诚信问题是不能轻易被原谅的。国际学术界正是靠高度的学术诚信敏感，维护学术规则和学术秩序。

同行评审制度，其实就是基于学者对学术诚信的共同认知而设定的。随着学术研究领域越来越细分，期刊编辑很难找到适合的评审专家对作者提交的专业论文进行评审，因此，由作者推荐专家，再由期刊编辑去联系专家提供评审意见，是目前学术期刊通行的一项同行评审制度（也有学术期刊还实行由期刊编辑找专家的匿名评审制度）。这一制度在国外，鲜有学者造假，他们会老老实实地提交一个真实的专家名和专家的真实联系方式，让期刊编辑去联系专家，由专家自主提出意见。但在我国，学者们很轻松地就发现制度的"漏洞"，即可以告诉期刊一个真实的专家名，却提供错误的专家联系方式，学术期刊编辑为此把邀请评审的邮件发到这个由作者提供的邮箱，也就变为作者自己提交评审意见，实现对论文的"高评价"，达到发表的目的。

国外学者之所以没有发现同行评审制度的"漏洞"，也不认为这一制度有"漏洞"，那是因为整个学界基本的学术尊严堵住了"漏洞"，他们不认为一个严肃的学者会去做这种事。而且如果真有学者这么干，一旦被发现之后，会是严重的学术丑闻，会由此被学术期刊列进黑名单，进而被赶出学术圈。也就是说，一旦学术失信，对国外学者来说，会有极其严重的后果。观察国外的教育、学术管理和评价规则，很多是基于基本的教育尊严和学术尊严而设置的。比如，博士论文答辩，有的就是由学生导师邀请几位好友教授组成答辩委员会，在我们这里，这很容易出现"放水"问题，可在国外这却不是什么问题，因为教授们会对事不对人，没有人会拿自己的教育和学术声誉开玩笑，会十分严格地对学生进行答辩。

同行评审规则被我国学者利用，暴露出我国学界学术尊严意识的巨大差距。当然，有人把这推给第三方机构"作祟"，可问题是，第三方机构也是专门为中国学者发表论文提供有偿服务而出现的。最初,第三方机构给中国学者提供的是类似翻译、润色的服务(因为中国学者的英文不过关),投稿、提供评审专家,都是学者自己的事。但后来,这一服务逐渐变为提供论文代写、代发、代找同行评审专家一系列服务,甚至可以概括为一句话:交钱,最终拿到已经发表的论文。说到底,这就是论文买卖交易。有调查显示,早在 2009 年时,我国就已经出现 10 亿产值的论文买卖交易市场。①

对于因第三方机构运作论文发表而出现的大规模论文被撤事件,我国有关部门也把打击第三方机构作为重要工作。不得不说,这偏离了重点。规范学者的行为关键是禁止任何请第三方机构代写、代发论文的行为,一旦出现学术不端,就严肃追究学者责任,而不是还想着有所谓的第三方的责任。

三、重树学术尊严,必须改革学术管理与评价制度,实行学术自治

当学者已经没有学术尊严意识时,以学术尊严为基础设置的学术规则就很难管用。对于我国学术界来说,当前最紧迫的问题是,如何让学者有学术尊严意识。

导致我国学者缺乏学术尊严意识的根源在于学术行政化,以及由此导致的学术功利化。这次百篇论文被撤事件,集中发生在医生群体,舆论就称医生是学术造假的重灾区,实际上,由于基本的学术管理和评价机制一样,我国所有需要发表论文的领域都存在严重的学术造假,不仅仅是医院。这是治理这类问题必须有的

---

① 万建辉.2009 年论文买卖销售额近 10 亿 较 2007 年膨胀 5.5 倍.长江日报,2010 - 01 - 11.

基本认识。

"唯论文论",是学术行政化和学术功利化的表现之一。具体来说,我国在如何对待论文这件事上,与国外有两方面严重不同。一是我国有职称评审这一做法,企事业单位的员工除了职务之外,还要评职称,而且职称与待遇、福利保障挂钩,在评职称时,基本都提出发表论文的要求。不但医生评职称要看论文,就是幼儿园的教师评职称也要看论文。二是对论文的要求,不是看论文本身有多少创新价值,而是看论文是否发表、发表在什么期刊上,有的机构在认定论文成果时,根本就不要求提交论文,只须提交发表论文的期刊和期刊目录。也就是说,重视发表远远超过论文本身。

这是典型的学术行政化管理和评价。首先,评职称就是行政管理、评价人才的一种行政手段,进而评职称的所有指标都是行政化指标,这些指标并不符合职务要求。在国外,就连大学也没有评职称这种说法,对于教师,是按教职进行聘用和管理、评价。其次,重视论文发表(数量和期刊档次),并不是关注人才真实的学术能力与学术贡献,而是为了机构的学术政绩。我国的学校、医院、科研机构,都把每年发表多少论文,作为重要的学术成果。这无疑引导员工把精力投向炮制论文。也正是如此,有一些舆论把论文被撤学者也视为"受害者",认为他们是受学术评价制度所逼,才去造假,因此,就是造假也"情有可原"。这是以"受害者情结"看问题。

这也令我国处理眼下的学术不端,变得十分纠结。比如,有的医生医术十分高明,可如果不发表论文,就无法评高级职称;评不上高级职称,在医院中就没有地位;而为了评职称,就得去发表论文,可没有时间写论文,买论文就是一个捷径。对于这类论文造假行为,总会引起舆论争议。诚然,我国学术评价制度存在问题,但是,不能把个体的学术不端行为全部归罪于评价制度。如果把学术不端的责任都归于评价制度,个体的不端行为就会被纵容,这会造成学术生态的严重恶化。与此同时,也需要加快推进学术去行政化改革,不改革评价制度,要消除学术不端现象将十分困难。

我国当前正在推进职称评审改革,中共中央办公厅、国务院办公厅印发的《关于深化职称制度改革的意见》要求,要重点考察专业技术人才的职业道德,突出对创新能力的评价,合理设置职称评审中的论文和科研成果条件。做到合理设置论文条件并进行评审,就必须推进去行政化改革,建立学术共同体,实行学术自治。

反思清华大学招收国际生实行 申请—审核制引发的争议①

2017 年年初,清华大学出台的《2017 清华大学国际学生(本科)招生简章》引发轩然大波。简章规定,从 2017 年开始,国际学生不需要考试,只要通过 HSK 汉语水平测试,就可以申请清华大学本科。网友为此惊呼:十年寒窗不如一纸国籍,"清华新政"让中国考生欲哭无泪!

对此,清华大学相关负责人回应称,2017 年,根据教育部有关文件的规定,清华大学借鉴国内外一流大学本科招生的经验,本科国际学生招生实行申请—审核制。"实施本科国际学生的申请—审核制后,由于扩大了优秀生源的申请范围,实际上增大了申请者的竞争难度。"②但清华大学的回应,并没有消除网友的质疑。

理性看待清华大学招收海外留学生调整招生录取方式引发的争议,对推进我国高考招生制度改革以及世界一流大学建设,有着十分重要的意义。因为从争议看,有很多人并不了解申请—审核制,也不清楚招生、培养国际生对建设世界一流大学的重要价值。与此同时,社会舆论对包括清华大学在内的高校招收海外留学生

---

① 本文作于 2017 年 2 月。
② 赵婀娜.清华大学本科国际学生招生实行"申请—审核"制.人民日报,2017 - 02 - 20.

的质疑，也启示我国高校应该以更透明的办学制度、高质量的人才培养，树立学校办学的公信力。

一、 实行申请—审核制并非降低招生门槛

从国际上看，申请—审核制是国外世界一流大学招生的主要模式。我国学生出国留学，都是通过向目标学校申请，学校再对申请学生提交的材料，包括统一测试成绩（TOEFL、雅思、SAT 等）、高中或大学学业成绩、推荐信、综合素质表现、面试考察等进行审核、录取的。清华大学招收海外留学生实行申请—审核制，是借鉴国外一流大学的招生方式，也是和国际接轨——面对各国的学习者，最有利的招生方式应该是采取其他各国都通行的方式，否则，申请者要为专门申请一所学校进行准备，会影响申请的热情。

那么，为何清华大学实行申请—审核制会遭遇质疑呢？这与我国当前的高考制度有关。我国高考制度是用考生参加统一高考的分数，从高到低排序，结合志愿进行录取。在社会舆论看来，用笔试成绩进行录取，是能保证录取公平的"最不坏"制度；如果取消笔试，或者虽然有笔试，但统一笔试的难度很低，不是按笔试成绩排序录取，只是作为一个申请条件，这样的招生就会降低门槛，招生质量和招生公平都难得到保障。质疑清华大学降低招生门槛者，就用 HSK 考试的难度不高，来推论清华大学的招生门槛降低。

其实，申请—审核制，是更全面、多元评价申请者的招生制度。首先，申请—审核制在统一测试成绩之外，会关注申请者的平时学业表现、个性、特长，避免单一考试成绩评价对学生评价的不科学、不全面。我国高考实行单一的分数评价并不利于大学选拔适合本校的人才，而且也造成基础教育严重的应试教育。高考改革的方

向就是落实高校自主招生权,建立多元评价体系。其次,申请—审核制对申请者的要求更高,因为对申请者的评价指标不只是统一测试成绩,还有其他指标。实行申请—审核制的高校,有的不但统一测试成绩要求高,而且其他指标要求也高;有的虽然不要求统一测试成绩,但不意味着申请难度降低,因为这会扩大申请基数,于是使其他指标要求更高。

影响申请—审核制招生质量的因素主要有两个。一是申请、录取比例,即有多少有效申请者被录取,录取率越低,表明申请难度大,录取率越高,则说明学校吸引力不强,申请难度低。在美国,评价大学有一项重要指标为新生录取率,排在《美国新闻与世界报道》大学排行榜前 10 的学校,录取率大多在 10% 以内。2015 年,哈佛大学录取率为 5.3%,斯坦福大学录取率为 5.05%,耶鲁大学录取率为 6.26%,普林斯顿大学录取率为 6.9%,哥伦比亚大学录取率为 6.1%,麻省理工学院录取率为 8%,加州理工学院录取率为 9%。[①]

二是大学有无完善的内部治理结构。实行申请—审核制,需要大学在审核时坚持质量标准,就要建立独立的、不受外部因素(行政、利益因素)干扰的招生委员会,对申请者进行专业评价。英美等国大学普遍实行申请—审核制,得到社会认可,是因为大学实行现代治理,有一系列制度尽可能保障招生公平、公正。

所以,评价申请—审核制,不能只看招生方式就质疑招生门槛降低,而要分析实行这一制度的录取率是多少,大学用什么治理机制来保障申请—审核制的公平、公正。目前社会舆论对清华大学的质疑,大多只关注这一招生形式,而没有关注影响招生质量的核

---

① 2016 年美国大学TOP100录取率参考. http://toefl. koolearn. com/20151217/804168. html, 2015 - 12 - 17.

心因素。

二、 我国大学的国际竞争力不高是关键所在

有一些网友质疑清华大学招收海外留学生，是崇洋媚外。这是非理性的。攻读学位的国际生比例是评价一所大学办学质量、国际竞争力的重要指标。根据 2015—2016 年的统计数据，美国东北大学的国际生比例达到 58.69％，卡内基梅隆大学国际生比例达到51.66％，哥伦比亚大学国际生比例达到 48.84％，得克萨斯州州立大学达拉斯分校国际生比例达到 33.17％，纽约大学国际生比例达到 31％。[1] 而清华大学的国际生比例是多少呢？

根据清华大学官网公布的学校统计数据（见下表），本科国际生的比例为 8.8％，所有国际生（包含硕士、博士）的比例为 5.8％。与国外的世界一流大学相比，这一国际生比例并不高。因此，清华大学加大海外留学生招生力度是建设一流大学的必然选择。

清华大学学生统计数据[2]

全日制新生人数	11 054
本科生 　其中：留学生	3 567 286
硕士生 　其中：留学生	4 754 378
博士生 　其中：留学生	2 733 81

---

　　① 数据来源：美国国际教育协会 IIE（Institute of International Education）报告统计数据。
　　② 数据来源：清华大学网站，http://www.tsinghua.edu.cn/publish/newthu/newthu_cnt/about/about-6.html。

（续表）

在学学生人数	46 200
本科生 　其中：第二学士学位生 　　　　留学生	15 636 0 1 373
硕士生 　其中：专业学位 　　　　留学生	18 661 12 173 998
博士生 　其中：专业学位 　　　　留学生	11 903 872 321

　　根据清华大学公布的申请—审核制招生方案,除了汉语水平要达到要求外,申请人还须提交国家/地区统一高中毕业考试成绩单、两封推荐信。申请材料通过评审的学生还需要经过学校组织的面试,对于特别优秀的申请者,经专家评审,有免面试录取的机会。从这些规定中,并不能看出录取标准有多高。要让公众了解,清华大学招收海外留学生的标准究竟有多高,清华大学有必要公布具体申请数据和录取比例。如果优秀申请者不多,录取率很高,即便招生规模可观,但质量不高,不但会引起舆论对招生公平的质疑,也不利于学校建立国际形象。

　　总体看来,我国高校在和世界一流大学的招生竞争中,还缺乏吸引力。目前,高校发展留学生教育,还处于求"量"不求"质"状态。甚至为求"量",一些名校在招收留学生时,还曾惹出"本土留学"丑闻①。即有的中国本土学生,去办一个外国护照,未曾到这个国家学习、生活,却用这个国家的护照,以留学生身份申请国内

---

　　① 李罡.百余假留学生如何入读名校? 留学生招生存漏洞.北京青年报,2008 - 03 - 27.

名校，而且名校也通过审核、录取。这被舆论称为"国际高考移民"。一名在高考中可能连本科线也达不到的学生，在"摇身一变"成为持外国护照的留学生之后，就顺利进入名校。正是因为有这样的"本土留学"丑闻存在，所以，当清华大学传出实行申请——审核制招生后，舆论便很自然地想到这会不会成为"国际高考移民"进清华大学等名校的便捷通道。

对此，清华大学的规定是，对于"原为中国公民、后加入外国国籍者"，学校要求须持有有效的外国护照或国籍证明文件四年（含）以上，且最近四年（截至入学年度前）之内，有在国外实际居住两年以上的记录。这一要求是难以堵住"国际高考移民"的。根据这一要求，一名学生只要在初一或初二时，移民到国外，拿到外国护照，只要在国外居住两年，就可以留学生身份申请进清华大学。如果不能有效杜绝这类问题，清华大学的海外留学生招生，就很难得到公众认可。

三、 建设世界一流大学，必须聚焦提高人才培养质量

堵住"国际高考移民"，有两个办法。其一，提高对"原为中国公民、后加入外国国籍者"的资格条件要求，将持有效外国护照的年限从四年以上，调整为六年以上，在国外实际居住时间从两年以上，调整为四年以上。我国在开放随迁子女异地高考时，有的省市为堵住"高考移民"，明确要求要有当地连续六年学籍（三年初中加三年高中学籍），那么为何在招收海外留学生时，却只要求持有效外国护照四年呢？在招收海外留学生时，有必要提高移民国外学生的资格条件要求。原中国公民移民到国外，当然可以申请国内大学，但是这不应该成为海外留学生的主体，如果海外留学生中有

相当比例的学生是原中国公民,那这样的留学生教育对提高大学的国际影响毫无益处,也制造了新的教育不公平。

其二,提高招收海外留学生的审核标准、难度。当海外留学生申请国内名校的难度和国内学生报考的难度一致的时候,也就不存在"国际高考移民"的问题了。这是堵住"国际高考移民"的根本途径,也是我国留学生事业健康发展的必然要求。

我国名校对海外留学生的吸引力,和这些大学在世界大学排行榜的排名是很不相称的。这十分值得国内高校反思。像清华大学,在 2016 年 QS 世界大学排行榜上,已经位列全球第 24 名;在 2015 年《美国新闻与世界报道》世界大学排名中,清华大学的工程类专业力压欧美知名理工院校(包括麻省理工学院、斯坦福大学等),位居第一。按照这样的排名,清华大学的海外吸引力应该很强,但事实并非如此。根本原因在于,我国包括清华大学在内的名校,近年来是靠学术研究的成果不断提高大学排名的。虽然排名提升,可是这说到底是"论文中的大学",而非具有一流人才培养质量的大学。这是我国大学建设世界一流大学的"软肋",即过分强调学术研究,存在重研究、轻教学的问题。不要说这样的办学无法吸引国外的一流生源,就是国内的一流生源,都在考虑选择国外一流大学。

表面上看,清华大学、北京大学等高校,每年还是会招收到高考高分的学生,但是这不能说明清华大学、北京大学就在国内拥有一流的生源。一方面,用考分评价生源质量本身就不科学;另一方面,在基础教育阶段,我国已有一批优秀学生选择出国留学,以及直接申请海外名校。根据《2016 年出国留学趋势特别报告》[①],

① 杨桂青.《2016 中国出国留学发展趋势报告》发布.中国教育报,2016 - 11 - 04.

2015年,一共有52万中国学生出国留学,相比上一年增长了近14%。从留学目的地来看,北美主要集中在美国,欧洲主要流向英国,大洋洲主要聚集在澳大利亚。2014—2015学年留美的中国学生有304 040人,占美国全部国际学生的31.2%,中国是美国最大的国际学生生源国;30多万中国留学生中本科生最多,占比41%。就在清华大学校内,出国留学与吸引海外优秀学生来华留学,也不均衡。根据清华大学《2015年毕业生就业质量报告》,当年选择出国留学深造的清华毕业生共1 059人,占16.3%。而所有在清华大学攻读硕士、博士学位的海外留学生,总共才1 319人。①

所以,要提高海外留学生的生源质量,并吸引国内一流生源选择国内名校,就必须提高人才培养质量。这也是我国在"双一流"建设中特别重视的问题。要提高人才培养质量,必须进行教育管理制度改革和学校办学制度改革。在教育管理制度改革方面,要深入推进教育管办评分离改革,落实和扩大学校的办学自主权,只有拥有办学自主权,大学才能办出特色;在学校办学制度改革方面,要切实建立现代大学制度,让学校摆脱办学的行政化与功利化,尊重教育与学术发展的规律,从重视数量、规模转向重视质量、内涵。

---

① 清华大学2015年毕业生就业质量报告.清华大学学生职业发展指导中心,2015 - 12 - 31.

人工智能、大数据专业大热，要避免盲目追逐热门①

教育部 2019 年 4 月公布 2018 年度普通高等学校本科专业备案和审批结果，共增设专业点 2 072 个，其中备案专业点 1 831 个，审批专业点 241 个，撤销专业点 416 个。据了解，新增备案本科专业最多的是数据科学与大数据技术、机器人工程、智能科学与技术、智能制造工程；新增审批本科专业最多的是人工智能、网络空间安全等；被撤销最多的专业是服装与服饰设计、教育技术学、信息与计算科学、产品设计、信息管理与信息系统等。

我国高校新增专业，分为备案和审批两种。备案是高校根据《普通高等学校本科专业目录》设置专业（国家控制布点专业除外），须报教育部备案；高校设置尚未列入该目录的新专业，则须经教育部审批。实行专业设置备案制，是落实和扩大学校的专业设置自主权之举，高校要用好自主权，则要建立以教育和学术为本的治理结构，在设置专业（包括新增或撤销）时，由教授委员会和学术委员会充分论证，以确保设置的专业符合本校的办学定位，能保障专业质量和特色。

此次教育部公布的专业备案和审批结果，舆论关注较多的是人工智能、大数据相关专业成为热门，而多年前曾是热门的服装与

---

① 本文作于 2019 年 5 月。

服饰设计、信息与计算科学却面临被撤销的命运。这是耐人寻味的。这也恰恰反映出我国高校设置专业存在的问题，即在设置专业时，缺乏充分论证的过程，不充分考虑本校办学定位和办学条件，盲目追逐热门，导致热门专业在很多学校"一夜之间"就开出来，可专业却没有办出特色，同时，专业人才培养供给超出社会对人才的需求，转眼就热门变冷门。可以预见，如果大学不对专业设置进行充分论证，目前大热的人工智能、大数据专业，很可能在 10 年后也面临被撤销的命运。

在对专业设置进行改革之前，我国大学设置专业，除少数学校试点备案制外，大部分学校的专业都需要经过审批，这被认为不利于学校自主设置专业。大学在设置专业时存在包装，主要应付上级部门审批的情况，"千校一面""一哄而上"举办某类专业，重复举办专业的情况，就是这样产生的。为此，我国在深化教育管理体制改革时，通过普遍实行备案制，把专业设置自主权落实给大学。

但获得自主权的大学，有的并没有转变以前的思维，还由行政领导或部门拍板举办什么新专业，或者撤销某一专业。因此，在举办新专业时，"一哄而上"举办热门专业的情况依旧存在，而有的专业被撤销，在校内也遭到师生和校友的反对，认为不应该因为就业率不高等利益因素就把专业撤掉，要坚持学校的办学定位和特色。

具体到人工智能、大数据等热门专业的开设，人工智能专业还需要审批，而大数据专业则主要由学校自主决定，报教育部门备案。随着我国进入互联网时代，对大数据、人工智能等方面的专业人才需求肯定会增多，高校开设相关专业培养人才，也是与时俱进。但是，这并不意味着所有大学都要开设这方面的专业，而是需要大学结合本校的办学定位、办学条件和社会对人才的需求决定。要办这一专业，就需要办出高质量和特色。但目前看来，有的学校举办人工智能、大数据专业，并没有经过充分论证，存在追逐热门、迎合社会需求的问题。

迎合社会需求，表面上看是对的，但是，大学有不同的办学定位：实行精英教育的大学，就不应该以社会需求为导向办学，而要以能力为导向办学，否则就会把学校变为职业培训所；进行职业教育的学校，则应该以社会需求为导向办学，灵活根据社会需求变化调整专业。因此，调整专业要结合学校的定位进行。

我国大学的办学还面临双重需求：一是高考升学时的学历需求，二是学生毕业时的人才需求。把这两者联系在一起，应该是高质量的教育。但是，在当前"学历社会"环境中，大学办学更重视前一个需求，因此，在设置专业时，就会考虑用热门去吸引学生、家长报考，还有学校在专业名上做文章，有的新增专业其实就是从以前的专业改名而来，而一些"有名无实"的专业在招生中也特别受学生、家长欢迎。

这要求大学要建好、用好自主权的机制，由独立的教授委员会和学术委员会，对包括专业设置这类教育事务和学术事务进行管理，以此坚持学校的办学定位。同时也提醒学生、家长，在报考大学、选择专业时，应该认真分析学校的办学定位、办学实力，了解专业特色，不能盲目追逐热门。学生、家长理性选择，也会促进大学重视办学质量和特色。

高等教育普及化时代不能再有 "精英教育情结" ^①

"2018 年,我国高校招生 790.99 万人,毛入学率已达到 48.1％。2019 年毛入学率将超过 50％,实现高等教育普及化。高职扩招 100 万,成为高等教育普及化的'临门一脚',直接推动我国高等教育迈入普及化阶段。"2019 年 5 月 8 日,教育部职业教育与成人教育司司长王继平在教育部新闻发布会上表示。

以高职扩招 100 万完成高等教育普及化的"临门一脚",可能令一些人"不爽",靠发展高职来提高高等教育毛入学率有什么好骄傲的? 但这对高等教育普及化来说,却富有意义。进入高等教育普及化阶段,我国社会必须抛弃以精英教育思路看待高等教育的"精英教育情结",要办好每一所高校,尤其是职业院校,这样才能拓宽国民的教育选择,缓解社会的教育焦虑,解决高等教育结构和质量与社会需求脱节的问题。

其实,这一问题在我国实现高等教育大众化时就应该注意。但遗憾的是,我国当年实现高等教育大众化,采取的是由实施精英教育的学校扩招的思路。一方面,这些学校扩招有基础;另一方面,这些学校扩招吸引力。由精英教育学校扩招,快速实现了提高

---

① 本文作于 2019 年 5 月。

高等教育毛入学率的目标,2002 年,我国高等教育毛入学率就达到 15%,进入高等教育大众化阶段。

但这样的扩招,也带来严重的负面影响,在稀释优质高等教育资源的同时,职业院校、民办院校的发展空间被挤占。高等教育进入大众化阶段,高考录取率提高,但高考焦虑却没有得到缓解,上大学"独木桥",变为上名校"独木桥"。观察发达国家实现高等教育大众化的过程,大多选择的是原来实施精英教育的大学并不扩招,而发展社区学院、职业学院的模式,这保障了精英教育学校的办学定位和质量,也给职业学院、社区学院提供了很大的发展空间。在美国,职业学院、社区学院和综合性大学之间,并无我国高校之间存在的等级高低和身份差异,社会是平等对待这些高校的,很多社区学院还和综合性院校签有转学协议,社区学院的教学质量得到社会的普遍认可。

从 2002 年到 2019 年,我国高等教育规模持续扩大,而且我国只花了 17 年,就从高等教育大众化走向高等教育普及化。但是,虽然高等教育毛入学率达到 50%,可我国社会的精英教育思维依旧浓郁。事实上,进入高等教育普及化阶段后,我国进行精英教育的高校,和发达国家一样,应该最多不超过 10%。这些学校进行通识教育,以能力为导向办学,除此之外,其他学校都应该进行职业教育,培养应用技术人才和职业技术人才。2015 年,教育部曾做出部署,要求 600 所地方本科院校转型进行职业教育。可是,社会舆论认为地方本科院校转型职业教育,是降格,而且有的地方本科院校也不愿意转型。原因在于,高等教育从精英化阶段走向大众化,再到普及化,一路走来,高校被等级化,无论是教育管理者、办学者,还是社会,都认为综合性大学高人一等,职业教育、职业院校地位低,还有一些社会舆论直接把"三本"院校(民办、独立院校)

和高职院校称为"烂学校"。

很显然,这样发展高等教育,不管怎么提高毛入学率,都无法缓解社会存在的教育焦虑。另外,高等教育的结构和质量会与社会需求脱节,大量的学校应该进行职业教育,却按培养学术型人才的模式办学,怎么能保障培养质量以及满足社会对人才的需求?总体看来,我国地方本科院校的毕业生,是当前就业最难的群体。

在我国高等教育即将进入普及化阶段之际,发展高职教育却成为重点,而不是提高本科升学率,可能会令上本科院校、以名校为目标的学生、家长失望,但是,这一战略选择却是正确的。我国发展高等教育不能再迎合社会的功利学历需求了,要根据社会对人才的需求,科学规划高等教育的布局,调整高等教育的结构。当然,要淡化社会存在的学历情结,消除学历歧视,必须改革教育管理制度,清理歧视职业教育的政策,同时,改革教育与人才评价体系,不能再唯学历是举,而要唯能力是举。

高等教育现代化
——高等教育投入

- 从"双一流"入围名单看高等教育发展的公平和效率
- 高等教育拨款不能还青睐"富豪学校"
- 高校要重视财政拨款之外的"其他收入"
- 美国高校会堵住捐赠招生的"后门"吗？
- 高校青年教师年薪 30 万有可能吗？
- 高校教师和科研人员兼职兼薪怎样做到"适度"？

从"双一流"入围名单看
高等教育发展的公平和效率[①]

日前,教育部、财政部、国家发展改革委印发《关于公布世界一流大学和一流学科建设高校及建设学科名单的通知》[②],公布世界一流大学和一流学科(简称"双一流")建设高校及建设学科名单。据悉,本次一流大学建设高校共 42 所,一流学科建设高校共 95 所。针对这份入围名单,舆论的情绪十分复杂。虽然有关部门一再强调,这只是"建设"名单,而不是说明这些学校、学科"已经一流",可是,还是有很多人把这作为"已经一流"对待。于是,入围名单的学校开始庆贺,地方政府也把入围作为当地高等教育发展的重要成就;没有入围的学校则陷入极大的失落。各路看客,则不嫌事大,开始分析谁是最大赢家,谁是最大输家,哪家最满意,哪家恨不得跳楼;"段子手"也开始显身手,即便根本就不懂学科、专业是怎么回事,也编段子,而这些段子居然得以在教育朋友圈里疯传。

"双一流"能引起这么大的关注,是可以理解的,毕竟建设世界一流大学是我国的百年梦想。但没有"建成",只是"启动建设",为

---

① 本文作于 2017 年 9 月。

② 教育部财政部国家发展改革委关于公布世界一流大学和一流学科建设高校及建设学科名单的通知. http://www.moe.edu.cn/srcsite/A22/moe_843/201709/t20170921_314942.html.

何就令舆论这么兴奋呢？主要原因在于，这是政府部门遴选学校、学科，入围者将获得相应的重点建设投入。因此，这不仅事关政府部门对学校、学科办学的认可，也关系到具体学校、学科能否获得政府资金的重点投入。对于普通学生来说，则十分在意自己所在学校、学科入围"双一流"给考研、就业会不会带来实际的好处。

鉴于有利益就会有得失，不管入围名单怎样，都会几家欢乐几家愁，有高兴的，也有流泪的，还有失魂落魄的。因此，政府部门反复强调的是做到公平公正，而有关专家则解读，遴选是综合考虑公平和效率。从公平角度，要考虑对一些不发达地区的高校的支持，这次入围一流大学建设 B 类的就有云南大学、郑州大学和新疆大学；而从效率角度，要考虑激励学校重视办学质量和效益，因此原来的 39 所"985"高校——湖南大学、东北大学、西北农林科技大学，这次有 3 所入围一流大学建设 B 类。因为政府部门要兼顾效率与公平，所以不能那么完美。

如何在高等教育发展中，兼顾公平和效率，这是一个值得进一步思考的问题。

一、"双一流"建设的重点是什么？

其实，早在国家出台"双一流"建设方案时，教育界和社会舆论就对如何建设"双一流"有不同的意见。有的认为"双一流"建设应该重视公平，解决高等教育地区分布不均、学校强弱差距太大的问题——这也是"985""211"工程建设存在的弊端之一；另外的人则认为既然是一流建设，就应该强调水平，谁能建出一流水平，就让谁建。这一争议一直延续到入围名单公布之后，期待公平者认为"双一流"分布地区不均衡情况仍然严重，北京的"双一流"大学和学科,优势很明显;期待效率者则认为有的大学明显具有优势的学科却没有入围,十分"遗憾"和不解。

公平和效率,是我国推进教育改革和发展同时需要面临的两大任务。但完成这两大任务,有时面临冲突,从义务教育到高等教育均存在这种情况:推进义务教育均衡,存在是"削峰填谷"还是"保峰补谷"的争议,很多人担心推进义务教育均衡,会影响学校的办学特色;改革高考制度,也存在是提高选拔人才的效率还是推进高考公平的争议,推进高考公平者认为,实行单一分数标准录取、取消一切奖励性质加分,最为公平,而提高选拔人才效率者认为,单一标准选拔人才并非科学选才,高考改革应努力建立多元评价体系。

党的十九大报告指出,我国社会的主要矛盾已经转化为人民日益增长的美好生活需要和不平衡不充分的发展之间的矛盾。具体到教育领域,这一判断也是准确的,我国教育的主要矛盾,是受教育者日益增长的对更好教育的需求和不平衡不充分的教育发展之间的矛盾。比如,上海的教育资源已经很丰富,可老百姓的教育焦虑仍旧很严重。最理想的教育局面,是整体教育高位、高质量均衡发展。但达到这样的教育发展目标,任重而道远。2013 年,纽约联合国总部举行庆祝全球"教育第一"倡议启动一周年。中国国家主席习近平特别为活动发去视频致辞。习近平在视频中承诺,中国会积极响应联合国的倡议,始终把教育摆在优先发展的战略位置,并努力建设学习型社会:"中国将坚定实施科教兴国战略,始终把教育摆在优先发展的战略位置,不断扩大投入,努力发展全民教育、终身教育,建设学习型社会,努力让每个孩子享有受教育的机会,努力让 13 亿人民享有更好、更公平的教育。"①

---

① 习近平主席在联合国"教育第一"全球倡议行动一周年纪念活动上发表视频贺词.经济日报,2013 - 09 - 27.

在建设一流大学、一流学科这一问题上,由政府来处理公平和效率问题,是十分困难的。因为从"一流"的本意看,就是重视效率,当其中加入公平因素后,对那些不发达地区的入围学校来说,也有些不公平:我们本来就是靠实力入围,却被认为是"照顾"。要解决这一问题,关键在于明确政府在发展高等教育中的责任究竟是什么。从履行政府责任,以及促进学校办学角度看,政府在发展高等教育时,主要责任应该是促进公平,至于提高效率,则应该通过放权给学校自主办学,以及建立高等教育的市场竞争机制实现。事实上,对于所有阶段的教育的发展,政府的基本责任都应该是保障教育投入、依法监管学校依法办学,而提高办学质量和办学效率,则应该放权给学校,推进学校自主办学。这是我国推进教育管办评分离改革的用意所在。

二、 发展高等教育重在营造平等竞争环境

给所有高校平等的竞争空间,是政府部门发展高等教育的首要责任。一方面,只有各高校平等竞争,才能做到让所有接受高等教育的国民享有相同的政府补贴。如果差异化对待高等学校,会导致在不同高校接受高等教育者获得的政府补贴不同。另一方面,高校平等竞争,会给受教育者接受高等教育更大的选择空间,不是争着进政府投入多的高校,而不愿意去其他薄弱高校。在我国,顶尖的公立大学,北京大学、清华大学的学费是最低的,这不吸引所有学生报考才奇怪。但在美国,顶尖的私立学校,学费是很贵的(对于家庭贫困的优秀学生会有免学费的资助政策),公立的州立学校,学费则低得多,但这些学校办学质量并不低。因此,有很多学生可以放弃高学费的名校,而进学费低的州立学校,社区学院

和职业学院的学费则更低。美国联邦政府教育部的重要责任之一，就是推进公平和救济。

履行这一责任，就要求国家和地方在进行高等教育拨款时，成立国家或地方教育拨款委员会，负责制订拨款预算，并监督政府部门根据预算拨款。这主要避免政府部门不履行投入责任，或者根据与高校的亲疏关系进行拨款。

同时，要减少按项目拨款，而增加基础性拨款。所谓项目拨款，就是政府设立若干拨款项目，高校要获得拨款，需要申请、遴选。在我国，高等教育项目拨款比重很大，"985""211"拨款就是项目拨款。实行按项目拨款，据称是为了激励高校办学，谁办得好，谁就可以获得更多项目经费支持，但这直接带来高校行政化（要获得项目拨款就必须"跑部钱进"，以及按行政指标办学），以及高校办学的"马太效应"——实力雄厚的学校，可以获得更多的项目经费，进一步拉大与其他学校的差距。

对此，有人会说，义务教育强调均衡，高等教育为非义务教育，不强调均衡。政府部门不应该均衡配置高等教育资源，要鼓励学校差异化发展。高等教育发展确实不强调均衡，也不要求均衡，但是，这不意味着政府发展高等教育的责任就不注重均衡。政府注重均衡，与高等教育发展重视差异，是不矛盾的。首先，政府部门给公立学校相对均衡的生均拨款，是保障每个受教育者平等的高等教育受教育权。其次，在基础性拨款之外，还有部分项目拨款，可以体现对不同高校的不同支持。再次，高校实现差异化办学，提高办学质量，应该通过学校自主办学，以及向社会开放办学实现，政府的投入只是学校办学经费的一部分，每所公立高校都应该拓宽办学经费渠道。

我国当前高等教育发展的问题是，政府部门所掌握的项目经费拨款比例大，学校主要办学经费来源单一，除了学费，主要来自财政拨款（常规性、基础性拨款，以及项目拨款，包括教育项目和科研项目）。这不但影响高等教育的公平，也严重影响高等教育的效率。与国外一流大学相比，我国公立大学普遍依靠财政拨款，就连北京大学、清华大学，社会捐赠占学校经费的比例也不到1％。国家对少数优质大学投入经费过多，影响了对其他学校（以至于基础教育）的投入，影响了高等教育的均衡发展。同时，过于依赖财政拨款，导致大学的财政独立性差；财政独立性差，又进一步影响学校的办学自主性。大学办学会围着行政指标，对行政领导负责，而缺乏面向市场，尤其是融入国际高等教育竞争的竞争意识。这也影响学校提高办学效率。

三、 建设"一流"，要减少行政计划，强化市场机制

政府部门以项目计划的方式，推进高校提高办学质量，从效率角度看，"欲速则不达"。我国从 20 世纪 90 年代推进的"985""211"工程，随着建设深入，出现身份固化、竞争缺失，学校办学行政化、功利化的诸多问题。这都与行政部门直接介入办学有关。本来，"985""211"工程是为了集中优质资源重点建设若干所学校、一批学科达到世界一流水平，可是，很多进入"985""211"工程的高校，看重的是"985""211"的身份，却忽视了建设。为了入围"985""211"，不少地方政府、学校搞大合并，增加学科，追求"高大全"。在具体的办学中，学校领导为了能尽快出展示成果的政绩，普遍重视学术研究而忽视人才培养。而且，重视学术研究，主要重视发表论文，这把所有高校教师的精力都导向撰写、发表并没有多大原创价值的论文，追求论文的数量。高校办学急功近利、浮夸浮躁的问

题饱受质疑。

"985""211"建设存在的这些问题,也引起国家的重视。正是为了解决"985""211"建设存在的身份固化、竞争缺失等问题,我国启动了"双一流"建设。对于"双一流"建设,国家有关部门反复强调,要重视"建设",不搞"终身制"。但不可回避的现实是,这一计划还是行政部门主导的计划,还是希望以行政力量推动我国大学提高办学效率。

要提高高等学校的办学效率,需要政府退出高等学校的办学和评价,推进教育管办评分离改革。2013 年 11 月,党的十八届三中全会通过的《中共中央关于全面深化改革若干重大问题的决定》①第 42 条"深化教育领域综合改革"中明确提出:"深入推进管办评分离,扩大省级政府教育统筹权和学校办学自主权,完善学校内部治理结构。强化国家教育督导,委托社会组织开展教育评估监测。"这指明了高等教育管理、学校办学的方向。2017 年 9 月,中共中央办公厅、国务院办公厅印发《关于深化教育体制机制改革的意见》②,该意见指出,深化教育体制机制改革要坚持放管服相结合。深化简政放权,放管结合,优化服务改革,把该放的权力坚决放下去,把该管的事项切实管住管好,加强事中事后监管,构建政府、学校、社会之间的新型关系。

简单来说,政府部门在以均衡为基本原则保障高等学校的投入的基础上,要建立高等教育竞争机制(取消学校等级身份,消除对不同教育、不同学校的歧视),落实和扩大学校的办学自主权,推

---

① 中共中央关于全面深化改革若干重大问题的决定.http://www.gov.cn/jrzg/2013 - 11/15/content_2528179.htm,2013 - 11 - 15.

② 中共中央办公厅国务院办公厅印发《关于深化教育体制机制改革的意见》.新华社,2017 - 09 - 24.

进学校进行内部治理改革，建立现代大学制度，对学校办学进行独立的第三方专业评价，这样才能既推进公平，又提高效率。也就是说，政府部门主要负责教育公平，而提高效率需要发挥学校的自主权和完善竞争机制。按照这一公平和效率观，也就很容易回答关于"双一流"建设，究竟是扶贫（公平）还是扶强（效率）的问题。政府部门可以通过资源的调配，扶持相对薄弱的学校步入一流建设轨道，但要建设"一流"，必须深入推进教育管理改革和办学体制改革，需要把办学自主权交给大学，"强"的大学，不是靠政府"扶"出来，而需要在平等竞争、自主办学中造就。

高等教育拨款不能还青睐"富豪学校"①

　　75所教育部直属高校从 2017 年 8 月 8 日开始全部公布了
2016 年的部门决算。清华大学、浙江大学、北京大学、上海交通大
学和复旦大学的年度决算经费遥遥领先于其他高校,这五校的年
度总决算都超过百亿。在年度收入上,清华大学、浙江大学、北京
大学和上海交通大学均超过百亿,除了这四校之外的其他高校大
部分年度收入在 50 亿以下,甚至有过半的教育部直属高校年度收
入都不超过 20 亿。

　　根据决算和收入数据,可以很清楚地看到我国高校的"贫富差
距"。这也不是什么新闻了。今年公布的数据反映出的一个问题
是,国家有关部门一直表示要重视中西部高校的建设,但从现实
看,"富豪高校"获得的新增政府拨款还是要多于相对贫穷高校的
拨款。虽然不同类型的大学、不同的学科建设所需要的资金不同,
不能简单地用绝对经费数量来评价对高校、学科发展建设的重视
程度,但是,从新增经费拨款可以观察政策的走向。要提高中西部
高校的办学质量,政府部门的新增教育拨款应该更多投向中西部
高校,东部高校、发达地区高校则应该增强向社会获得办学资金的
能力。

---

① 本文作于 2017 年 8 月。

比如,近年来,对于中西部高校的人才流失,国家有关部门特别重视,社会舆论也特别关注。可是,从高校公布的部门决算看,中西部高校不但基础财力不如东部高校、发达地区高校,财力增长也乏力。决算经费位于前五的高校中,清华大学的增长率最低,只有 6.47%,但是增长经费 13.28 亿元,这一数字接近东北林业大学的决算数(14.00 亿元),是中央戏剧学院决算数(3.28 亿元)的 4 倍多;浙江大学增长 9.16%,增加 14.35 亿元;另外三所学校的增长率都超过两位数,北京大学增长 15.04%(增长 21.08 亿元),上海交通大学增长 10.90%,复旦大学增长 15.51%。与这五所学校对比,兰州大学 2015 年决算数 30.05 亿元,2016 年决算数 32.76 亿元,也有增长,增长率为 8.99%,可是只增长 2.71 亿元;西南大学 2015 年决算数 40.13 亿元,2016 年决算数 38.84 亿元,决算数反而下降 3.20%;武汉大学 2015 年决算数 76.91 亿元,2016 年决算数 79.83 亿元,只增长 3.80%;华中科技大学 2015 决算数 73.65 亿元,2016 年决算数 75.50 亿元,只增长 2.51%。

根据教育部在其官网公布的 2016 年度部门决算数据,教育部 2016 年花了 1 239 亿元,完成年初预算的 117.30%。部分项目在预算基础上获得追加资金。其中,高等教育支出追加资金约 175 亿元,人才引进经费追加资金近 5 亿元。需要追问的是,追加资金加给了谁?是东部、发达地区高校还是中西部高校?从高校决算信息看,中西部高校获得的新增拨款并不多。如果重视中西部高校建设,希望中西部有实力留住优秀人才,教育部门的追加资金应该绝大部分都加给相对贫困的中西部高校。面临人才严重流失的兰州大学,其总决算数还不如北京大学、清华大学两校的新增决算数,新增决算只 2.71 亿元,这怎么改变"人才东南飞"的局面?

另一组数据也值得重视,一些具有特色,但需要政府扶持的基础学科、院校，决算数减少，包括中国石油大学（北京）下降 2.30％，中国矿业大学下降 1.47％，中国地质大学（北京）下降 0.46％，下降最多的是中央音乐学院（从 5.07 亿元降为 4.19 亿元）和中央戏剧学院（从 4.49 亿元下降到 3.28 亿元），降幅分别为 17.30％、26.96％。当然，决算数下降有多方面原因，但如何支持不同的学科发展，培养不同学科领域的优秀人才，是国家在高等教育拨款时，需要多方面综合考量的。

　　在我看来，对于决算已经超过百亿的高校，政府部门应该鼓励学校增强向社会募集资金的能力，不能还主要依靠政府拨款。高校增强向社会募集办学的能力，一方面可以拓宽办学资源，另一方面可以增强财政的独立性，像北京大学、清华大学、浙江大学这类学校，已经具有这方面的能力，如果这些学校的办学经费还主要来源于政府拨款，那会影响这些大学建设世界一流大学，也挤占政府部门投入建设其他相对薄弱学校的资金。而对于相对薄弱的高等院校，则需要政府部门加大投入。之前媒体曾报道，兰州大学流失的人才已经可以再建一所兰州大学。政府部门也表示，要遏制人才的流失问题，反对高校间的人才恶性竞争。但是，假如政府部门新增的教育经费还是投向已经具有明显优势的高校，这些高校用这些新增经费去中西部高校挖人，试问：办学资源有限的中西部高校靠什么来遏制人才流失？政府部门手中的经费其实是最重要的手段，经费的投入必须与宏观的高等教育发展战略相匹配、相适应。

高校要重视财政拨款之外的"其他收入"①

75 所教育部直属高校 2019 年预算已相继出炉,其中,8 所高校年度预算过百亿,清华大学以 297.21 亿的大幅领先优势再度"领跑",浙江大学和北京大学以 191.77 亿和 190.07 亿分列第二、第三位。

值得注意的是,从各校公布的预算看,高校资金来源日益多元。除"财政拨款收入""事业收入""经营收入"外,清华大学的其他收入高达 48.41 亿,占本年收入预算的 22.11%。上海交通大学本年收入预算中,一般公共预算拨款仅占本年收入的 26.66%;事业收入 58.4 亿,占本年收入的 46.61%;其他收入达 33.48 亿,占本年收入的 26.73%。北京大学其他收入 24.38 亿,占预算收入的 18.32%,其中捐赠有 1.3 亿。②

高校的"其他收入"主要包括投资收益、银行存款利息收入、租金收入、捐赠收入、盘盈收入等。"其他收入"所占比重提高,表明高校的办学经费在逐渐减少对传统的财政拨款、事业收入的依赖,这有助于高校提高财政自主性。促进我国高等教育优化布局,我国要调整高等教育财政拨款体系,而且我国高校要创办一流大学,也需要进一步扩大"其他收入",尤其是捐赠收入。

---

① 本文作于 2019 年 4 月。
② 王俊.75 所部属高校晒预算,这 8 所高校跻身"百亿俱乐部".新京报,2019-04-28.

教育部直属高校从 2013 年起开始公布部门预算,近年来公布的预算数不断攀升。2013 年,清华大学的预算为 113.77 亿,2019 年的预算比 6 年前增加了 180 多亿。这一增长速度是惊人的。同时,在短短 6 年时间中,我国预算超百亿的高校就增加到了 8 所。虽然这些高校的预算增长令人瞩目,但舆论也对高校的经费来源过多依靠财政拨款感到不满。根据高校公布的预算收入来源,除了直接标注为财政拨款之外,事业收入中也有很大部分是来源于科研收入,而科研收入有很大部分属于财政拨款性质的课题、项目经费。

高校主要收入来自财政拨款,而财政拨款又集中在少数名校,让这些名校变为“百亿俱乐部”,舆论认为这导致高校贫富差距巨大,并不利于高校平等竞争。其间的道理很简单,财政拨款的总量是一定的,给少数高校的财政拨款多,就必然会影响到对其他高校的财政拨款。像 75 所教育部直属高校,在有 8 所学校进入“百亿”的同时,还有 3 所不到 10 亿,最低的只有 4 亿多。而高校的财力将直接影响学校的师资建设、学科建设、专业建设、课程建设。近年来,中西部高校留住优秀人才比较困难,就和学校的财力有关。虽然国家一再要求东部地区、发达地区的高校“高抬贵手”,不要到中西部高校挖人,同时也加大了对中西部高校的投入,但是,由于原来的预算基数低,中西部高校的预算增幅不小,预算增加值还是根本无法与上百亿的高校竞争。

要改变高校的竞争态势,就应该调整财政拨款。在财政拨款方面,增加生均经费拨款,减少项目拨款。我国在进行教育经费、科研经费拨款时,项目拨款是一种重要方式。这种拨款方式,一方面导致高校为获得更多拨款“跑部钱进”,另一方面也容易出现“马太效应”。基础好的学校,容易申请到项目,获得更多拨款;基础薄弱的,则难以申请到项目,获得的拨款也就少。要促进高等教育的结构、布局优化,并减少因项目拨款而存在的行政评审、行政评价,要建立适应新时代高等教育发展的增加生均拨款(基础性、经常性拨款),减少项目拨款(教育工程、计划项目拨款),鼓励高校向社会拓宽办学经费来源的新的拨款体系。高校的实力不是通过获得多少财政拨款体现,而需要通过获得多少社会捐赠等收入体现。

高校拓宽办学资源渠道,应该把更多精力用到面向社会,开放办学,而不是用到争取财政拨款上。这可以减少对财政经费的依赖,同时也可增加学校办学的财政独立性。更重要的是,高校必须转变办学理念,为获得更多社会捐赠、校友捐赠以及更多社会资源的支持办学,就必须有积极融入国际高等教育竞争的心态,高度重视人才培养质量,并让办学更透明。比如,多年前,曾有捐赠者想捐赠我国大学,但担心捐赠的经费不能得到很好地使用,于是转而捐赠给国外大学。要消除捐赠者的顾虑,就必须建立专业的捐赠体系,用好每一分钱。

美国高校会堵住捐赠招生的"后门"吗?^①

　　2019 年 4 月 27 日,据《华尔街日报》报道,美国招生舞弊案涉及两个中国家庭,其中一个家庭向该案主要嫌疑人辛格支付了650 万美元"录取服务费",另一个家庭支付了 120 万美元。虽然一些参与招生丑闻的美国家庭支付了 25 万至 40 万美元,让他们的孩子进入顶尖学校,但这两个中国家庭支付了数百万美元,远远超过那些目前已经被司法部起诉的家庭所支付的款。

　　据报道,这两个家庭的身份仍然未被披露,也没有受到指控,尽管调查仍在进行中。国内的一些群众,纷纷期待美方能公布具体身份,以让大家见识究竟是何方神圣,能花几百万美金去行贿搞定名校录取。与此同时,也有人嘲讽这两个家庭并不懂美国名校的录取规则,为何不把这几百万美金捐给学校,走捐赠录取的"后门",却要走这歪门邪道的"侧门"? 当然,这种嘲讽,更是对美国名校招生录取规则的嘲讽。

　　美国史上最大招生舞弊案还在持续发酵。通过这起招生舞弊案,美国名校录取的"潜规则后门"和这次舞弊案的"侧门",也让更多国内公众知晓,进而美国大学的招生录取方式也遭遇广泛质疑,尤其是接受捐赠给捐赠者子女一定录取优惠的录取方式。从教育

---

　　① 本文作于 2019 年 4 月。

公平角度说，这一招录方式必定会存在争议，但是要让美国私立名校取消这种招录方式，却不太可能。一方面，学校依靠这种方式来获得校友捐赠、社会捐赠，解决学校的办学经费问题；另一方面，学校通过这一渠道招收的学生数并不多，而且通过对所有学生采取一视同仁培养标准的方式，来保证培养质量。由于美国大学实行的是自主办学、自授文凭制度，学校不会拿自己的办学质量、声誉来开玩笑，如果不能保障培养质量，那学校也不可能持续办学，也别希望能持续获得大额捐赠。

所谓美国名校招生的"后门"，就是"金主"把钱捐给大学，然后享有一定录取优惠，这是堂而皇之的"后门"。当然，这需要"大金主"，捐赠额至少上百万美金，几十万美金的捐赠是很难走通"后门"的。之所以可以走"后门"，是名校宣称把捐赠的钱用于学校办学，包括面向贫困学生设立奖学金，即虽然收了钱，但是为学校的发展着想。而这次被FBI查办的招生舞弊案，涉案者走的是"侧门"，是父母想花比捐赠给学校额度少得多的钱，买通关系，把子女送进名校，而由于学校没有得到任何好处，学校也被认为是招生舞弊案的受害者。

媒体对美国名校的招生潜规则多有报道，那么随着媒体对招生潜规则的揭露，美国名校是否会取消这种招生潜规则呢？目前看不到迹象。严查招生舞弊案，打击的是行贿中介人、个别教员进行招生舞弊的行为，并没有涉及向学校捐款者享有录取优惠的招生潜规则。原因在于，美国私立名校大多主要依靠社会捐赠办学，学校董事会认为，给几百万、上千万甚至上亿美金捐赠的"金主"，回报一个招生名额，再把这些钱用于改善学校办学条件，设立贫困学生奖学金、助学金，是多赢的事。这种招生在社会看来是潜规则，但学校内部是透明的，有明确的规章，获得的捐赠会保证用于办学,而不是进入个人腰包、被挥霍。同时,不会因这少数人员的招生,影响学校整体办学质量。捐赠者获得一定优惠被录取,但学校并不保证顺利毕业。

其实,在21世纪初,针对大学的债务问题,我国也有高校领导提出可以通过收取高价生的方式,来化解大学的债务危机,其借鉴的就是美国私立高校的做法——分数低于学校的正式录取分,可以交100万或者1 000万"高价"进大学。这可以为大学获得大笔收入,也解决这些富家子弟想进大学的需求。但是,这一建议遭到舆论炮轰,舆论认为我国名校都是公办高校,高价进大学是赤裸裸的不公平。而且,这些收来的钱也不一定能用到办学、用到帮助贫困大学生身上。从这之后,也就不再提收高价生一事。我国大学的办学经费,则继续主要依靠财政拨款。根据75所大学发布的预算报告,我国已有8所大学进入"百亿俱乐部",但学校用的钱主要是财政拨款,社会捐赠所占比例极低。

如何推进教育公平,是一个复杂的选择。美国严查招生舞弊案并没有治理各名校招生的"后门",这是和其整体的办学制度有关的。我们并不能简单认为美国名校招生就极为不公平。有一些舆论根据美国招生舞弊案,就否定我国高校探索建立多元评价体系的改革,这是不理性的。美国打击招生舞弊案,并不会否定学校的整体自主招生、多元评价的方式。另外,针对美国名校校友捐赠率高、国内富豪近年来也纷纷捐赠美国大学的做法,我国高校不能把捐赠与招生、学位资源挂钩,但应该思考该怎么通过公开透明的办学体系建设,扩大社会捐赠。

高校青年教师年薪 30 万有可能吗？ ①

  2016 年,中国美术学院启动首届"哲匠奖"评选。这是美院设立的教学研创最高荣誉,旨在表彰业务精湛的一线工作人员。"哲匠奖"分为金、银、铜三级,其中金奖 50 万元。今年获得金奖的是在美术史界享有盛誉的美术史学家范景中教授。在谈到如何让年轻学者更安心于学术时,范教授认为:"要提高工资。我觉得年轻学者的年薪要在 30 万左右。这只是工资部分,不包括什么乱七八糟的项目。我觉得项目不是提高学者生活的,这只是让他们研究的,跟生活没什么关系。"②

  范教授是针对浙江的工作、生活环境提出的年轻学者"年薪标准"。在"巨奖"金奖只有 50 万的情况下,30 万年薪就如"天文数字"——现实中,高校教师的平均年薪收入不到 10 万。2016 年,教育数据公司麦可思公布的一项调查显示,我国大学教师平均月收入为 5 478 元,年薪不足 7 万。其中,本科院校教授平均月收入 7 947 元,年薪不足 10 万;本科院校讲师月收入只有 5 011 元;高职高专讲师月收入只有 4 646 元;助教则更低,本科月收入 4 130 元,高职高专月收入 3 786 元。要达到 30 万年薪谈何容易？这是目前

---

① 本文作于 2017 年 1 月。

② 林梢青.中国美院教授：年轻学者年薪要有 30 万,埋首学术或导致贫寒.钱江晚报,2017 - 01 - 13.

教授平均年薪的三倍！

在我看来，让青年学者都拿到 30 万年薪可能不现实，但是，改革我国薪酬体系，大幅度提高青年教师待遇却是现实的。这需要调整我国高校的"工资＋津贴＋奖励"薪酬制度，取消科研提成，实行年薪制。

根据《2015 年全国教育事业发展统计公报》，我国普通高校在校生 2 625.30 万人，各级教育生均公共财政预算为 18 143.57 元，而普通高校专任教师数为 157 万。以此计算，用在每个教师身上的财政预算为 30 万左右，这并不包括学校学费收入、生均共用经费（2015 年全国普通高等学校为 8 280.08 元），以及高校申请到的科研经费（在全国科研经费中，高校的科研经费占全国的一半左右），考虑到国家财政生均拨款主要用于教师待遇（公办学校的学生学费、生均公用经费用于帮困助学、学校日常运行），根据财政拨款，做到所有教师平均年薪 30 万是可能的。

可为什么现实差距却这么大呢？这主要和高校的薪酬体系有关。我国高校普遍实行基本"工资＋津贴＋奖励"的薪酬制度，其中基本工资部分很低，教师要提高收入，主要靠津贴和奖励。津贴主要包括入选人才计划的特殊津贴，奖励则包括科研经费提成。为此，不同学科的教授因有不同的头衔和身份，以及完成年度考核目标（以论文、课题、经费等为主要指标）的情况不同，收入待遇是相差很大的。入选"千人计划"、有国家重大课题（项目）的教授，年薪超百万不是问题。媒体多年前就曾报道高校的"富翁教授"问题——收入高的教授，全年的薪酬会是收入低的教授的十几倍，更是收入低的青年教师的数十倍。

这是和欧美国家一流大学教师薪酬体系完全不同的薪酬体系。欧美国家的大学对教师都实行年薪制，不会根据教师按项目进行提成、奖励，不同学科的教授会有一定的收入待遇差距，但是，最高收入者的收入不会超过低收入者数倍。而且实行年薪制,并不会根据每年考核的情况兑现教师年薪,每年学校会保障教师的年薪,并视工作情况调整来年的年薪。年薪制让教师获得体面的生活保障,也保证教师能按自己的兴趣进行教学和学术研究。

为提高我国教师的待遇,去年国家出台政策,允许高校教师适当兼职兼薪,而在海外高校,包括我国香港地区高校,是并不鼓励(甚至不允许)教师兼职的,学校给教师很高的年薪(比如香港地区的高校给青年教师的年薪会高达100多万港币),然后要求教师全身心投入教学和科研工作,不是想着去校外兼职赚钱,也不是想着去申请课题、项目并从中提成拿奖励(项目经费不是用于改善研究者的生活待遇,而是用于项目研究,人头费也用于聘请访问学者、资助研究生),那样,学者将无心教学与研究,而会变为"业务员"。

概而言之,我国投入的教育经费、科研经费,已经足可以让高校实行年薪制,且年薪的标准不低。可是,高校却依旧实行"工资+津贴+奖励"的制度,有两方面原因:一是行政部门把津贴、奖励的权力掌握在手中,以实现对教师的"管理",其实质效果是教育与学术行政化,引导教师也急功近利;二是拥有各种头衔、资源的高校"学术大牛""名师"不愿意调整薪酬制度,因为这一制度可让他们挣得更多,而他们又掌握改革话语权。这些"大牛"忘了,只让年轻学者拿很低的报酬为自己的项目奉献,是不可能长久的。当年轻学者失去学术追求和梦想,我国的学术会是怎样的局面?

对教师,要减少所谓的由行政主导的差异化奖励、津贴,对高校,要增加基础费用拨款,减少项目拨款(以此缩小高校拨款差异,减少行政评审对高校办学的干预),这是我国在进一步推进高等教育改革和发展时,应该有的新思路。这是十分重要的高等教育供给侧改革,通过提高供给质量,让高校教师安于教学、乐于学术。

高校教师和科研人员兼职兼薪
怎样做到"适度"？^①

　　2016 年 11 月，中共中央办公厅、国务院办公厅印发了《关于实行以增加知识价值为导向分配政策的若干意见》（下文简称《意见》），并发出通知，要求各地区各部门结合实际认真贯彻落实。《意见》提到允许科研人员和教师依法依规适度兼职兼薪。

　　科研人员和高校教师兼职兼薪，并非新鲜事。我国高校就聘请院士、长江学者兼任教职。但是，对于院士到多所高校兼职且拿全薪，舆论一直存在争议，认为这是高校沽名钓誉，把兼职院士作为本校全职院士进行宣传，而且有的院士兼职也没有发挥应有的作用，是用头衔去获取各种利益。对此，科学院和工程院都曾对院士提出要求，希望他们少一点社会兼职。

　　这次的《意见》提到的是依法依规适度兼职兼薪。兼职的价值和意义不用赘述，但做到"适度"很重要，也很难。要让这一新规既规范科研人员、教师兼职，又让兼职发挥增加知识价值的作用，需要有一系列的配套制度。

　　最重要的是高校和科研机构，对科研人员和教师（包括兼职科研人员和教师）要建立科学的职务考核、评价体系。科研人员和高

---

　　① 本文作于 2016 年 11 月。

校教师有自己的本职工作,高质量完成本职工作,是科研人员和教师兼职的前提。近年来,我国高校都加强了对教师和科研人员的考核,但是由行政主导的考核还存在诸多人为因素,有的教师长期不在岗位上,却依然保留编制"吃空饷"。在这种情况下,鼓励教师和科研人员兼职,就很可能加剧这一问题,有许多教师和科研人员会以应付的态度对待学校内部的教学工作,而把大量精力用于校外兼职。只有在高校内建立和完善基于教育和学术本位的考核、评价体系,才能引导教师专注本职工作,提高工作质量,在此基础上进行兼职。

对于担任兼职的科研人员和教师的考核也同样重要。近年来,我国高校聘请了不少兼职教授,但聘请兼职教授的目的各有不同,有的确实想发挥兼职教授的作用,为本校培养人才、开展科学研究出力;有的却看重的是头衔或者其背后的学术资源,这些兼职教授没有具体的人才培养、学术研究任务,却拿兼职薪酬的不在个别。高校的用意在于搞好"人脉关系",在各种学术评审、评价中派用场。这显然不能促进办学,而是歪门邪道、弄虚作假。这次《意见》提到,科研机构、高校应当规定或与科研人员约定兼职的权利和义务,实行科研人员兼职公示制度,这是对本职岗位所在高校、科研机构以及兼职岗位所在高校、科研机构的共同要求,是避免兼职变为两边"吃空饷"。

还有一点值得注意,不同的科研人员、高校教师,是有不同的资源的,有的在高校里担任行政领导,有的是院系、学科负责人,还有的担任研究生导师,那么兼职产生利益输送等问题,也是需要防范的。近年来,拿学校资源,包括教育资源、学术资源,在招生、人才培养和校企合作中,与校外资源进行交换的时有发生,由此滋生教育腐败和学术腐败。如果高校和科研机构不能完善学校现代治理,建立遏制个人权力可以影响招生、学位授予的"防火墙",兼职可能会变为一个利益输送管道。在发达国家的一流大学,对教师担任兼职是十分谨慎的,通常教师在学术机构(协会)兼职是允许的,可是,如果教师兼职牵涉到具体利益,就要建立利益回避机制。包括教师在对自己成果实施产业化的企业兼职,也会有明确规定。比如,兼职不能利用学校的资源为自己牟利,不能因兼职而影响本职工作,限定教师要在两年内做出要么回学校全身心工作,要么离开学校的选择。毕竟,高校和科研机构本身的岗位任务就很繁重,需要科研人员和教师集中精力投入。

其实,让每个科研人员、教师在本职岗位上乐于工作,人尽其用、人尽其才,是发挥知识价值的最重要途径。对此,高校和科研机构应该致力于提高科研人员和教师的待遇,实行年薪制,让他们可以过一个体面的生活,而不是想着通过兼职兼薪挣钱养家糊口。与此同时,要给每个科研人员和教师施展自己才华,实现自己教育梦想和学术梦想的空间,这需要高校和科研机构改革对教师和科研人员的考核评价体系,营造尊重科研人员、教师的环境,以此激发他们的知识创新活力。

高等教育现代化
——高等教育制度

- 落实"新时代高教 40 条",如何强化质量评价保障机制?
- 西湖大学的办学模式和办学制度改革值得关注
- 如何让职业教育国家教学标准提升职业院校办学质量?
- 去利益化,才能让院士评审回归学术本位
- 以取消二级学院行政级别,推进提高大学的现代治理能力

落实"新时代高教 40 条"，
如何强化质量评价保障机制？[①]

    2018 年 10 月，教育部印发《关于加快建设高水平本科教育全面提高人才培养能力的意见》（以下简称"新时代高教 40 条"），提出了高水平本科教育的总体目标：经过 5 年的努力，建成一批立德树人标杆学校，建设一批一流本科专业点；到 2035 年，形成中国特色、世界一流的高水平本科教育，为建设高等教育强国、加快实现教育现代化提供有力支撑。[②]

    "新时代高教 40 条"提出，办好我国高校，办出世界一流大学，人才培养是本，本科教育是根。要把人才培养水平和质量作为评价大学的首要指标，突出学生中心、产出导向、持续改进，激发高等学校追求卓越，将建设质量文化内化为全校师生的共同价值追求和自觉行为，形成以提高人才培养水平为核心的质量文化。

    很显然，"新时代高教 40 条"着眼于提高我国高等教育的质量，建设高水平本科教育。这也是回应社会舆论对我国大学教育质量的关切。2018 年 6 月，教育部部长陈宝生在新时代全国高等

---

    ① 本文作于 2018 年 10 月。
    ② 中华人民共和国教育部.教育部关于加快建设高水平本科教育全面提高人才培养能力的意见. http://www.moe.gov.cn/srcsite/A08/s7056/201810/t20181017_351887.html, 2018 - 10 - 08.

学校本科教育工作会议上曾强调:"有人说,现在是'玩命的中学、快乐的大学',这种现象应该扭转。对大学生,要合理'增负'。"①然而,在"新时代高教 40 条"发布之后,舆论对这 40 条如何落地,大多持观望态度。因为从现实看,我国大学教育要强化质量意识,提高质量标准,面临具体的机制障碍。"新时代高教 40 条"指出,要"坚持完善机制,持续改进。以创新人才培养机制为重点,形成招生、培养与就业联动机制,完善专业动态调整机制,健全协同育人机制,优化实践育人机制,强化质量评价保障机制,形成人才培养质量持续改进机制"。强化质量评价保障机制,对落实"新时代高教 40 条"至关重要。

一、 当前本科教育质量评价的问题

本科教育质量评价对学校的办学定位和办学导向,具有重大的影响,如果质量评价标准本身存在问题,就可能导致学校的办学定位和办学导向出现偏差。当前我国本科教育质量评价,总体而言,还是由教育行政部门组织的对学校的评价,但具体的评价指标存在两大问题。

其一,对于所有本科教育学校,均强调毕业生初次就业率;以初次就业率,来评价一校的本科教育质量。对于毕业生初次就业率,我国社会舆论一直诟病颇多,包括:初次就业率就由校方统计,再报教育主管部门审批、发布统计,这容易滋生弄虚作假;毕业时的初次就业率,与半年或一年后的就业情况有很大差距,而且初次就业率只强调就业的数量,并不能全面反映就业的质量等。但是到目前为

① 胡浩,吴晓颖.教育部部长:"玩命的中学、快乐的大学"的现象应该扭转. 新华每日电讯,2018-06-22.

止,我国教育部门还继续坚持要求高校统计发布毕业生初次就业率。

强调毕业生初次就业率,就直接影响本科教育质量。一方面,这影响学校的办学定位。在高等教育进入大众化教育阶段后,高等学校的办学定位也应该有实行精英教育、通识教育的学校和实行职业教育的学校。通常,实行精英教育、通识教育的大学,应该以能力为导向办学,培养学生有雄厚的基础能力;实行职业教育的大学,则应该以就业为导向,培养学生成为高素质的职业技术人才和应用技术人才。都用就业率评价大学,就导致本应该进行通识教育的大学,也变为"职业培训所"。

另一方面,这引导学校办学围绕就业率做文章。当前,我国本科院校普遍的一种办学现象是,大四这一年变为就业年,学校基本不安排什么课程教学,而让学生去找工作或进行就业实习,就是安排有课程教学(包括毕业论文或毕业设计),也都给学生开绿灯,对毕业论文和毕业设计的要求也不严格,一些学生甚至把毕业论文、毕业设计视为"鸡肋",敷衍对待。这让四年本科教育缩水为三年。

在一些地方本科院校则有另一番景象,学校把组织学生考研作为提升就业率的捷径。因为我国高校毕业生初次就业率的统计办法,是把毕业生作为分母,签约就业、灵活就业、考研、出国的学生作为分子的,因此,考研学生越多,就业率也越高。而且,组织学生考研,对于地方本科院校办学来说,也节省办学成本,不少学校从大一开始就鼓励学生准备考研。而准备考研的学生,就只针对考研科目学习,非考研科目被边缘化,学校也不重视这些课程的教学,这意味着大学给学生的本科教育不完整;有的考研学生,在大学里连实验都没做过,因为研究生入学考试不考实验。另外,地方本科院校组织学生考研,还有另外一个重要因素是,当前的评价体系把学校的"学术性"作为重要指标。

其二，对于所有本科院校，均强调教师的学术研究活动与学术研究成果，以学术能力和成果评价教师质量，以考研率、硕士点数、博士点数、教师发表论文数量等评价学校是否上水平、上层次。这一评价体系，让地方本科院校不安于职业教育的定位，想着怎样提升学校的层次，办硕士点、博士点，成为精英教育学校，因此对本科教育并不重视。本来应以就业为导向办学，却以组织考研来应对就业率指标考核；而对于目前应实行通识教育的大学来说，则把教师的精力都导向学术研究，不重视本科教学，本该以能力为导向培养学生，却变为抓就业率。

这次发布的"新时代高教40条"要求大力推动两院院士、国家"千人计划""万人计划"专家、"长江学者奖励计划"入选者、国家杰出青年科学基金获得者等高层次人才走上本科教学一线，并不断提高教书育人水平，完善教授给本科生上课制度，实现教授全员给本科生上课。① 其实，我国早在将近20年前，就提出要建立教授给本科生上课的制度，但是由于对大学办学的评价体系主要还是关注学术研究成果，这一制度在不少大学并没有切实建立。就是学校宣称已经建立教授给本科生上课的制度，但进一步深入调查会发现，有一些本科课程是"挂羊头卖狗肉"，虽然是教授担任任课教师，但具体上课却由助教或者教授的博士生上课。

二、 本科教育提高质量存在制度性障碍

除了目前的本科教育评价体系引导部分大学并不重视质量之

① 中华人民共和国教育部.教育部关于加快建设高水平本科教育全面提高人才培养能力的意见. http://www.moe.gov.cn/srcsite/A08/s7056/201810/t20181017_351887.html,2018-10-08.

外,大学要提高培养质量,也存在制度性障碍。

"新时代高教 40 条"提出加强学习过程管理。加强考试管理,严格过程考核,加大过程考核成绩在课程总成绩中的比重;健全能力与知识考核并重的多元化学业考核评价体系,完善学生学习过程监测、评估与反馈机制;加强对毕业设计(论文)选题、开题、答辩等环节的全过程管理,对形式、内容、难度进行严格监控,提高毕业设计(论文)质量。[①] 这点出了提高本科教育质量的关键,重视过程管理,要把质量关。

但严把质量关说起来容易,做起来则难。与严把质量关对应,必然是对学生的淘汰。众所周知,美国的高等教育实行严出培养方式,根据总部位于华盛顿的智库"第三路"2017 年发布的一份新报告,只有 55% 的学生在 6 年内毕业于普通的私立非营利性大学。在研究的 1 027 所私立大学中,761 所大学的毕业率不到67%,公立大学毕业率甚至低到 46%,也就是说,近半数的学生无法完成学业。而根据 UnivStats 发布的数据,美国高校平均毕业率为 53.1%。[②] 虽然对于美国高校平均毕业率只有 50% 多一点,有各种不同的看法,包括有的学生自主选择求学时间,有的学生主动申请退学转到其他学校,有的学校为考虑学费收入延长学生学业年限等,但不容否认的事实是,要实行严格培养,必须有相应的淘汰,很难想象 100% 的学生都在 4 年内完成学业顺利毕业,会是严格的质量把关。当然,也有一些人把 100% 毕业,理解为所有学生都努力学习,所有教师都严格教学且考核严格,是高质量的体

---

① 中华人民共和国教育部.教育部关于加快建设高水平本科教育全面提高人才培养能力的意见. http://www. moe. gov. cn/srcsite/A08/s7056/201810/t20181017_351887.html,2018 - 10 - 08.

② 美国续航教育.进入美国大学就能高枕无忧? 美国大学退学率和毕业率情况分析. http://www.sohu.com/a/163698048_464977,2017 - 08 - 11.

现,但这并不符合实际。

教育部在 2018 年 9 月印发的《关于狠抓新时代全国高等学校本科教育工作会议精神落实的通知》中要求严格本科教育教学过程管理,淘汰"水课",加大过程考核成绩在课程总成绩中的比重,严把毕业出口关,坚决取消"清考"制度。[①] 这指出我国本科教育存在低质量要求的现状,要求建立淘汰机制。

但是,具体到办学,我国大学要淘汰学业不合格的学生却是比较困难的。最近,华中科技大学 18 人因学分不达标而本科转专科,引发广泛关注。对于本科不合格转专科,有舆论质疑这是对专科的歧视。该校教务处相关负责人则表示,出台《普通本科生转专科管理办法(试行)》,既是保障本科生培养质量的重要举措,也是在退学之外,为学分不能达标的学生提供的一种"人性化选择"。[②]

与美国高校实行自主招生、自主办学、自授文凭不同,我国高校实行按计划招生和按计划培养、授予学位制度。在美国,一名学生被大学退学后,可以用以前的高中学业成绩、统一测试成绩、大学学业表现去申请另一所大学,因此,学生被大学退学是很正常的,也不影响继续接受高等教育。而且,大学生在求学期间还可主动选择退学,申请转学到另外一所大学,这既让大学可选择学生,也可让学生选择大学。但在我国,按照目前的大学招生、培养、管理制度,一名学生如果在大学三年级时被退学,他只有重新参加高考、填报志愿,才能被全日制高校录取。虽然这也是一条出路,但是,退学对很多学生和家庭来说是巨大的打击,这些学生很有可能放弃重新参加高考。在这种情况下,学校要淘汰学业不合格学生

---

① 王俊.教育部:对大学生合理"增负"坚决取消"清考"制度. 新京报,2018 - 09 - 07.

② 因学分不达标,华中科大 18 人由本科生变专科生. 长江日报,2018 - 10 - 12.

就面临很大的阻力。华中科技大学设计的本科不合格转专科的退学路径,就是针对这一问题。

需要注意的是,华中科技大学每届本科生超过 7 000 人,全校仅 18 名学生本科不合格转专科,这连一届学生的 3‰ 都没达到,却引起全国的关注。那么,如果要淘汰 10% 的学生,将会是怎样的局面? 在退出机制不健全的情况下,大学必然遭遇质疑。面对社会的质疑,大学也就不可能提高淘汰比例,维持在千分之几的淘汰率,对我国大学来说,都难能可贵了。

三、 强化质量评价保障机制

要提高本科教育质量,就必须直面以上这些问题,以问题为导向,强化本科教育质量评价保障机制。

首先,应该按照教育管办评分离改革的要求,推进对高等学校办学的专业评价,建立符合高等学校办学规律的专业评价体系。我国于 2010 年颁布的《国家中长期教育改革和发展规划纲要(2010—2020 年)》指出,要推进专业评价。鼓励专门机构和社会中介机构对高等学校学科、专业、课程等水平和质量进行评估;建立科学、规范的评估制度;探索与国际高水平教育评价机构合作,形成中国特色学校评价模式;建立高等学校质量年度报告发布制度。

在我看来,我国应该取消由政府教育部门发布高校毕业生初次就业率,改由第三方专业机构调查统计高校的中长期就业情况。为引导高校重视本科教育的过程管理,在评价高等学校办学时,应重视过程性评价。比如,对于教师评价,不能只看产出的结果,而应该关注教师投入教学的过程,这需要引入教师专业同行评价,评价教师是否按课程教学要求创新教学；对于学校的教学投入，不能只看配有多少智慧教室、有博士学位的教师占多少比例，而应该关注教育资源的利用效率，有多少班级是 20 人以下的小班教学、在线课程的使用率如何等。

其次，应该切实推进招生、培养制度改革。我国教育中存在的"玩命中小学、快乐大学"现象，与现行的招生、培养制度有很大关系。由于考进大学之后，基本上不淘汰，有不少学生把考上大学作为学习的终极目标。要建立淘汰机制，就必须改革当前的招生制度。具体而言，我国应该在高考改革中，坚持考试招生相对分离的原则，落实和扩大学校的招生自主权，探索基于统一高考成绩的学校自主招生制度。只有大学进行自主招生，才能解决目前招生、培养"一个萝卜一个坑"，已经占坑的学生缺乏学习动力，学校也没有积极性把学生从坑中赶走的问题。

对此，可能会有很多人认为这把问题复杂化了，因为高考改革是又一重要改革命题。而实际上我国基础教育问题和高等教育问题是一体的，不进行改革联动，只希望从局部着手解决问题，最终会发现治标不治本。要按"新时代高教 40 条"的要求，形成以提高人才培养水平为核心的质量文化，就必须全面系统地推进教育的整体改革。

西湖大学的办学模式和办学制度改革值得关注^①

2018 年 4 月 2 日,教育部正式批复同意设立西湖大学。随后,4 月 16 日,西湖大学第一届董事会第一次会议在浙江杭州召开。会上,西湖大学第一届董事会正式成立,由韩启德等 21 位代表组成,荣誉主席由诺贝尔物理学奖获得者、中国科学院院士杨振宁担任,主席为清华大学经济管理学院院长、第三届"千人计划"专家联谊会会长钱颖一。校董会选举施一公为西湖大学首任校长,聘任许田、仇旻为西湖大学副校长。^②

至此,受到舆论广泛关注的西湖大学正式"开张"。根据西湖大学发布的信息,该校是社会力量举办、国家重点支持的新型高等学校。办学定位是"高起点、小而精、研究型"。学校办学将从博士研究生教育起步,适时开展本科生教育;全日制在校生规模不超过5 000 人;西湖大学将聚焦基础性、前沿科学技术研究,坚持发展有限特色学科,注重学科深度交叉融合。学校的具体目标是:到2019 年年底,西湖大学师资规模将超过拥有 24 位诺贝尔奖获得者的洛克菲勒大学,教师科研水平很可能成为中国之最;5 年后,教师科研水平比肩东京大学、清华大学、北京大学等知名学府,成为亚洲一流;15 年后,在各项指标上和加州理工学院媲美,成为世

---

① 本文作于 2018 年 4 月。
② 王俊.施一公任西湖大学首任校长.新京报,2018 - 04 - 17.

界范围内最好的大学之一。①

以博士教育为起点,15 年媲美加州理工学院,这让舆论颇为兴奋。对此,有舆论评论道,西湖大学打破了民办大学的"天花板",为我国民办大学建设高水平大学探索出一条可以复制的道路。然而,这样的评论无疑太过乐观,评价一所新建的大学,不能只听其言,更要观其行,不能以为宣布 15 年媲美加州理工学院,就真媲美加州理工了。西湖大学能否为民办高校探索出一条成功道路,不在于其获得多少民间资金支持,也不在于其 15 年建设成一流大学的目标,而在于其是否能进行办学模式和办学制度的改革。

一、 西湖大学的成立过程不可复制,可复制的是基金会办学模式

与我国其他民办高校相比,西湖大学一成立,就显得"高大上",从博士教育开始办学,更是其他民办学校想也不敢想的——我国民办大学,基本上是低端高等教育的"代名词",一提起民办高校,就会想到"二本""三本"院校或者高职高专。从这一角度说,民办西湖大学的成立,会改变社会公众对民办高校的印象。但是,要说其他大学复制西湖大学,却为时尚早。

我国大部分民办高校,是靠学费维持基本生存,这和西湖大学的"财大气粗"是不同的。由于办学经费来源单一(有的民办学校每年还要向出资方上缴部分学费收入),很多民办学校的师资建设、课程建设、学生实习实验都受到影响;而由于人才培养质量不

---

① 孙云帆,李拓.清华副校长创西湖大学比肩清华:曾经有黄埔今天有西湖! 北京日报,2017-12-10.

高,民办学校也难以获得社会认可和社会捐赠,拓宽办学经费渠道。这是我国民办大学办学必须直面的现实。西湖大学只是民办大学的一个特例,有天时、地利、人和等多方面因素促成其设立。

确切地说,西湖大学从一成立,就得到知名企业家的大手笔捐赠、政府部门的大力支持,以及顶尖科学家的加盟,是很多民办高校所不敢奢望的。对于大部分民办高校举办者和办学者来说,这一点怎么也"学不会"。对他们而言,有借鉴价值的是西湖大学宣布实行的基金会办学模式。

西湖大学在新闻报道中称:采用基金会筹资的办学模式,既能有效地保证学校办学的非营利性,又能发动社会力量更好地支持高等教育发展。学校办学经费来源主要为举办者出资、办学收入、竞争性科研项目经费及人才政策支持经费和政府扶持资金等渠道,日常运行经费主要由西湖教育基金会承担。①

新的《民办教育促进法》施行后,我国民办高等教育可以选择举办营利性的民办高校或非营利性的民办高校。举办非营利性的民办高校,要保证学校办学的非营利属性,落实和扩大学校的自主权,应该采用基金会办学模式。所谓基金会办学模式,就是所有办学收入全部进入基金会,由基金会举办大学。这和以前民办大学直接由企业或个人出资者举办不同,可以有效避免企业把学校作为"提款机",以及个人对学校实行家长式管理。所有社会捐赠、学生学费、政府扶持经费,进入基金会账号后,任何人不得挤占、挪用,支出也必须用到具体办学开支上,这也为学校办学持续获得社会捐赠,创造好的平台。

这种办学模式是值得所有非营利性民办大学办学借鉴的,如

---

① 马悦,严粒粒.西湖大学正式获批设立.浙江日报,2018-04-02.

果西湖大学能探索成功基金会办学模式,将是对民办大学办学最
大的贡献。

二、 西湖大学能否办出高水平大学取决于学校是否建立现代学校制度

　　不少关心中国高等教育改革和发展的人士,把西湖大学的成
立与南方科技大学的办学对比,并认为,由于西湖大学是民办大
学,相对于公办的南科大来说,会有更大的改革空间,更可能获得
改革的成功。从学校办学的属性看,由于民办高校的办学经费主
要来自民间企业、机构、社会捐赠和学生学费,学校有更大的财政
独立性,但是,我国民办高校和公办高校一样,也同样存在行政化
问题。

　　具体表现在两方面。一是外部的行政化,即政府和学校的关
系。虽然民办学校的校长不是由政府部门任命,政府部门也不掌
握民办学校的财权,但是,民办学校的招生、专业设置、课程设置、
教育教学等,都是纳入统一计划管理的。舆论对西湖大学选择从
博士教育开始"高起点"办学赞誉有加,但从办学自主权角度分析,
我国高等学校办学,博士教育的自主权最大(国内也有多所高校的
博士招生实行申请—审核制,导师有较大的自主权),硕士教育的
自主权次之(统一笔试＋学校复试招生),本科教育的自主权最小,
西湖大学选择博士教育,其实可以有更大的自主空间,而如果进行
本科教育,要在招生、办学方面获得突破,难度更大。南方科技大
学筹建时,宣布本科教育实行全员自主招生、自授学位,但在获批
设立后,所有招生都纳入计划招生。西湖大学要建设为世界一流
大学,迟早要进行本科教育。但在本科教育方面能否有更大自主

权,对西湖大学能否建设为世界一流大学,至关重要。

二是内部的行政化,即学校内部的治理。虽然我国民办大学按《民办教育促进法》,应当设立学校理事会、董事会或者其他形式的决策机构并建立相应的监督机制,实行董事会领导下的校长负责制,但是,民办大学的董事会成员大多直接由举办者指派,没有教师选举的代表(校董)、学生选举的代表(校董)、校友选举的代表(校董)、社会人士代表(校董)作为董事会成员,参与学校重大战略决策,董事会决策基本上就是举办者决策。另外,我国民办大学校长没有行政级别,但是,民办学校内部的管理实行行政治校的,也很普遍。具体而言,就是由行政主导校内教育资源和学术资源配置,行政说了算,没有充分发挥教授委员会、学术委员会的作用。

据报道,西湖大学将设立董事会,校董会作为最高决策机构,实行董事会领导下的校长负责制。校长执行董事会决定,负责学校日常管理。同时设立监事会、顾问委员会、校务委员会、学术委员会和学位委员会等,按照章程和相关规定开展活动,形成董事会和校长依法行使职权、教师治学、民主管理、社会参与的大学治理体系。同时,学校将依法设立中共西湖大学委员会,党委书记通过参加董事会、校务委员会,参与学校重大事项的决策。从西湖大学第一次校董会看,学校正按董事会领导下的校长负责制运行,比如,由董事会任命校长,由校长提名副校长,董事会批准,等等,但也存在需要进一步解决的问题。

对于西湖大学如何落实校董会领导下的校长负责制,校董会主席钱颖一提出三条建议与校董们探讨:以制度为基础,按规则办事;给校长最大的治校空间;给教师最大的治学自由。① 这三条

---

① 严粒粒,王盈颖.杨振宁钱颖一任职校董会 许田、仇旻为副校长.浙江在线,2018-04-17.

都是建立现代大学制度的基本要求。现代大学制度的核心，就是清晰界定举办者（基金会）、办学者（董事会）、学校行政、教育者、受教育者的权责关系，要明确行政权、教育权、学术权必须分离。其中，最重要的是，要明确校长必须全身心投入学校管理，不能再从事学术研究，即西湖大学的校长应该是职业化校长。

作为著名的生物学家，施一公受聘担任西湖大学的校长，应该把所有精力都投向学校管理，不能再一边担任校长，一边从事学术研究、带博士生。对于一所新建的大学来说，如果校长不能全身心投入学校的管理，那很难将学校带入快速发展的轨道。不要说新建大学，就是已经成熟的大学，要当好校长，也得全身心投入管理。因为管理好一所大学，并不是一件轻松的事。从现代大学制度角度看，一名好校长，并不需要是一名杰出的学者，因为好校长的标准是：懂教育、懂教育管理，有很强的社会活动能力（能为学校招揽人才和拓宽财源）。而且，学者担任校长后不再从事学术研究，也是利益回避的要求，可以防止校长利用行政权谋求教育利益和学术利益，以及干涉教育和学术决策。

三、 西湖大学的改革是教育放管服改革的一部分

采用基金会办学模式建立现代大学制度，一方面需要西湖大学自身的努力，另一方面需要国家推进教育放管服改革。

西湖大学采用基金会办学模式主要取决于自身的努力，要建立专业的基金会运营模式。像美国哈佛大学基金会、耶鲁大学基金会，都是聘请专业人士运营，包括募集资金以及投资。值得注意的是，基金会投资也面临很大的风险，这就尤其需要大学基金会由专业人士运营。据统计，2016 财年全美大学收到的捐款总额达到

410 亿美元,高于 2015 年的 403 亿美元。在所有大学中,哈佛大学 2016 财年共筹集捐款 11.9 亿美元,在全美大学中名列首位。但尽管如此,哈佛大学仍然面临资金紧张的问题,原因是其捐赠基金的投资回报欠佳。在 2015 年至 2016 财政年度,哈佛大学捐赠基金遭受了 2‰ 的投资损失。① 国外大学基金会的运行模式和经验教训,值得我国高校学习、借鉴。

西湖大学推进校长职业化,规定校长不得再从事学术研究,以及建立教授委员会、学术委员会;在教育和学术管理中发挥教授委员会和学术委员会的作用,也主要靠董事会和学校师生的努力;要实现自主招生、自主办学,有更大的自主办学空间,则需要国家推进教育管办评分离改革,因为离开教育管办评分离改革,个体学校很难在自主办学方面有大的突破。当年南方科技大学的探索受阻,其实并不是因为其公办的身份,而是放管服改革遭遇现实阻力。2017 年 9 月,中共中央办公厅、国务院办公厅印发《关于深化教育体制机制改革的意见》。该意见指出,要坚持放管服相结合。深化简政放权、放管结合、优化服务改革,把该放的权力坚决放下去,把该管的事项切实管住管好,加强事中事后监管,构建政府、学校、社会之间的新型关系。② 因此,西湖大学的改革,从某种程度来说,是落实《关于深化教育体制机制改革的意见》,这不仅对学校办成一流大学很重要,也在为我国整体教育改革探路。

① 哈佛大学上财年筹款 12 亿美元投资亏损近 20 亿.彭博社,2017-02-07.
② 中共中央办公厅国务院办公厅印发《关于深化教育体制机制改革的意见》.新华社,2017-09-24.

如何让职业教育国家教学标准提升
职业院校办学质量？ [①]

2017年8月30日，教育部召开第二场"教育金秋系列"新闻发布会。教育部职业教育与成人教育司司长王继平介绍，我国职业教育国家教学标准体系框架基本形成，职业教育发展的重点正转移到内涵发展和质量提升。经过多年持续建设，我国职业教育领域基本形成了以专业目录、专业教学标准、课程教学标准、顶岗实习标准、专业仪器设备装备规范五个部分构成的国家教学标准体系。[②]

建立职业教育国家教学标准体系，对于我国职业教育的健康发展极为重要。这既是职业教育学校依法自主办学的重要依据，也是政府教育部门监督学校依法规范办学的依据。实施职业教育国家教学标准体系，关键在于，要以教育管办评分离的思想，理顺政府管理、学校办学和专业评价之间的关系。

我国职业教育近年来规模快速发展，据统计，目前全国共有职业院校1.23万所，年招生930.78万人，在校生2 680.21万人，中职、高职教育分别占我国高中阶段教育和高等教育的"半壁江山"。全国职业院校共开设近千个专业、近十万个专业点。但是，职业院

① 本文作于2017年9月。
② 孙竞.我国职业教育国家教学标准体系基本形成.人民网,2017-08-30.

校的办学质量和办学特色却令社会不满,包括职业教育办学者、教育者和受教育者,对职业教育的认同度都较低。

职业教育的发展必须从关注数量、规模到重视质量和特色,这就需要落实和扩大学校的办学自主权,包括专业设置自主权、课程设置自主权、教学自主权、顶岗实习自主权等,而在放权的同时,国家需要有监督高校依法自主办学的基本规范、标准,职业院校则需要建立用好自主权的机制。可以说,建立职业教育国家教学标准体系,主要目的就是解决这一问题。

一、 制定国家标准,有利于落实和扩大学校的自主权

为扩大高校办学自主权,教育部门改革了传统的高校专业设置审批制(即设置专业都要经过教育行政部门审批),调整为专业目录内的专业设置由学校根据专业培养实际,自行设置专业方向,无须备案或审批,只是要求专业方向名称不能与专业目录中已有专业名称相同;设置专业目录外的专业,仍采取审批制,要求高校申报。制定职业教育专业目录,就是为给职业学校自主设置专业提供指引。按照规定,学校设置专业目录内的专业,不需要备案和审批,自主设置即可,只有设置专业目录外的专业,才需要申请、审批。这样学校设置专业目录内的专业,就获得较大的自主空间。

设立职业教育顶岗实习标准也一样。这可解决我国一些职业学校组织学生顶岗实习十分随意,进而影响实习质量,侵犯学生合法权益的问题。近年来,媒体不断曝光一些职业学校强制要求学生到某一企业去顶岗实习,但专业不对口,实习环境恶劣,超时加班工作,把学生作为廉价劳务工。建立顶岗实习标准,就要求学校必须按标准实施顶岗实习,违反标准规定就要被追究责任。

近年来,我国高校自主推出了一些课程,比如中山大学的"哈利·波特与遗传学"、河源职业技术学院的"三国杀攻略教程";还开设了一些"奇葩"专业,比如小龙虾专业、高尔夫专业、彩票研究专业。这引起舆论广泛关注,社会舆论将这些课程称为"奇葩"课程,专业称为"奇葩"专业,教育部门也质疑高校滥用自主权设置专业。教育部职业教育与成人教育司司长王继平就说:"一些职业院校,不从专业目录当中选取专业,搞一些奇葩的专业,要注意防止这种倾向。现在有一种情况,有一些学校错误地理解了这种自主权,滥用了自主权,不从专业目录当中选取专业,瞎设专业,搞一些奇葩的专业,要注意防止这种倾向,这不是鼓励的。比如,有的学校开出了龙虾专业,不能够这样。专业的设置,如果在专业目录之外,不是不可以设,可以,但是要经过论证,专业目录之外的专业可以进行论证,并且经过相应的程序得到肯定,但是专业的设置是一件非常严肃的事情,是有科学性的,不能误人子弟。"[1]

这需要理性分析。按照目前的专业设置规定,目录外的专业设置并不是学校自己想设就设,更不能"瞎设",这是要经过审批的;只有专业目录内的专业设置,学校才有自主设置的权利。设置目录内的专业以及专业方向,才存在滥用自主权问题。

"小龙虾"这些专业名称显然不在专业目录内。如果学校招生时,确实是按这一专业名称招生,那属于专业目录之外的专业,是需要审批的,那么,问题随之而来,这其实并非学校自主设置专业,还属于教育行政部门审批设置专业,学校滥用自主权,从何说起?目前职业院校自主设置专业、选择专业方向,主要在教育部制定的专业目录范围之内,也就是说,滥用自主权应该发生在专业目录范

---

[1] 王诗堃.教育部职成司司长:不鼓励开设"龙虾专业"等奇葩专业.南方网,2010 - 08 - 30.

围内自主设置专业和专业方向时。而判断学校是否滥用自主权，主要依据不是专业名称和专业方向，而是学校设置专业的过程有无充分论证。

大学应该有自主办学权，包括自主设置专业、自主设置课程。之所以大家把这些由大学自主开设的专业、课程称为"奇葩"专业、"奇葩"课程，其实是对大学自主办学不适应——大家习惯了以一个模式评价大学，长期来，我国大学办学"千校一面"，同类大学的专业、课程都差不多。

评价大学开设这些专业、课程是不是科学、合理，不能只看专业和课程的名称，也不能站在"局外人"角度发表该开设还是不该开设的意见，而应该观察大学设置专业、课程的程序、机制，是由学校、学院的教授委员会、学术委员会，根据本校、本学院的办学定位、育人要求，在广泛听取全校师生意见基础上，经过充分论证设立，还是就由学校或学院行政领导、行政部门决定。只要是通过教授委员会和学术委员会论证设立的专业，不管外界觉得有多"奇葩"，都属于学校自主办学范畴，其他力量，包括政府行政部门和社会舆论，都不能干涉。即便大学"自主"开设的专业"中规中矩"，就是按照教育部的专业指导目录开设，但是没有由教授委员会、学术委员会论证、决策的机制，也并不科学和合理，属于学校没有用好自主权。

从媒体报道的信息看，所谓的小龙虾专业，并非在专业目录外，学校设置、由上级教育行政部门审批的专业，而只是专业目录之内的专业方向，具体专业为烹调工艺与营养（两年制）、餐饮管理（两年制）、市场营销（三年制）[①]。这些专业的学生，实行订单式培养，今后都到小龙虾企业就业。某种程度说，把专业方向称为"专

---

① 曹以成.潜江小龙虾"进军"高校培养专业人才.湖北日报,2017-03-24.

业"，是相关高校和合作企业在炒作，如果就按专业实质称"市场营销（小龙虾方向）"可能并不会引起舆论太多的关注，也不会冠以"奇葩"之名。但这也折射出学校想拥有自主权，办出有别于他校的特色专业的诉求。

二、 高校自主办学三要素： 政府放权、学校现代治理、社会尊重自主权

需要注意的是，标准只是解决基本规范问题，要提高职业教育质量，还需要在学校自主办学和社会专业评价上下功夫。落实和扩大学校的办学自主权，是我国正在推进的高等学校管理与办学改革的重要内容。这既要求政府彻底放权，也要求高校建立用好自主权的机制，以及社会舆论尊重高校的自主办学。从放权角度看，目前的放权远远不够，还应该取消对高校设置专业目录外的审批制，实行备案制。

从高校用好自主权角度看，一方面，高校并没有建立起完善的用好自主权的治理结构，比如没能建立能独立运行、进行教育和学术管理的教授委员会和学术委员会，使高校自主办学缺乏公信力。拿专业设置来说，专业目录为学校自主设置专业提供了依据，但是如果学校在具体办学中，就由学校领导根据专业目录设置专业，而不结合社会需求、本校的办学定位和条件设置专业，就会出现一窝蜂设置某几个热门专业的问题，导致职业人才培养和社会需求脱节。专业目录内的专业可以自主设置，但设置时，学校应该发挥教授（教师）委员会、学术委员会的作用，深入进行市场调研，广泛听取师生意见，进行科学论证。学校不能滥用自主权，把自主权理解为想怎么设就怎么设。顶岗实习也是如此，在组织学生进行顶岗

实习时,应该由学校的教学委员会评估实习单位是否具有顶岗实习的条件,制订顶岗实习教学方案。但有的学校就由学院或系的领导决定派学生到某一企业实习,结果出现企业和校方的利益输送,把学生作为"学生工"的问题。

另一方面,不论是政府部门还是社会公众,都还不懂得如何尊重高校自主办学,希望把自己对于高校如何开设专业、课程的意见,强加给高校,即大家更热衷关注高校设置了什么专业、什么课程,对专业、课程发表意见,而不是关注高校设置专业、课程的程序和机制。比如,对于小龙虾专业,不要用其名称来判断是否合理,而应该观察学校是通过怎样的程序和机制设立这一专业的,是否分析过社会需求,是否结合本校的办学定位和办学条件,论证如何开好这一专业,等等。

国外大学的专业和课程,按我国社会舆论的观念看,是更"奇葩"。比如:美国加利福尼亚州的奥科斯特丹大学开设了大麻种植专业,开设的课程包括法律咨询、电气工程和园艺;加利福尼亚州大学洛杉矶分校则将音乐学与性、女权主义、同性恋行为融合成一门单独的学科——同性恋音乐学,据报道,该专业的主要研究课题为"同性恋作曲家所做的旋律是否更能引起同性恋者的共鸣";康涅狄格大学则开设木偶学专业,还提供木偶学硕士学位课程。至于国内高校开设的"爬树课",美国康奈尔大学早就开设。

美国大学实行完全自主办学,大学设置专业和课程,均由学校教授委员会和学术委员会主导,教授有很大的自主权,有时学校行政想增设学科、专业,但因得不到教授的支持,而难以增设成功。像普林斯顿大学,至今没有很多综合性大学都有的法学院、医学院和商学院,不是学校董事会不想举办,而是学校教授和学生都反对举办,认为这会分散学校的办学精力,也难以把这些学科建设为顶尖学科。自主办学使大学有自己鲜明的个性特点。

我国高校近年来在走国际化办学之路，纷纷引进国外的教材、课程，但这是形式化的国际化。真正的国际化应该是借鉴国外大学的现代办学制度，即实行行政、教育和学术分离，这会让高校回归教育本位，坚持教育规律和学术规律。这是自主办学的重要制度基础。有了这一制度，不同的高校会有明确的办学定位，也会在自己的定位基础上争取办出特色和高水平。

拿职业院校来说，其办学定位应该是培养职业技术人才，以社会需求为导向设置专业，以就业为导向培养专业技能人才，即社会需要什么，职业院校就供给什么。对于实行通识教育的综合性院校和文理学院，其办学定位应该是进行精英教育，不以社会需求为导向，而坚持本校的办学传统，以能力为导向培养具有雄厚基础能力和素养的人才，即大学不是功利地围着社会需求转。

目前，我国大学没有充分的办学自主权，因此，大学的办学定位并不清晰，职业院校不安于职业教育定位，综合性院校则沦为"职业培训所"，社会对不同定位的高校的评价也模糊不清，会以对通识教育学校的定位评价职业院校开设专业、课程，以职业教育的定位评价通识教育的教育教学。这导致高校的人才培养质量和结构与社会需求脱节。

促进落实和扩大高校办学自主权的改革深入推进，我国教育领域和社会需要改变的还有很多。不论是政府部门、学校，还是社会舆论都要转变原来的计划办学思维，形成自主办学的新思维。为此，落实职业教育国家教学标准体系，一方面，需要教育行政部门监督学校执行标准，针对学校不按标准设置专业、实施顶岗实习等问题，要依法要求学校纠正，并追究校方责任，像对学校一再违反标准规定，违规组织学生顶岗实习，可以建立黑名单制度，要求学校减招、停招，并向社会公布学校的违规办学信息；另一方面，要推进学校建立用好包括专业设置、课程设置、教育教学自主权在内的办学自主权的机制，这主要是推进学校进行内部治理改革，建立现代治理结构，尤其是要建立能独立发挥作用的、对学校教育和学术事务进行管理和评价的教授委员会和学术委员会。

　　另外，职业学校的具体办学质量如何，不能再由行政部门评价，而需要进行专业评价和社会评价。简单来说，教育部门制定并实施国家标准，这是对所有学校的共性标准，或者说合格性标准，教育行政部门可以对学校进行执行标准检查，但在落实标准基础之上，学校办得如何，需要实行专业评价和社会评价，尤其是来自用人单位和受教育者的评价。职业教育要面向社会需求，以就业为导向办学，职业学校要根据用人单位对职业教育人才质量的反馈和社会需求的变化，及时调整专业、课程和教育教学方式，以培养适应社会需求的高素质职业技术人才。

去利益化，才能让院士评审回归学术本位^①

美国当地时间 4 月 30 日,美国国家科学院公布新入选的院士名单,共有 100 名美国本土科学家以及 25 名外籍科学家入选。中国女科学家颜宁入选 25 名美国国家科学院外籍院士名单。

两年前,颜宁落选中国科学院院士;在两年后,却被选为美国国家科学院院士。这引起国内舆论广泛关注。其实,虽然都被称为"院士",当选美国科学院院士和我国科学院院士,所享有的待遇和学术权利却是不同的。在美国,当选院士,只是一个学术荣誉,并没有与之对应的待遇和高于其他学者的学术特权;而在我国,院士本来也只是最高学术荣誉,可是存在比较严重的利益化问题。由于院士"利益化",申报院士和发挥院士作用都和国外院士很不同。我国要进一步推进院士制度改革,剥离院士头衔附加的利益,让院士回归学术荣誉。

在我国,媒体曾报道申报院士存在的包装、跑要现象,这是因为当选院士,不只是个人的利益,也是所在单位的成就。虽然我国已经改革院士申报制度,不再由申请人所在单位推荐(取消单位推荐渠道),但由于这背后的利益问题,不由单位推荐,并不意味着院士申报就变为学者自己的事。

在美国等发达国家,评选院士是由学术共同体根据学者本人的学术成就,完全按学术标准进行。在院士评选中,并无跑要等问题。原因是,当选院士并不能为本人带来特殊待遇和利益。在学术活动中,院士是和其他学者平等竞争的。不要说院士,就是诺贝尔奖获得者,也无高于其他学者的学术特权。

这种院士制度是有利于激励学者追求学术荣誉的,也就是说,院士头衔是对学者学术贡献与能力的肯定,而且学者在当选院士后,也不会因有院士这一"帽子"而一直站在学术最顶端,这有利于营造平等的学术竞争环境。因此,虽然有院士制度,但这是学术机构的学术荣誉制度,不存在为获得院士头衔而产生的追名逐利问题。

但在我国,一名学者当选院士后,不但获得一定的经济待遇、福利保障,还马上就获得高人一等的学术权力,不但是重大课题的负责人,还是很多重要评审的负责人。这种利益机制,也就难以避免在院士评审、使用中出现追名逐利的问题。更重要的是,在这种利益机制的带动下,整体学术评价都存在头衔化、利益化的倾向,与每一项人才计划对应,都有一个学术头衔,学术头衔给学者带来具体的学术利益,学术研究变为争夺头衔,获取学术资源的游戏。

针对院士利益化问题,我国近年来也在对院士制度进行改革,包括建立院士退休与退出机制,但是,这并没有真正涉及利益化问题。如果当选院士没有任何特殊利益,院士退不退休有什么关系?如果院士就是学术荣誉,院士的行为破坏了学术荣誉就应该取消这一头衔,这是正常的学术原则,何须建立专门的退出机制?近年来,社会舆论特别关注院士当选年龄,可如果是学术荣誉,年龄并不是问题,大家之所以关注年龄,是因为当选院士后,院士们有更大的学术话语权。

怎么推进院士去利益化? 这并不需要学习国外,中国科学院、工程院评选外籍院士,就只是荣誉。当选外籍院士者,只有学术荣誉,并无相应的待遇。根据规定,外籍院士只有取得中国国籍,才享有院士同等义务、权利及有关待遇。那么,为何不像对待外籍院士那样,要求所有院士都没有特殊待遇呢?

我国正在推进学术评价改革,要求破除"五唯"——唯论文、唯帽子、唯职称、唯学历、唯奖项,推进院士去利益化,也是破除"五唯"。可以说,院士是当前最大的学术"帽子",要以院士去利益化带动我国整体学术评价改革,让学术摆脱争名逐利,回归学术本位。

以取消二级学院行政级别，
推进提高大学的现代治理能力①

　　近日，山东省政府办公厅出台《关于推进新时代山东高等教育高质量发展的若干意见》（以下简称《意见》），明确用 10 年左右时间，实现 2—3 所高校在若干学科领域达到世界一流水平，20 所左右高校在同类型高校中达到国内一流水平，40 个左右学科达到国内一流水平。《意见》提出，逐步在全省高校取消二级学院院长、副院长行政级别，推动高校完善院长选聘制度。

　　山东省从 2016 年起，就在省内进行全省高等教育综合改革。当年有 8 所省属高校启动取消二级学院行政级别试点，省属高校二级学院及领导人员取消行政级别后，机构编制部门不再核定二级学院领导职数，由试点高校根据办学规模、教职工数等，按有关规定研究提出二级学院领导人员配置数量。二级学院领导人员及其他管理人员，实行职员制，可暂参照相应的事业单位管理岗位级别进行管理。因此，这次《意见》提出"逐步在全省高校取消二级学院院长、副院长行政级别"，并非新的改革措施，而是将此前的试点推向全省范围。期待这一改革在山东取得成功，同时全国其他省市也可借鉴山东做法。

---

① 本文作于 2019 年 4 月。

　　值得注意的是，和之前"取消二级学院行政级别"的试点不同，这次《意见》明确的是取消二级学院院长、副院长行政级别，也就是说，学院的行政级别有可能继续保留，只是取消院长、副院长行政级别。如果如此，取消学院行政级别的改革，相比试点实际有所退步，这可能是结合实际做出的选择。有改革的行动总比没有改革好，我国高校要提高办学质量，建设一流大学、学科，必须建立现代大学制度，而取消学校的行政级别，实现教育家办学，是必由之路。

　　对于取消高校的行政级别，我国已经达成共识，2010 年颁布的《国家中长期教育改革和发展规划纲要（2010—2020 年）》明确："随着国家事业单位分类改革推进，探索建立符合学校特点的管理制度和配套政策，克服行政化倾向，取消实际存在的行政级别和行政化管理模式。"随后，2013 年 11 月发布的《中共中央关于全面深化改革若干重大问题的决定》提出："加快事业单位分类改革，加大政府购买公共服务力度，推动公办事业单位与主管部门理顺关系和去行政化，创造条件，逐步取消学校、科研院所、医院等单位的行政级别。"

　　但是，取消学校实际存在的行政级别的改革却面临现实的阻力和困难。一方面，以上这些要求取消学校行政级别的文件，都没有明确取消行政级别的具体时间节点，因此，各地在落实时，并没有紧迫感。另一方面，客观而言，取消学校的行政级别，是和调整政府管理学校的思维和模式紧密一体的。也就是说，要取消学校的行政级别，就需要建立新型的政府管理学校的方式，如果不调整学校管理学校的方式，很多人担心就是取消行政级别，也无法解决学校办学的行政化倾向，同时，还可能导致学校的地位更低。

　　山东取消二级学院院长、副院长的行政级别，并没有引起舆论多大的反应，就是因为后一方面原因。在取消二级学院院长、副院长的级别后,学校还有行政级别,因此,政府部门管理学校的方式可能会和以前差不多,进而学校管理二级学院的方式也不会有根本的调整。对于二级学院的院长、副院长,在取消行政级别后,会套用行政级别管理,这和中小学校长实行职级制一样,在取消行政级别后,还是参照级别进行管理。为此,山东高校要在取消二级学院院长、副院长行政级别后探索出新的校内治理模式,由此让观望者看到改革的成效。

不少人认为,是否取消学校的行政级别,并非大学去行政化的关键,其关键在于改革政府管理学校的方式。但问题是,如果学校有行政级别,政府部门就会把学校作为一级行政部门对待,就难以转变管理学校的思维和方式。像学校校长的遴选,就会按照副部或正厅级别干部的要求遴选,还会按干部的要求考核、评价、管理校长,包括实行校长任期制和轮换制。在发达国家,只要学校董事会(理事会)觉得校长胜任,校长就可长期任职;校长长任期制,甚至是建设一流大学的经验。但在我国,校长在干完两个任期之后,按规定必须轮换。我国在2012年也曾试点过公开遴选校长,但只试点过五所学校,没有再推进。毫无疑问,校长的行政级别是实行校长公开遴选,以及进行考核、评价、管理难以绕开的一个核心问题。取消行政级别的改革很难,但再难也要啃下这块硬骨头。从这一角度看,山东的改革张开了啃硬骨头的第一口。

《中国教育现代化2035》提出:要推进教育治理体系和治理能力现代化;提升政府管理服务水平,提升政府综合运用法律、标准、信息服务等现代治理手段的能力和水平;提高学校自主管理能力,完善学校治理结构,继续加强高等学校章程建设。这要求必须切实转变政府管理学校的方式,坚定推进克服行政化办学倾向的改革。

乡村教育现代化
——乡村教育理念

- 分数公平对农村学生真公平吗？
- 高考"网红"与贫困生的命运
- 该从"浑水煮面"事件中读懂什么？
- 实行教育精准扶贫，需要改变传统的"锦标主义"教育政绩观
- 绝不能把"教育移民"作为农村教育战略

分数公平对农村学生真公平吗？[①]

2018年高考后，澎湃新闻向全国"学霸"考生发去了一份"2018年高考学霸问卷调查"。调查结果显示，农村户籍考生占比不足一成，27人中仅有2人来自农村，其余均是城镇户口。但在2017年，接受澎湃新闻问卷调查的40名学霸考生中，则有6位来自农村。

一、 重点大学农村学生比例低的根源： 农村学生高考分数低

对于这项调查，有不少网友为成为"学霸"的农村学生的自强自立的点赞，并提及只有坚持当前的按分数录取的高考录取制度，才能给农村学生上升的通道。为农村学生的奋发精神点赞是人之常情，可是不管任何时候，面对任何事实，都不经思考地就说要坚持现在的按分数录取的制度，是一种惰性思维。

事实上，根据农村学生的高考成绩，在按分数录取的制度下，农村学生根本无法与城市学生竞争。按单一分数标准录取学生，恰恰导致农村学生考进重点大学的比例下降。继续坚持这一录取制度，只能让农村学生的升学路越走越窄。给农村学生公平的升

---

① 本文作于2019年3月。

学环境，必须打破单一的分数评价制度，建立重视学生成长环境、过程的综合多元评价体系。

我国从 2012 年起，组织实施面向贫困地区的定向招生专项计划。之所以推出这项计划，是因为农村学生占我国重点大学学生的比例逐渐下降。针对农村学生占重点大学学生的比例下降，很多人质疑，这是高校在招生时"嫌贫爱富"，甚至把这归于高校实行的自主招生改革。但在按高考分数录取的制度中，高校怎么做到"嫌贫爱富"？我国高校的自主招生改革试点始于 2003 年，名额只占试点高校招生计划的 5%，而且在自主招生中，还有专门针对农村贫困生的"自强计划""圆梦计划"等。农村学生进重点大学的比例下降，根本原因是高考分数比城市学生低。调查显示，我国农村学生的高考成绩平均比城市学生低 40 分。拿这样的高考分数参加高考录取，结果必然是，随着高考升学率提高，大部分的农村考生被地方本科院校和高职院校录取，进入重点大学的比例很低。有关调查显示，2000 年到 2010 年，考上北京大学的农村子弟只占一成左右。在清华大学 2010 级学生中做的抽样调查显示，农村生源占总人数的 17%。而当年高考中全国农村考生的比例是 62%。对于农村学生占重点大学比例低，也有人认为是我国农村人口比例下降所致，但毫无疑问，重点大学农村学生比例下降的速度，远远超过了农村人口下降的速度。

实施国家扶贫定向招生计划是针对农村贫困生的补偿计划，即采取单列计划的方式，面对农村学生、贫困地区招生。2017 年，我国国家专项、高校专项和地方专项三大专项计划，一共录取了农村和贫困地区的学生 10 万人。这扭转了重点大学农村学生比例持续下降的趋势。如果没有实施这一计划，按照考生的分数来录取学生，可以预见，农村学生进重点大学的比例将更低。

二、 应试教育对农村学生的负面影响更大

在谈到高考制度改革时,有一种比较流行的观念是,素质教育只适合城市学生,不适合农村学生,如果不搞应试,农村学生怎么与城市学生比拼?在农村学生的高考分数远低于城市学生时,还一味强调应试,认为这是农村学生的出路,实在令人匪夷所思。其实,应试教育模式对农村学生的负面影响更大。

首先,在应试教育模式下,地方政府关注的是升学政绩,因此,对一些薄弱的乡村学校并不重视,而是重点投入能出升学政绩的城镇学校,这导致农村学生和城镇学生的差距更大。近年来,有很多农村家庭想尽办法送孩子到城镇学校读书,农村学校办学难以为继,就是这一原因。

其次,为提高高考分数,城市家庭普遍送孩子去各种培训班,但农村家庭由于条件限制,没办法送孩子接受课外辅导。考虑到孩子的竞争实力,有的农村家庭对孩子的规划是:如果能考上好一点的大学,继续读书;如果考不上好一点的大学,就干脆不读高中,甚至在初中辍学。更重要的是,由于乡村学校的办学也围绕升学进行,不对学生进行升学知识之外的其他教育,如生活教育、生存教育。学校教育给学生灌输的成才理念是,考上大学逃离农村才是成功,所以,当升好大学无望时,有的农村学生和家长就觉得读书无用。接受乡村教育的学生,鲜有立志用自己所学的知识和能力建设乡村的。就这样,在我国中西部农村地区出现新的"读书无用论"。根据《2017 年全国教育事业发展统计公报》,我国义务教育巩固率为 93.8%。如何切实降低农村地区的辍学率,成为我国发展教育必须啃的硬骨头之一。

拓宽寒门子弟成长的道路，让他们更好地成长，不是坚持现在的按高考分数录取的考试招生制度，也不是坚持学校办学的升学教育模式，而需要推进高校自主招生，建立多元评价体系。但对于自主招生、建立多元评价体系，很多人的第一反应就是"不行"，这样农村学生更没有空间与出路了。不得不说，这是对自主招生和多元评价体系的误解。

三、 以多元评价体系，给农村学生更大的成长空间

推进高校自主招生，对于农村学生、贫困学生来说，只会增加录取机会，而不是相反。在单一的按分数评价的录取制度中，高校只能按分数录取学生，农村学生比例下降是农村学生分数低的结果。而对于重点大学自主招生，我国完全可以确定农村学生比例不低于30％的要求，这样，高校在招生中就会针对农村学生建立和城市学生不一样的评价标准体系。在美国，评价学生的指标就包括地区教育因素、家庭教育因素指标，而如果没有自主招生，这些指标是不会纳入学生评价中的。

对于多元评价，不少人想到的是竞赛获奖、出国游学等特长、综合素质评价，这是对多元评价的误解。多元评价的核心实质是过程性评价，强调对学生成长过程的关注。举例来说，在美国大学的招生中，一名学生 SAT 成绩一般，高中课程成绩大多是 B，但这名学生和 SAT 高分、高中课程成绩为 A 的学生一样被录取了。学校的理由是，这名学生家庭经济贫困，父母文化程度低，他在学习之外，还花时间打工挣钱，参加社区服务，能获得这样的成绩已经足够优秀。虽然对此，也有高分学生家长（尤其是亚裔家庭）反对，认为是逆向歧视，但是美国很多高校都坚持这样的评价标准，

认为这样的录取标准能更全面、客观地评价学生,而且大学的教育对这些学生能起到更大的改变人生命运的作用。

我国高校也需要推进这样的多元评价。必须承认,当前高校推进的综合素质评价改革还比较重视对学生的"结果评价",即看学生提交的各项学习成果,这给社会传递的多元评价观并不正确。因为按照这样的综合评价方式,农村学生、贫困家庭的学生就会吃亏,怎么有钱去玩城市学生玩的出国游学、课题研究等?多元评价应该重视对学生的过程性评价。

实施重视过程的多元评价,关键在三方面。其一,大学要建立独立的招生委员会,制定学校的招生标准,并向社会公开。即虽然是多元评价,但并非没有标准,每一项标准以及按照这一标准对学生的评价都是公开的。其二,中学要对学生的成长进行写实性评价。有人担心这根本做不到,那是基于之前的高考录取制度之下的高考加分、保送生操作而言的。在全面推进多元评价之后,中学需要建立针对多元评价新的教育教学管理和评价体系。其三,社会要转变传统的"分数人才观",不能以分数高低来论评价是否公平,否则就没有建立多元评价体系的必要了。我国硕士研究生和博士研究生的招生,在最初实行笔试加面试的改革时,舆论也经常质疑为何笔试第一名没有被录取,现在这种质疑声已经减少了,只要学校坚持程序公平、正义,每一个环节都能经得起推敲,那么,多元评价的公信力也就会形成。

我国的高考改革不能一直在原地兜兜转转,尤其需要注意的是,不能拿寒门子弟说事,最终却服务于城市学生。诸如我国一些地方的超级高中,就拿寒门子弟说事,认为这是给农村学生、贫困学生提供改变命运的机会。然而,进一步深入了解这些超级中学的生源,就会发现,这哪是寒门子弟,而是来自全省各城市的学生。

面对高考"学霸"不到一成是农村学生的现实，不能再有"分数公平"的幻想了，这只是表面的、脆弱的公平，没有过程公平，也无实质公平。

大学建立多元评价还有一个好处是，可以通过学生和学校双向选择，促进大学招收适合本校的学生，提高办学质量。这也给学生提供了更多选择，不只是盯着少数大学。一个不可回避的现实是，如果学生的选择就只盯着少数重点大学，那么，能通过考进好大学"改变命运"的学生只是少数，更多的进入普通院校的学生则觉得前途迷茫。大学的多元评价，学校和学生的双向选择，才能构建多元办学局面，给学生多元选择。

高考"网红"与贫困生的命运①

每年高考结束后,有关寒门子弟考进北京大学、清华大学的话题,都会引起舆论关注。2018 年也不例外,来自云南的崔庆涛因接到北京大学录取通知书时,正在工地上干活,迅速成为寒门学子励志的"网红"。

一、是阶层固化还是观念固化?

一名学生在工地上拿到录取通知书,被媒体报道后成为"网红",令人十分诧异。网友甚是感慨,其能考上北京大学居然还要打工吗? 如果是这样,那表明整个社会的成才观已经扭曲。正常的成才观应该是,任何学生高考后,都应该打工挣钱,一方面了解社会,一方面为上大学挣学费,而不是再依靠家庭、父母。对于农村学生、贫困学生来说,更应该如此。在美国,很多学生不管来自怎样的家庭,在 18 岁成人考上大学后,就自己打工挣钱或通过贷款解决自己的学费,而不再依靠父母。像美国,国家助学贷款不只针对贫困生,而是所有学生都可申请,这是一种鼓励所有学生自强、自立的制度安排。

---

① 本文作于 2019 年 3 月。

近年来,在谈到"寒门难出贵子"时,有评论指出,这不是阶层固化,而是观念固化,即导致"寒门难出贵子"的重要原因是,不少贫困家庭父母对子女没有良好的家庭教育,而且贫困学生也"养尊处优",放弃努力与奋斗。当比你富裕的家庭的孩子都在努力奋斗,且利用假期时间去打工兼职时,你却在那里抱怨别人比自己有更好的家庭条件,而不努力奋斗,这怎么能改变自己的命运?

不得不说,这是不可忽视的重要原因之一。这次舆论因寒门子弟在工地打工就很感慨,可在 20 年前,农村学生一边做农活一边学习考上名校的并不鲜见。或许有人会说,农村学生与城市学生相比,学校教育薄弱,必须一心一意用在学习上,否则怎么和其竞争? 这一因素当然要考虑,但是,认为农村学生什么农活、什么家务活都不要做,是错误的教育观。从某种程度说,这是我国寒门子弟的竞争能力越来越差的原因。一所学校对新生的跟踪调查显示,有的来自农村贫困家庭的学生吃苦精神还不如城市家庭的学生,而且实施国家扶贫定向招生计划高校专项的学校,在对贫困生进行学校测试时发现,不少贫困生很少做家务,几乎没有做过农活。

一个学生的成长除了知识教育,还有生活教育、生存教育、生命教育这些对未来成长十分重要的教育。只关注知识学习,对于农村学生和贫困学生来说,必然会产生不可回避的问题:如果考不上理想的大学,缺乏这些教育,怎么融入社会? 现实是,有的农村学生感到自己考不上理想大学,就在初中选择辍学。而能考上重点大学的学生毕竟是少数。即便考上理想的大学,如果缺乏自立自强的意识与能力,大学毕业找不到理想工作的农村学生也不在个别。

我国农村学生、贫困学生因家庭贫困,会影响他们接受教育的机会,这是国家和社会必须关注的。今年的政府工作报告提出,要发展公平而有质量的教育。对于农村学生、贫困学生来说,公平的教育包括起点公平、过程公平与结果公平,这不仅要求通过有关提高农村学生录取率的专项计划提高农村学生进重点大学比例,更需要办好乡村教育,提高乡村教育质量。在给农村学生创造公平的教育环境的同时,需要寒门子弟有自立自强的意识。如果有一天,社会舆论不再给工地打工(兼职打工)的高考生点赞,这成为所有农村、贫困学生,甚至所有我国高中学生的共同选择时,那我国的成才价值观才回归正常。贫困学生通过社会与个体的努力,也拥有光明的发展前景。

我国正在推进精准扶贫,精准扶贫的一项重要内容就是教育扶贫。给贫困家庭学生创造平等的教育环境,实现教育的起点、过程与结果公平,是我国社会应该坚持不懈追求的教育公平目标。相对于城市学生来说,我国农村家庭学生、贫困学生享有的教育资源并不公平,因此,应该加快推进教育公平。

二、 名校情结不会给贫困学生出路, 反而会堵死出路

舆论关注寒门子弟通过高考"改变命运",其实是在不自觉中再一次固化整个社会的名校情结,以及重申"高考改变命运"。只有消除"名校情结"和淡化"高考改变命运",才能真正拓宽我国农村学生、贫困学生的成长空间。我国近年来的教育改革和高考改革,都在努力消除"名校情结",但显然,社会舆论并没有跟上。

从 2014 年启动的新高考改革,明确取消高考录取批次并实行分类高考。取消高考录取批次,其目的是消除大学的身份标签,不再有所谓的"一本""二本",这一方面令大学平等竞争,另一方面拓

宽学生的选择，不只盯着所谓的"一本"院校。众所周知，我国社会存在很浓的"名校情结"，对于城市家庭而言，与"名校情结"相伴的是教育焦虑，很多学生的成长路可以用"从幼儿园开始准备高考"来概括，学生学业负担沉重。对于农村家庭来说，与"名校情结"相对的是新的"读书无用论"，在不少农村家庭和学生看来，只有考上"一本"（重点）院校，才能找到好工作，进而改变命运；如果考不上好大学，就干脆不读高中，进而初中辍学，并放弃努力奋斗。现实是，在我国农村地区，初中"问题学生"增多，学生读书意愿不强，辍学问题颇为严重，今年的政府工作报告明确提到要降低农村义务教育辍学率。

很显然，如果继续强化"名校情结"，将难以消除城市的教育焦虑，对于农村学生、贫困生来说，他们的读书路将更艰难。一个极为简单的道理是，能考上名校的学生有多少？以考上名校作为寒门子弟的求学目标，不管寒门子弟多努力，国家再怎么增加对贫困生的重点大学招生计划，最终都只是少数人能考上，更多的寒门子弟会被这样的升学竞争边缘化，找不到人生的发展方向。农村贫困家庭在孩子成绩好的情况下，会送孩子学习，但孩子成绩一般或者不好，都可能面临家庭不支持读书的困境。近年来，在讨论农村贫困生问题时，有分析指出，农村学生、贫困学生的自我要求不高，是城乡学生存在差别的重要原因，这并非学生个体的问题，是其身处的教育环境和家庭环境使然。

不少舆论在分析贫困家庭孩子的上升通道时，都提到需要坚持现在的高考制度。但事实上，我国基础教育以升学为主导的教育模式，正让乡村教育变得越来越尴尬，在升学教育模式之下，资源更丰富的城市学校，学生的考试成绩会优于农村学校，因此，很多农村家庭抛弃乡村学校，送孩子到城市读书，乡村学校变得凋敝。但是,能考上名校的学生最多只有前10％,能进北京大学、清华大学的只有所有学生的万分之五不到。随着孩子年龄增大,很多乡村家庭就不再对子女求学报希望,任孩子"自生自灭",那些由于无法送孩子进城读书的家庭,对子女的教育更为不重视。

只有改变这种升学教育模式,让农村学生、贫困学生体会到读书本身的价值,才能让农村家庭、贫困家庭重视教育。简单来说,读书不应该以升学为唯一目标,也不能再寄望所谓的升学改变命运,而应该重视读书对自我能力的提高,对于更多农村学生、贫困学生来说,通过教育,掌握改善生活的技能,其实比获得一张文凭更重要。我国推进的农村学生中职免费政策,"知识＋技能"的技能型高考,都希望扭转社会的观念,可社会观念依旧停留在"学历社会""名校情结"上。另外,改变这种模式,对所有其他学生,包括城市学生和农村成绩优秀的学生,都有重要意义,他们接受教育,将不再是为了考大学,而会在知识教育之外,得到对未来发展有用的生活教育、生命教育、生存教育等,这些教育对他们成为优秀人才十分重要,因为高考考上名校并非求学的终点,也非人生成功。如果有这样的教育,那高考考上大学的学生到工地打工,就不是什么个例,是很正常的事。是"富养"还是"穷养"孩子,近年来争论不休。其实,"富养"或"穷养",都是从物质给予角度考虑家庭教育,但家庭教育最重要的是做人的教育,要教育孩子不管家庭环境如何都必须自强、自立。穷人的孩子早当家,不是因为穷,而是家庭教育告诉孩子自立自强;一些贫困家庭的孩子也好吃懒做,成为问题孩子,是因为缺乏良好的家教。对于城市家庭来说,要孩子成才,不能只是一味地给予物质,而是需要对孩子进行生活、生命与生存教育。

这需要我国进一步推进教育评价改革和人才评价改革,以推进社会形成新的教育观和人才观。尤其是人才评价改革要彻底打破"唯学历论"，纠正用人单位在招聘时的学历歧视。社会舆论应该意识到多元评价体系、多元成才选择对每个学生个体成长的重要意义，要走出"名校情结"。在多元选择、多元成才的环境中，所有学生，包括农村学生、贫困学生，才可能享有公平而有质量的教育，并找到适合自己的人生发展道路，为之努力。

该从"浑水煮面"事件中读懂什么? ^①

  "浑水煮面"事件,不经意成为这次云南地震舆论关注的一个焦点。这件事其实很简单,前方记者陈述的是"浑水煮面"的事实——灾难发生,物资供应不上,缺乏净水,只有浑水煮面——但观者的观感不同,有的认为这是摆拍作秀,怎么可能用浑水煮面呢?还有的则担心军队的后勤补给、应变能力,包括"辟谣"这是假新闻者,也觉用浑水煮面不可能,会影响士气。

  这种舆论的反差,有一个共同的基点,即大家都承认浑水是不能用来煮面的——这确实也是基本的生活常识——后来,更多的人接受了一个现实:地震之后由于道路损坏,物资一时之间供应不上,只能用浑水煮面,这完全可以理解。据媒体报道,当天的煮饭者之一说:"看官兵们太辛苦了,我们着急,只能烧开水泡面,就用学校食堂的锅搭了两个临时灶台。方便面有官兵自带的,也有我们学校的。我担心水不干净,还特意往锅里加了很多生姜。学校里有些白菜,本来我切了要炒,看到大家太饿了,顾不上,也直接放水里煮了。"

  但大家却没有去深究乡村饮水问题:在我国乡村地区,居民和学生的平时用水情况究竟如何?除了这次地震灾后用浑水之

---

  ① 本文作于2014年8月。

外,以前是否也有时饮用浑水? 在城市、发达地区已经形成"浑水不能喝"的常识时,在多少乡村地区,"喝浑水"却并不是一件大不了的事。也就是说,浑水不能喝的常识在乡村地区可能还没有成为常识。在各界的关注下,灾区已经用上净水,但乡村地区,尤其是乡村学校的饮水问题,更需关注。

其实,在 2010 年云南旱灾时,就有媒体报道云南南华县洒披武村小学生喝脏水的新闻,因为缺水,学生们很久不洗手了,吃饭后只能到河里或几近干枯的井里打些浑浊水来解渴。照片被各大网站转载后,不少网友称看着让人想哭。这是旱灾的特殊情况。媒体报道之后,有企业送上了净水设备,让孩子们喝上了净化饮用水。当地政府也拨款给该村打井。——饮用过井水的人都清楚,一旦连续多天下大雨,井水就可能浑浊不堪,引用的井水就可能是浑水。

喝浑水、脏水,显然是特殊情况下的不得已而为之,"看着让人想哭"的网友们是否知道,这些孩子平时喝的水,有多少是有安全保障的呢? 来自权威部门的数据是,我国自 2005 年启动农村饮水安全工程建设以来,到"十一五"末已解决 2.21 亿农村居民和 1 870 多万农村学校的饮水安全问题,而按照"十二五"规划,2014年至 2015 年两年尚有 1.1 亿农村居民和 1 535 万农村学校师生饮水安全问题需要解决。这些农村居民和农村学校师生多数居住在自然条件差、农村饮水安全工程建设成本高的地区,建设难度较大。

国务院关于保障饮用水安全工作情况的报告也指出,我国农村集中式供水人口受益比例还不高,除原调查评估核定剩余饮水不安全人口外,由于部分地区水源变化、水质污染、生活饮用水卫生标准提高、早期建设工程老化报废、移民搬迁等原因,又新增了部分饮水不安全人口。一项针对广西柳州城郊农村学校的调查显示，该市就有 4.289 2 万农村学校师生处于饮水不安全状况。大多数学校的饮用水微生物指标不合格，农村学校自备生活饮用水水质较差，卫生安全存在较大隐患。多数是未经净化消毒的。水中微生物指标不合格，极易导致肠道传染病暴发流行。

这些或许是生活在城市中的人所不能理解的，他们或以为在中国所有学生都已经喝上安全的自来水，但现实却不是如此，如果简单以城市思维去思考我国教育发展问题，会出现比较大的偏差。比如，对于有的地方花亿元建豪华小学，有舆论赞扬这是真正重视对教育的投入了。重视对教育的投入不错，但不能比赛花钱，建豪华校园形象工程。学校应达到基本的办学标准，给学生舒适的校园，但不能太奢华，钱更应该花在"刀刃"上。国家要加大对中西部贫困、落后地区学校的投入，加强学校的基本设施建设，政府不能只做锦上添花的事，更应该雪中送炭，解决一些薄弱地区学校的基本生存和发展问题。

在政府加大投入之外，对于乡村学校的用水安全，还需要社会力量参与监督与引导。需要注意的是，有的乡村学校就是用上了自来水，但多年不清洗水箱，对学生的安全卫生教育也不重视，在乡村地区，"不干不净，吃了没病"的观念并没有消除，因此，不但要对学生进行安全教育，还要提高学校教师的安全、卫生意识。对此，社会公益机构应该多介入，就目前情况来看，很多社会机构对这些基本的问题关注并不多，想当然认为这些问题已经解决。从国家统计数据看，要解决乡村学校的安全饮水问题，还任重道远。

"浑水煮面"可以引发全国关注，可乡村学校长期的不安全饮水问题却被忽视，这不是讽刺吗？

实行教育精准扶贫，
需要改变传统的"锦标主义"教育政绩观①

　　最近,教育部印发《教育系统扶贫领域作风问题专项治理实施方案》(下文简称《方案》),要求深入组织开展教育系统扶贫领域作风问题专项治理,用作风建设的成果促进各项扶贫举措的落实,标本兼治构建扶贫领域作风建设长效机制,推动教育系统扶贫领域作风明显改善,确保如期完成教育脱贫各项任务。

　　这一《方案》指出教育扶贫中存在的诸多问题,包括:义务教育控辍保学工作落实不力,工作机制不健全,责任分工不明确,辍学学生情况掌握不准确,劝返措施不得力,效果不明显;建档立卡贫困学生资助不精准、不到位,资助档案管理不规范;《教育脱贫攻坚"十三五"规划》《深度贫困地区教育脱贫攻坚实施方案(2018—2020年)《推普脱贫攻坚行动计划(2018—2020年)《职业教育东西协作行动计划(2016—2020年)》及实施方案等制度性文件落实不到位,推进力度不够;高校扶贫聚焦精准扶贫不够,高校自身优势未充分发挥,面向定点扶贫县政策措施针对性不强、力度不够;等等。

　　李克强总理在政府工作报告中提出,要切实降低农村学生辍

---

① 本文作于2018年3月。

· 266 ·

学率。结合《方案》提到的教育扶贫存在的问题,要切实降低农村学生辍学率,提高教育扶贫效率,需要地方政府与学校意识到教育扶贫的重要意义,而这需要从根本上扭转传统的教育政绩观。

我国部分地方政府、学校在教育扶贫中主动作为不够,对脱贫攻坚中出现的新问题不重视、不解决或者推诿扯皮,这是有原因的。虽然扶贫攻坚也是一项十分重要的工作,但是对于地方政府教育部门和学校来说,抓当地的高考升学率以及学生的成绩,是比这更重要的工作,甚至可以说,升学政绩在一些地方可以"一俊遮百丑"。对于高校来说,学校的科研成果、学术论文政绩是第一位的,本校的人才培养都为之"让路",要花精力到扶贫上,是不太现实的,这就会出现形式主义、形象工程。

我国部分教育管理者和学校办学者的教育政绩观,是"锦标主义"教育政绩观。在"锦标主义"教育政绩观支配下,基础教育和高等教育的资源配置都采取"锦上添花"方式,越是好的学校,获得更多的教育资源。把优质资源集中在少数优秀学生、优秀人才身上,以获得"锦标"。这种"锦标主义"价值观是不太重视普通学校、薄弱学校的建设的,也不太愿意把经费、精力用在扶贫上,因为这对获取"锦标"贡献不大,还会分散精力。

我国于2006年新修订的《义务教育法》已明确,推进义务教育均衡发展是地方政府的首要责任,因此,办好每一所学校,让每个学生享有公平的教育,就是地方政府义不容辞的责任。推进义务教育均衡,就必须转变以前的"锦标主义"教育政绩观,否则,地方政府还是会把优质资源集中在少数学校,打造重点校、名校。而且即便义务教育阶段尽可能做到均衡,但在非义务教育的高中教育阶段、高等教育阶段,还会继续"锦标主义"配置教育资源的思路。

我国现实的教育发展,正呈现出这种局面。最近教育部办公厅下发《关于做好 2018 年普通中小学招生入学工作的通知》，提出"十严禁"，其中就包括严禁义务教育阶段学校设立任何名义的重点班、快慢班。这表明我国部分地方还存在义务教育阶段举办重点班的问题。但在高中教育阶段，我国各地都存在政府主导打造的超级高中。这被舆论质疑破坏基础教育生态，加剧中考竞争，不利于推进义务教育均衡，却因能出教育政绩而得到地方政府部门的大力支持。

这种教育政绩观对发展我国不发达地区、乡村地区的教育是不利的。薄弱学校并不能给地方政府带来升学政绩，因此，对薄弱学校就采取低水平维持的态度，这让薄弱学校与其他学校的差距更大；成绩差的学生，再努力培养，也难进名校，因此，学校对成绩差的学生进行边缘化处理，导致部分学习成绩跟不上的学生自暴自弃，选择辍学。本来，对于辍学的学生，政府和学校都有责任让其回到学校完成义务教育，可有的学校对这部分学生的教育并不积极，劝返不力也就在意料之中。

发展公平而有质量的教育，是我国社会进入新时代对教育的要求。这需要有全新的教育公平观与质量观。精英教育时代的"锦标主义"教育政绩观已经不适合新的时代，以这种教育观，难以办出让人民满意的教育。

绝不能把"教育移民"作为农村教育战略^①

子女教育，一直是中国父母最关心的话题之一。我春节返乡发现，越来越多的农村父母开始将孩子送往城里读书。为了方便孩子上学，有经济条件的家庭在县城买房，一些家长还专职陪读。举家迁入教育条件更好的地区，成为农村教育的新动向。滑县，位于河南省北部的平原地区，是一个典型的农业大县，城镇化率不足30％，大部分居民都居住在农村地区。近些年，子女教育受到当地父母的重视，"教育移民"现象愈加盛行。之前只有在城市才能听到的"学区房"一词，在年轻的农村父母中间反反复复被提及。

我国农村地区的"教育移民"不是一个新现象。对于"教育移民"，包括当地教师在内的很多人，均认为十分正常。据媒体报道，当地一位乡村教师就说："这就是一个趋势，农村的学生去县城，县城的孩子去市里，市里的孩子去省城。向教育条件更好的地方流动，很正常。"从受教育者个体的选择看，这确实是"以脚投票"，选择更好的教育。然而，如果把个体的"教育移民"选择，作为地方发展农村教育的论据，认为不管怎样办好乡村学校，都很难留住学生，进而把学生进城、"教育移民"作为解决乡村教育问题的战略，这会令乡村学校办学不被重视，乡村学校加剧衰败。

---

① 本文作于 2018 年 2 月。

　　令人遗憾的是，我国一些地方政府近年来就把"教育移民"作为解决农村教育问题，以及推进城镇化的战略。目前乡村居民热衷于"教育移民"，看似是农村居民个体的正常选择，但这种个体正常选择的背后，是地方政府早就在下的"一盘棋"。

一、农村"教育移民"背后的政府推手

　　"教育移民"这一概念，早先多用于因子女出国留学而进行的移民，主要反映国内教育与国外发达国家教育的差距。这一概念最早出现在国内教育部门官方文件中时，是指在推进精准扶贫中，把"教育移民"作为扶贫的一项工程。这一工程针对的是生态环境恶劣、不适合人口居住、要进行环境生态保护的贫困地区，把所有在乡村地区求学的学生全部迁至县城。比较典型的是海南省。2007年起，海南省昌江县就将该县王下乡的初中生全部迁至县城学校就读，以此逐步减少王下乡的人口，达到既从根本上解决贫困问题，又有效地保护环境的目的，从而拓展了易地扶贫的内涵，成为海南省教育扶贫移民工程的最初探索和实践。2010年海南省将"教育扶贫"移民工程作为国家教育体制改革试点项目申报并获得批准。

　　这一"教育移民"总体来说，得到了当地居民和社会的认可。海南省采取两种模式推进教育移民扶贫工程：一是为省、市县财政和香港言爱基金共同投入建设的思源学校；二是为省和市县财政资金投入改扩建的教育扶贫移民学校。最重要的是，对于从边远贫困地区接收的生源，政府提供生活和交通补助，否则如果"教育移民"需要农民自己在城里买房或者自己解决到城市上学的交通费用，那这一扶贫工程必然遭到反对，推行不下去。

我国其他农村地区出现的"教育移民",虽然并不是明确由政府部门主导,也没有在官方文件中明确提及,但地方政府部门是重要的推手。诚然,当前乡村学校的办学条件、质量与县城学校相比,是有差距的,但是造成这种差距的原因,需要追问。在目前"教育移民"现象比较严重的地方,都可以看到当地政府部门推进"教育移民"的战略布局。具体包括:对农村学校进行大规模撤并,强调"规模效应",这造成农村地区学生上学成本增加;从乡村学校抽走办学骨干,让乡村学生、家长"充分意识"到,乡村学校不被重视,政府办教育的精力集中在城镇地区;在城市学校周边,大力开发房产,炒作"学区房"概念,以"教育移民"带动城市房地产和城市建设。在这种战略之下,有经济条件的农村家庭会行动起来,进城买房,让孩子在县城学校读书,这也带动越来越多的家庭选择"教育移民",家长对此的认识是,迟早要移,迟移不如早移。

毫无疑问,地方政府推进"教育移民",有现实利益的考量。首先,如果所有农村家庭都选择送孩子到城里读书,那么乡村也就不需要再办那么多小规模学校,这样会节省大笔教育投入。这和之前撤点并校的思路一样,比撤点并校更到位——撤点并校在乡村还是要办学,而"教育移民"则主要将办学重心集中在县城。我国有的农村地区已经将所有乡镇的高中学校取消,全部集中在县城办学。

其次,农村居民为子女教育移民到县城,在县城购房,这直接拉动县城建设,推进城镇化。有的地方政府就把县城学校建设和城市发展规划结合在一起,将县城的重点小学、初中、高中迁到准备发展的新区,或者在新区办分校,通过建设"学区房",吸引"教育移民"。这些学校附近买房的、租房的,大多是从乡下进城送子女读书的。

这也和地方政府对乡村学校建设的认识有关。虽然针对之前撤点并校存在的后遗症,国务院办公厅于 2012 年发布《关于规范农村义务教育学校布局调整的意见》,叫停了农村地区的盲目撤点并校,要求重视乡村学校建设,然而,我国一些地方政府并不认为有必要办好乡村学校,而是认为办好城市学校,让农村孩子进城读书,才是出路。这和让更多农村居民进城的城镇化战略也是一致的——农村居民都要进城,为何还要办好农村学校?

越来越多的农村"教育移民",更让地方政府的乡村教育战略合理化:那么多家长自愿选择送孩子到城里读书,在城市买房陪读,花力气办好乡村教育有什么意义? 这就是目前我国建设乡村小规模学校(教学点)的最大问题。虽然国务院明确要求各地保留、恢复乡村学校,可是,一些地方政府还继续推进"教育移民"战略,并解释这是满足学生进城读书的意愿。

二、 农村"教育移民"的本质与危害

目前的社会舆论,也存在是办好城市学校,还是办好乡村学校的分化。有部分舆论认为,农村出现"教育移民潮"是好事,证明农村居民重视教育,舍得为子女投入。其关键在于,城市应该扩大优质教育资源供给,让进城的孩子都能接受好的教育。但反对的舆论则认为,"教育移民"是需要一定的经济实力的,不是每个农村家庭都有这样的经济实力,如果不能买房,没钱在城里租房,这部分农村家庭的孩子怎么办? 就是在城里买房,但如果在城里找不到工作,就做孩子的专职陪读,家庭的生活压力将很大。而且乡村因孩子都进城,会加速凋敝。

对于农村出现的"教育移民热",需要有理性的分析,并形成社

会共识。从本质上说,乡村地区的"教育移民",就是乡村地区的择校;"教育移民热"就是农村"择校热"。这反映出我国乡村地区教育的严重不均衡。部分舆论支持乡村"教育移民",这和赞成城市择校的舆论其实是一样的,不是从教育公平角度看教育问题,而是从个体的选择看教育问题,也把个体的选择权和政府的责任混为一谈。从个体角度,当然可以根据自己的家庭条件、学生的个体情况,做出教育选择,但是,政府部门必须给所有受教育者公平的求学环境。除非某个地方确实不适合人类生存,要整体移民,地方政府部门不能把"教育移民"作为解决乡村教育问题的战略思路。因为,即便超过一半,甚至80%的农村孩子都到县城读书,这也不能说给乡村孩子好的教育,那20%的孩子读书怎么办? 撤点并校战略已经导致乡村地区辍学率回潮,"教育移民"战略会让更多孩子因不能在城市读书而早早离开校园。

也许"教育移民"战略的支持者会说,对于实在不能进城的乡村孩子,可以保留小规模办学点,但当进城读书成为一种趋势后,被保留的乡村小规模学校(教学点)的办学水平可想而知,即便村民对学校(教学点)的办学不满,得到的回应恐怕是"你有本事送孩子到城里读书去"。这也是"教育移民"现象真正令人可怕之处,会进一步强化基础教育的竞技教育色彩和"丛林法则"。就如那位老师讲的那样,"农村的学生去县城,县城的孩子去市里,市里的孩子去省城"。这对我国基础教育来说,将是严重的生态恶化,优质教育资源(生源和师资)会朝省会城市集中,对乡村学校产生虹吸效应,乡村学校会加剧衰败;一省范围内的教育发展将更加不均衡;乡村孩子付出更大的成本,但依旧接受不到好的教育。与此同时,应试竞争也会随着"教育移民"加剧。家长"教育移民"的目的是什么? 不就是希望孩子能进一所更好的学校,以便今后上更好的大学吗？但这种"教育移民"的追求，注定会令很多人失望，因为好大学只有那么多。

三、 办好乡村学校，才是乡村教育的出路

在高等教育普及化以及高中阶段已经普及的时代，我国社会不能再以升学来评价学校办学的好坏。对于乡村地区的学校办学来说，升学模式的办学会令学校办学难以和拥有更多资源的城市学校竞争，同时也会令乡村孩子感到前途迷茫——学习就为了升学，如果不能进入好的大学，那读书干什么？他们在学校里没有接受建设乡村、改变乡村的理念和技能教育，而是被教育要离开乡村，这和"教育移民"的乡村教育战略一模一样。

这种乡村教育理念必须改变。我国不仅要在乡村地区继续办学校，而且应该基于我国教育发展的现实，改革乡村教育模式和乡村教育内容，乡村教育会为部分学生提供升学选择，但乡村教育更应该立足乡村建设来进行课程建设和人才培养。

在大城市，治理"择校热"，已经在推进就近免试入学政策，并明确限制每所学校的招生规模、班额。在我国部分中小城市，为满足择校需求，有一段时间对学校招生规模没限制，对班额没限制，导致城市学校规模和班额急剧扩大，出现超大规模学校、超大班额。从尊重每个个体的自由选择看，这似乎是顺应民意，却推卸了地方政府推进义务教育均衡发展的责任，地方政府不是全力解决教育不均衡发展问题，而是以教育不均衡为由推进"教育移民"，以"教育移民"作为城市发展机会。现在不少农村地区的县城，也采取购房即可入户、按户口可入学的学区房政策。

治理农村地区的"教育移民"现象，当然不能像大城市一样严

格实行就近免试入学的政策,而应该通过办好乡村学校,引导乡村学生、家长做出就近入学的选择。事实上,大城市的就近免试入学政策,要起到实际作用,避免出现"学区房热"和民办学校"择校热",也必须办好每所家门口的学校。因此,地方政府不能把"教育移民"视为正常教育现象,而必须正视这背后的城乡教育不均衡问题,同时也明白要办好乡村教育,对建设新农村的重要意义。2018年中央一号文件对实施乡村振兴战略做出全面部署,提出要提高农村民生保障水平,优先发展农村教育事业,具体包括:要高度重视发展农村义务教育,推动建立以城带乡、整体推进、城乡一体、均衡发展的义务教育发展机制;全面改善薄弱学校基本办学条件,加强寄宿制学校建设;要统筹配置城乡师资,并向乡村倾斜,建好建强乡村教师队伍。检验优先发展农村教育的成效,就要看一地是否还有旺盛的"教育移民"现象,到城市入学的学生,有多少回流乡村学校。

乡村教育现代化
——乡村教育投入

- 乡村教育的问题不是小规模与寄宿制之争，而是要踏实办好每一所学校
- 在线教育改变不了乡村教育与学生的命运
- 发展乡村教育须告别单一升学模式
- 突破城困与乡怨，可把更多大学办在县上
- 乡村小规模学校命运让人忧
- 精准帮扶返乡农民工子女，关键在于精准提高乡村教师的待遇和素质
- 精准帮助留守儿童大有可为
- 不能只要求乡村教师"坚守"，乡村教师需要体面的收入与尊严
- 农村特岗教师半年发一次工资，为何中央保障的工资部分不直接打到教师账上？
- 不要再用凄苦反衬乡村教师的伟大
- "乡村教师收入倍增"切实可行

乡村教育的问题不是小规模与寄宿制之争，而是要踏实办好每一所学校①

1月21日，阿里巴巴集团董事局主席马云邀请李连杰、冯仑等80多位国内知名人士齐聚三亚海棠湾，在2017年"马云乡村教师奖"即将颁发之际召开沟通会，探讨推动中国贫困乡村的进一步并校计划。

马云希望，让中国贫困乡村的孩子们能够读上条件完善的寄宿制学校，"大家共同来推进中国的拆校并校机制"。他在沟通会现场表示："从我的经验来讲，100人以下的学校是办不好的。"学校人数过少，一方面不能吸引优秀师资，另一方面学生也不能受到良好教学，学校条件也会越来越差。因此他建议，学生规模在100人以内的乡村学校，原则都应该裁撤合并。马云向现场企业家倡议：发扬乡绅精神，回到家乡，回报家乡，配合政府推进中国乡村学校并校、建立乡村学校寄宿机制。

相比马云乡村教育计划中"乡村教师奖""乡村校长计划"得到普遍赞誉来说，马云新提出的乡村寄宿校舍、校车计划，却存在一定争议。争议点不是企业家们关注乡村教育发展，捐资改善乡村寄宿制学校的寄宿条件和校车问题，而是我国乡村教育究竟该选

---

① 本文作于2018年1月。

择哪一条道路,是继续保留小规模学校,把小规模学校办得"小而美",还是撤并小规模学校,在乡村办寄宿制学校,集中办学。

事实上,撤并乡村小规模学校,集中办农村寄宿制学校,曾是我国 2012 年之前乡村学校建设的基本思路。统计数据显示,1995 年我国农村地区有 19.36 万个教学点,到 2010 年时仅剩 6.54 万个,减少了 12.82 万个。从 2000 年到 2010 年的 10 年间,我国农村的小学数量从 55 万所减少到 26 万所,初中从 6.4 万所减少到 5.5 万所。但是撤点并校却没有产生预期中的让乡村孩子们接受更好教育的效果。

对非寄宿学生来讲,撤点并校后上学远、上学成本增加、交通安全隐患增加,同时城镇学校大班额问题严重。也就是说,耗费更长时间上学,却没有接受更好的教育。对寄宿学生而言,撤点并校后的寄宿条件极为简陋,有的寄宿学校把大教室当宿舍,卫生条件脏乱差,寄宿生的生活也缺乏教师的管理指导,还有的寄宿学校需要学生自己生火煮饭,洗头就用水龙头冲。公益组织歌路营 2015 年初发布的《中国农村住校生调查报告》显示,由于住校生心理健康水平、住宿环境、营养水平较低,课余生活匮乏,农村寄宿制学生的学业成绩甚至要低于非寄宿制学生。2013 年,国家审计署对农村中小学布局调整进行了调查,发现部分学校寄宿设施建设滞后。抽查显示,寄宿制学校中有 36% 的学校生均宿舍面积不达标。撤点并校的后果之一,就是农村学生辍学率回潮。

针对撤点并校存在的问题,2012 年 9 月,国务院办公厅下发《关于规范农村义务教育学校布局调整的意见》,提出"坚决制止盲目撤并农村义务教育学校",叫停撤点并校,要求农村义务教育学校布局要保障学生就近上学的需要。农村小学一至三年级学生原则上不寄宿,就近走读上学;小学高年级学生以走读为主,确有需要的可以寄宿;初中学生根据实际可以走读或寄宿。原则上每个乡镇都应设置初中,人口相对集中的村寨要设置村小学或教学点,人口稀少、地处偏远、交通不便的地方应保留或设置教学点。各地要根据不同年龄段学生的体力特征、道路条件、自然环境等因素,合理确定学校服务半径,尽量缩短学生上下学路途时间。

该意见颁布后,农村教学点开始恢复,目前达到 8.76 万个。恢复小规模学校,得到村民欢迎。不少教育专家也认为,学校规模不是大就好,小规模学校更利于进行个性化教育。比如美国曾经就走过一段弯路,1957 年苏联发射人造卫星后,哈佛大学校长写了一篇文章,认为美国的学校规模太小了,教育质量不能保证,所以把大量的学校合并起来。到了 20 世纪 90 年代经过评估,发现这种大规模的并校效果不是很好,后来又把它们重新拆散变成小规模学校。可是,我国当前的农村小规模学校普遍存在"小而弱"的问题,大部分维持着低水平办学。

如此看来,在我国乡村地区办寄宿制学校有问题,恢复小规模学校也有问题。可是,再进一步分析,这其实并非寄宿制学校、小规模学校的模式问题,而是没有办好寄宿制学校、没有办好小规模学校的问题。目前舆论对两种模式进行争论,其实并没有必要,最为关键的是不管哪一种模式,必须按照办学要求、教育规律办好学校,让学生接受好的教育。

如果把农村条件艰苦地方的小规模学校(教学点)撤并之后,将孩子们集中在一所现代化的学校中接受教育,实行寄宿,宿舍条件好,不是住通铺,而是住处有空调、有热水,可方便洗澡,厕所干净卫生,还有阅览室、活动室,还有生活辅导老师指导安排课余生活,有心理老师关心孩子们的心理健康,贫困农村孩子们读这样的寄宿学校,全免生活费、住宿费,每月或者每两周回一次家,有免费的校车接送,那么这样的寄宿学校,肯定是受到欢迎的。

也有意见认为,不管寄宿制学校办得多好,都存在孩子离家后与父母的亲情交流缺失的问题,对低龄孩子来说,寄宿制并不适合。但讨论寄宿制学校,离不开乡村的现实背景。我国乡村留守儿童,父母本来就离家,孩子留在乡村,只是被委托监护,或被爷爷奶奶照看。调查显示,很多委托监护人最多解决孩子的吃住问题,很少和孩子交流、沟通。留守儿童亲情交流缺失的问题,办在村里的小规模学校也存在,除非大部分村民返乡就业。解决低龄孩子成长过程中的亲情交流缺失问题,只有全面消除留守儿童,让孩子和父母一起生活。在留守儿童大规模存在的背景下,办好乡村寄宿制学校,课后开展丰富的活动,宿舍有老师管理,对父母长期不在家的孩子来说,可能是更好的选择。

或许马云提到的寄宿校舍计划和校车计划,目标就是解决目前乡村寄宿制学校条件差的问题,办优质的寄宿学校。可是,依靠企业家的资助,能在我国建多少这样条件优越的寄宿学校? 我国地方政府能投入这么大笔资金建设这样的寄宿学校吗? 如果愿意,之前的寄宿制学校问题也就不会那么严重了。

乡村小规模学校如果能从"小而弱"变为"小而美",那么,这种小规模学校照样有生命力。为推进建设"小而美"的乡村小规模学校,相关学校还成立联盟,探索此类小规模学校如何改善的经验。可是要建设"小而美"的乡村小规模学校,需要地方政府重视乡村教育的投入,尤其是真正想办好每一所乡村学校(教学点)。

目前,按照国家规定,各地撤点并校的步伐变缓,并恢复了部分乡村教学点。但是,不少地方政府依旧认为,在乡村地区办基础教育,办学力量分散,投入大、管理难,不划算。因此,只是勉强维持办学,而把教学点的骨干教师抽走,还不断放出风声说,学校(教学点)迟早会被撤掉,让家长做好心理准备,把孩子们送去城镇学校读书。当没有学生愿意在乡村学校(教学点)上学后,学校(教学点)也就"自然消亡"了。按照这种思路办出来的乡村小规模学校,当然教学质量差。乡村小规模学校的出路,可能最终就是被撤并掉。

也就是说,对于我国乡村教育来讲,建设优质的寄宿学校和"小而美"的小规模学校,并不存在非此即彼的选择问题,不是"一刀切"地都要办成寄宿制学校,也不是"一刀切"地都要取消寄宿制学校,而要看哪一种选择适合。最关键的是,要办好每一所学校。

那怎么做出选择,办好学校呢?我国乡村地区之前的撤点并校,存在的最大问题是,由地方政府部门领导拍板,并不听取村民的意见,即便村民反对,也强制推进。而且在对乡村学校进行撤并时,没有考虑撤并后学校的办学条件(包括班额、寄宿条件),而只顾把学生"塞进去"。我国乡村学校的最大班额达到 147 人。国务院要求,2018 年基本消除 66 人以上超大班额,到 2020 年基本消除 56 人以上大班额,但从各地的实际情况看,要实现国务院的目标,难度不小。地方政府教育部门也没有考虑撤并后学生上学的实际问题(怎样上学、接受怎样的教育)。

另外,地方政府为推进城镇化,推动新兴城市发展,还把撤点并校作为带动新兴城市房地产业发展的工具。在行政力量主导下,大量孩子被迫汇聚到城镇地区读书,他们的家长随即必须在当地购买房产或者租房陪读。这样,撤点并校在地方政府那里成了拉动房地产市场从而拉动地方经济增长的抓手,孩子们和他们的家长被当成了发展经济的工具。这样的撤点并校带来的不是乡村教育质量的提高,而是对乡村教育以及整体乡村生态的破坏。

现在一些地方办小规模的教学点,除了地方政府领导并不情愿外，在对教学点进行资源配置时，也并不听村民意见。目前普遍采取的方式是由乡中心校统筹教学点资源，结果是资源向中心校集中，国家给小规模学校的转移支付经费都进入中心校。这当然办不好小规模教学点了。

因此，如何选择乡村学校办学模式，应该把选择权交给村民。比如，如果一个乡村地区，考虑到当地的地理环境和人口分布，认为集中办一所寄宿制学校最合适，那么地方政府应该把办寄宿制学校的方案告诉给每个村民，由每个村民了解寄宿学校的条件、学校的教育管理服务情况，再由村民自己选择，而不是不管村民意见，先把教学点撤掉，然后孩子们不得不去这所寄宿学校，哪怕条件再差也得忍受。

此前，我在谈到乡村地区校车安全问题时就提到，在撤点并校时，政府部门必须把校车问题作为前提之一，告诉村民，孩子们到新学校读书，政府部门怎么解决交通问题，如果没有具体方案，则不能撤并学校。但现实是，相当多地方政府在撤并学校时，并不考虑学生上学的交通问题，学校撤并后，学生怎么上学，完全由学生家庭自己解决。这带来的是学生上学难问题，乡村地区的黑校车泛滥，校车安全隐患严重。如果要求政府部门必须解决校车问题，把解决校车问题作为撤点并校的前置条件，那么，考虑到购买、运营校车的成本，政府部门可能就不会选择撤点并校，而会办好乡村学校（教学点）。

概而言之，办好乡村学校，最主要的是地方政府教育部门必须对乡村学生、村民负责。在学校的布局、教育经费的投入、学校办学条件的完善、教师待遇的保障、学生的教育教学服务方面完全由地方政府自上而下拍板，搞"一刀切"，村民没有话语权，也没有选择权，这样的操作是完全错误的。

回到马云的乡村寄宿制学校校舍计划、校车计划上,可选择几个乡村地区试点,在现有寄宿制学校基础上,改造寄宿宿舍,让乡村寄宿学校焕然一新,让孩子们有机会接受不一样的乡村寄宿教育,有不一样的乡村寄宿生活。这可为乡村寄宿教育探索一种新的办学思路。

但是,要让所有乡村寄宿学校都有好的寄宿条件,给孩子们好的寄宿教育和寄宿生活,仅靠社会力量是远远不够的,这需要政府部门投入资金解决,发挥政府部门的主导作用。就如面向贫困地区孩子们的营养改善计划一样,之前由社会公益机构在少数地区推进,后来成为国家行动。而在建设乡村寄宿学校和小规模学校时,政府部门必须因地制宜,科学、民主决策,广泛听取村民意见、尊重村民意见,立足于通过办好每一所学校来办好乡村教育。这样的乡村教育才有未来。

在线教育改变不了乡村教育与学生的命运^①

近日，一篇题为"这块屏幕可能改变命运"的文章刷屏。这篇《中国青年报》的报道详细介绍了在线教育对我国贫困地区教育的改变，尤其是报道提到"16年来，7.2万名学生，跟随成都七中走完了高中三年。其中88人考上了清北，大多数成功考取了本科"，令不少网友点赞，称看到通过技术促进教育公平的可行路径。

实事求是地说，对这篇文章刷屏，我最初感到莫名其妙。但再深想，这迎合了当前的社会情绪，一是还寄望通过升学改变命运，二是用最简单的办法达成这一目标。在我国乡村教育存在与城市较大的差距时，用"一块屏幕"这么简单的办法，就可改变乡村孩子的命运，这当然打动人。以至于有企业家看完报道之后愿意支持1亿元扩大屏幕覆盖的学校规模，让更多孩子通过看直播改变命运。

不得不说，这把乡村教育问题想得太简单了。这篇报道不知有意还是无意，把近年来一些贫困地区学生考进北京大学、清华大学，进"一本"院校比例提高，完全归功于在线教育。这让不少并不了解国家政策、学校办学的公众，产生"解决乡村教育问题就这么简单"的错觉。如果这种错觉变为一些决策者的决策依据，那会误

---

① 本文作于2019年1月。

导我国乡村教育的发展。

一、 贫困地区学生考进北京大学、清华大学，并非得益于在线教育，而是得益于国家政策

这篇报道最引人关注的，是"2018年，88人考上了清北，大多数成功考取了本科"，报道把这全部归功于在线教育。但这是经不起推敲的，或者确切地说，这是夸大宣传。

众所周知，针对我国贫困地区、农村地区学生上重点大学越来越难的现实，我国决定从2012年开始，"十二五"期间，每年在全国普通高校招生年度计划总增量中安排1万名左右本科招生计划，面向集中连片特殊困难地区参加全国统考的考生，实行定向招生。这就是国家扶贫定向招生计划。到2017年，国家专项计划定向招收贫困地区学生，安排招生计划达到6.3万名。到目前为止，扶贫定向招生计划，形成三大专项：国家专项、高校专项、地方专项。其中，高校专项主要由包括北京大学、清华大学在内的教育部直属高校和其他自主招生试点高校承担，安排招生计划不少于有关高校年度本科招生规模的2%。

在实施扶贫定向招生计划之后，我国很多贫困县有了第一个进北京大学或清华大学的学生。这篇报道提到的云南禄劝一中，在2018年，有一名学生被清华大学录取，两名学生被北京大学录取，填补了禄劝30多年来都没有学生被清华大学和北京大学录取的历史空白。这当然是学生和学校努力的结果，但离不开北京大学、清华大学针对国家贫困县的专项计划。

显然，抛开国家实施的扶贫定向招生计划，把贫困县学生考进北京大学、清华大学的功劳全部计到在线教育名下，不仅存在误导

舆论的嫌疑，而且也会影响国家扶贫定向招生计划的进一步实施。道理很简单，如果通过在线教育方式能够缩小城乡差距，那为什么还需要国家定向招生计划来补偿贫困地区、农村地区呢？

理性的态度是，如果要从升学角度评价在线教育对乡村学校学生的影响，应该分析 2012 年实施国家扶贫定向招生计划之前，看网络直播和不看网络直播的学生的差别。但从有关文献看，在线教育的作用并不突出。四川省早在 2002 年就开始启动远程教育，直到 2018 年，才被媒体发现取得显著的"改变命运"的成绩，不得不说，这一发现太"惊人"了。以至于有人质疑这篇报道是在为网校做软文推广，而并非真正关注在线教育的实际成效。

二、 在线教育发挥作用，必须基于本校教师的参与、辅导，师资建设是发展乡村教育的关键

采取"互联网＋教育"方式，让乡村学生能获得和城市学生一样的优质教育资源，这是我国教育信息化战略的重要出发点，但是，在具体推进教育信息化时，存在形式主义、政绩工程的问题。在我国不少贫困地区学校，花钱建设的多媒体教室，利用率极低，原因是乡村教师流失严重，教师没有使用多媒体教室上直播课的积极性。

在线教育要发挥作用，必须依靠本校教师组织学生观看直播课，在课后进行辅导，而不是要学生自觉看直播课那么简单。《中国青年报》的这篇报道也提到一些远端的教师的意见：虽然不用"亲自讲课"，但为保证跟上进度，1 个直播班的工作量约等于 3 个普通班。为跟上进度，禄劝一中把部分周末和平日直到晚上 11 点的自习安排了课程，帮学生查漏补缺。有教师连上 20 个晚自习。

"每天深夜 1 点到家,6 点去学校,在家只能睡个觉。"另一位教师说,自己 6 岁的孩子,每周只有半天能见到爸爸。

这说明两个问题。其一,在线教育要起作用,关键在于教师,教师的工作量甚至是自己上课的多倍。如果以为安装屏幕,而不加强教师队伍建设,就能发展好乡村教育,这是空谈。近年来,在发展我国乡村学校时,普遍存在重物不重人的问题,包括一些公益机构,也热衷于向乡村学校捐图书、捐设备。可是,离开了教师,谁来组织学生读书、使用设备? 换言之,"一块屏幕"的背后,是多少教师的付出? 针对这一问题,今年 8 月,国务院办公厅印发《关于进一步调整优化结构提高教育经费使用效益的意见》,明确要求坚持厉行勤俭节约办教育,严禁形象工程、政绩工程,严禁超标准建设豪华学校,每一笔教育经费都要用到关键处。

其二,乡村教师的压力沉重,办学不可持续。教师连续上 20 个晚自习,每天深夜 1 点到家,6 点去学校,这是以牺牲教师身体健康为代价办学。毫无疑问,这和在线教育提高效率的初衷完全背离,靠的是教师的苦干。这在少数学校针对"尖子生"的班级能做到,要在所有乡村学校要求所有教师都这么付出,根本不可能,这是侵犯教师的合法权利,长此以往,只会加剧教师的职业倦怠感。而乡村教师有严重的职业倦怠感,也是我国乡村教育的问题之一。

三、 乡村教育的出路,不是进名校改变命运,而是给每个学生公平而有质量的教育

我国将马上进入高等教育普及化时代(2020 年高等教育毛入学率达到 50%),然而,整个社会还存在严重的教育焦虑,这是因

为教育观念和人才评价体系还停留在精英教育时代。在我国乡村地区，基础教育办学和城市学校一样，都采取升学教育模式，即围绕升学来进行办学。

这种升学教育模式，使乡村教育的路越走越窄。表面上看，"一块屏幕"可以改变命运，给乡村孩子希望，但这是对少数学生而言的。从升学角度说，能考上重点大学的学生，在全国范围内不足适龄学生的 5%，在乡村地区，这一比例则更低。

于是在我国乡村地区出现了两个极端现象。"一极"是拼命抓应试，还得到舆论的普遍支持，觉得这是改变命运的唯一通道。这篇报道称，在禄劝一中，直播班的大部分孩子会在三年里，每天只睡四五个小时。一位班主任站在"为理想和尊严而战"的鲜红标语下叹着气告诉我，他的一项工作是半夜来教室，把那些还在学习的学生抓回寝室。大家为农村孩子为了上名校而拼命而感动，却不愿意思考这是付出身体健康的代价，而且本质上这样的教育是让学生"背井离乡"，乡村教育越发达，乡村就越穷。乡村教育与发展、建设乡村无关。

另一极则是滋长"读书无用论"。很多学生看不到自己考上重点大学的希望，于是放弃读高中，在初中就选择辍学。根据《全国教育事业发展统计公报》，2017 年，我国的义务教育巩固率为93.8%。考北京大学、清华大学改变命运，只是对极少数个体而言，而且由于招生数固定，这改变不了整体乡村教育的命运，不管学生怎么竞争，一省如果是 80 个学生上清华大学，就只是 80 个，不同的是谁上而已，这对整体乡村教育发展毫无贡献，而只会刺激升学竞争，同时加剧乡村教育的衰败。

在线教育究竟改变了乡村教育什么？这必须认真思考。发展我国乡村教育，促进公平，没有捷径，必须踏踏实实做两件事：一是加大对乡村教育的投入,尤其是对教师的投入,提高乡村教师的待遇,建设好乡村教师队伍;二是改革乡村教育内容,不能再继续培养考生,而不培养人的办学思路,乡村教育的出路是给所有乡村孩子多元的选择和出路,而不是所谓的升学改变命运,我国整体教育的出路也在于此。

发展乡村教育须告别单一升学模式^①

近日,据媒体报道,从 2017 年 7 月开始的半年时间里,河南鹿邑县和淮阳县拆掉了 50 所农村学校(含幼儿园)。2018 年 3 月,在浙江永嘉县发动的"校网优化"运动中,半年内又将关闭 45 所学校,在未来 3 年内共将关闭 78 所,使得撤点并校问题再度引起社会关注。

应该说,这是一个老问题了。2000 年到 2010 年,全国农村小学数量减少了一半,就被认为是撤点并校的结果。针对撤点并校的后遗症,国家也有明确的规定,国务院办公厅于 2012 年 9 月下发《关于规范农村义务教育学校布局调整的意见》,提出"坚决制止盲目撤并农村义务教育学校","在完成农村义务教育学校布局专项规划备案之前,暂停农村义务教育学校撤并"。但是,从 2010 年至今,全国小学数字又减少了一半还多。

为何一边叫停盲目撤点并校,一边却是小学继续被撤并? 有关专家在分析这一现象时指出,管理部门考虑最多的通常是高效投入以及资源利用,办学者更关注如何提升质量。受教育的权利是家长和学生的基本需求,最好的情况当然是在家门口接受高质量的教育,但乡村学校布局分散和资金使用、高效管理之间,存在着基本的矛盾。

在我看来,之所以存在以上矛盾,是因为我国包括乡村教育在

---

① 本文作于 2018 年 8 月。

内的基础教育,都采取升学教育模式。为此,地方政府更倾向于把资源集中在少数学校,而不是办好每一所学校,乡村学校很难和城市学校进行升学竞争,因此乡村学校被边缘化。即使在国家要求下,一些地方恢复了乡村学校或教学点,也只是低水平维持。有的村民期待政府能加大投入办好乡村学校,越来越多的村民却选择送孩子到城镇学校上学。其结果是,虽然国家要求在2018年化解超大班额问题,但城镇学校大班额问题依旧严重,而被保留或恢复的乡村学校"小而弱",甚至难以为继,这又给了地方政府进一步撤掉乡村学校,集中到城镇办学的理由。因此,发展我国乡村教育,必须转变升学教育模式。不能以升学为导向办学,要立足于给所有孩子高质量的基础教育,办好每一所乡村学校。

但是,从2018年7月19日教育部发布的《2017年全国教育事业发展统计公报》可以看出,我国小学招生人数在增加,但小学却在减少,这主要发生在农村地区。与此同时,中等职业教育规模也进一步萎缩。2017年,全国中等职业教育招生582.43万人,比上年减少10.91万人,下降1.84%。

这些都表明,我国的普通教育、职业教育继续沿着升学模式与学历教育导向发展。毫无疑问,在升学教育模式之下,乡村学校很难和城市学校竞争,乡村学校很难办成"小而美",因此家长明知城市大班额严重,却纷纷选择送孩子去城市读书,希望孩子接受好的教育,今后能考上好的学校。但是,升学教育模式并不能实现所有孩子的升学梦想,当孩子不能考进好的学校时,乡村孩子就会选择辍学,这在现实当中是经常可以看到的。

中等职业教育的萎缩与普通高中教育的扩大,是为了满足学生完成义务教育之后想读普通高中的需要——读普通高中以后可以参加高考,考入本科院校。前不久,某省领导在调研基层老百姓的需求后,做出决定,减少中职招生规模,扩大普通高中招生,这得到当地老百姓的热烈支持。可是,其中仍存在隐忧:原来中考分数列前50%的学生进普通高中(普通高中招生比例为50%),现在扩大普通高中招生规模,成绩位列所有考生前60%(甚至以后可能增至85%)都进入普通高中,可未来升学,这些学生当中有很大一部分不还得进高职院校吗? 其结果是,花钱读普通高中(中职目前全免费,还有中职国家助学金),接受普通高中教育之后,今后还得继续接受高等职业教育。哪怕就是把高职院校升格为本科,这些地方本科院校也需要进行职业教育,培养职业技术人才和应用技术人才。因此,无论从个人的成长,还是国家的教育发展看,这都不是积极的发展思路。

可以说,目前地方政府都是以升学思路来配置学校资源,从义务教育一直到高中教育都如此,乡村学校相对于城镇学校被边缘,职业教育相对于普通教育被边缘。这和办好每所学校,给每个学生适合的教育,是矛盾的。从本质上说,乡村学校采取升学教育模式,对学生进行的是"背井离乡"的教育——只有考上好大学离开乡村才算成功,而考不上好大学,读书就没有多大意义。而且接受这样教育的乡村孩子很难热爱乡村,即便愿意留在乡村改变乡村,也没有学到改变乡村的技能。

破解这一难题,必须改革基础教育的升学教育模式。我国基础教育,尤其是农村基础教育要淡化学历,重视技能培养,这才会让所有农村学生感受到求学的价值,不是以获得学历作为读书的追求。同时,也能提高学生的就业技能,告诉很多的学生拥有技能比获得一纸学历更重要。事实上,在高等教育即将普及化的背景下,基础教育再采取升学教育模式,会堵死很多学生的成才选择,要让学生接受好的教育,需要重新思考基础教育的价值。

突破城困与乡怨，
可把更多大学办在县上^①

又到年关，回乡过年。有关乡村衰败的话题，又引起媒体关注。澎湃新闻刊发了一篇由西安外国语大学毕业生韩蓉的来信和青年讲师王昱娟的回信构成的文章。来信中陈述了一个返乡毕业生的苦闷：回到家乡工作本是她的理想，却被家乡的亲人钉在了"成功学"的耻辱柱上——"我们去读书、去上大学，难道就是为了不再回到家乡吗？"媒体称，这句振聋发聩的发问，如同 20 世纪 80 年代轰动一时的"潘晓来信"一般，说出了一个时代的精神困顿。^②

其实，这名大学毕业生的发问，并不让人感到震惊。我国乡村教育的基本价值追求就是让学生"背井离乡"，不要再回到这个"鬼地方"。这种价值追求制造了当前的乡怨与城困。更令人无奈的是，只有在每到过年时，舆论才想起谈论乡村的衰败，而在平时的话语体系中，也一直鼓吹农村学生只有离开乡村，才能实现命运的改变、阶层的流动与上升。可以说，不改变我国乡村教育以把学生送到城市工作为荣的教育价值追求和办学模式，越是发达的乡村教育，越会导致乡村衰败，因为人才都流向城市且再也不愿意回来，即使有人愿意回来，也会被视为另类与失败。

---

① 本文作于 2017 年 1 月。
② 王昱娟.我们出去上大学，并不只是为了不再回到家乡.澎湃新闻,2017 - 01 - 24.

　　自从恢复高考制度以来，我国乡村教育就一直扮演向城市选拔、输送人才的角色。这种输送过程，在个体看来，是人生的重大转变，站在城市视角，也认为城市进步给乡村孩子发展机会。然而，从乡村自身的建设、发展看，乡村教育却没有为乡村培养人才：顺利考进大学进城者，绝大多数留在城市工作，并不会回乡村；有一定知识和技能者，没有考进理想的大学，也外出打工。表面上看，这是因为乡村穷，没有人才施展才华的舞台。可是，缺人才、人才不愿意在乡村工作，不是和乡村贫穷，形成恶性循环吗？

　　曾经有一段时间，社会认为乡村和城市通过教育形成了比较完美的组合：农村孩子接受教育进城读大学，读完大学后在城市找工作，把在城市里挣到的钱寄回乡村家里，让父母享受幸福生活。可是，随着大学学费上涨，大学毕业生就业难，这种"背井离乡"的教育模式已经破产。在乡村，很多家庭因送孩子读书而变得贫困，学生读完大学在城市里找不到合适的工作，而且受面子因素影响，在乡村的父母并不接受孩子回乡村工作，他们会认为，以前的书都白读了。——既然要在乡村工作，何必读书呢？

　　这是用陈旧的观念看乡村，把乡村的工作限定为不需要知识、技术的纯体力活。如果这种观念不变，乡村就会一直破败，难有改观。乡村的变化和城市的变化一样，都要对传统职业改头换面，需要新理念、新技术以及新的管理，而这些必须依靠懂管理、有技术的人才。乡村教育和乡村发展的良性互动是，有部分人才会选择离开乡村到城市去实现个人的价值，但更多的乡村学生应立足于改变乡村面貌、改善乡村生活而学习，而不是抛弃乡村，去城市"追梦"。这种良性互动，首先需要乡村教育模式和内容进行改革，不能围绕升学进行教学。升学模式的乡村教育就一直给所有学生和家长灌输"上大学才能成才""在城市工作才成功"的理念，这让乡村教育的应试氛围更浓,把所有学生都逼到升学路上。这一模式的后果已经十分突出:考上大学的优秀人才,都远离乡村,教育质量高的乡村地区,反而最贫穷;升学不成功的农村学生,因没有学到农村生活技能,并且嫌弃农村生活,也选择外出打工;还有一些学生觉得升学无望而早早辍学。

近年来,在讨论乡村教育的出路时,舆论大多从升学教育出发,呼吁改善乡村办学条件,提高乡村教育质量,给乡村学生公平的升入重点大学的机会。从教育公平角度,这无疑是正确的。然而,坚持单一的升学教育模式,并非乡村教育的出路,也非乡村的出路。乡村教育应该倡导生活教育,即不是一味进行升学知识教育,鼓励学生考进名校,而是交给学生融入社会生活的能力,引导学生选择适合自己的教育、生活。毕竟,能进名校的学生只有少数,而且我国的高中普及率已超 80%,高等教育毛入学率已超 40%,基础教育完全可以在升学追求之外,关注每个学生的生活技能培养。在乡村,也不能再以孩子走出乡村为荣,而应该有建设更美好的乡村的新教育观和人才观,乡村孩子的未来在于乡村的繁荣,中国社会的未来也在于繁荣的乡村。促进这一教育观和人才观形成,应该在乡村就建立社区学院、职业学院,把更多的大学办在县上。

无论如何,当一地的教育越发达,一地的人才流失越严重,人才越匮乏,社会经济越萧条时,这样的教育和社会是有严重的问题的。我国很多乡村地区的县、乡、镇都提出"教育强县""教育强乡""教育强镇",可是教育的强大,追求的是升学率,而非真正和县、乡、镇的繁荣结合起来。这需要重塑乡村教育与乡村社会经济发展的关系,形成新的乡村教育观。

乡村小规模学校命运让人忧①

　　东北师范大学中国农村教育发展研究院 12 月 26 日发布《中国农村教育发展报告 2016》(下文简称《报告》)称，农村义务教育呈"乡村小规模学校、乡镇寄宿制学校、县城大规模学校"的基本格局。其中，乡村小学五成以上为小规模学校，而在未来的一段时间内，农村小规模学校或成常态。

　　小规模学校，指的是办学规模不足 100 人的学校。《报告》称，全国共有小规模学校 126 751 所，其中乡村小规模学校有 111 420 所，不足 10 人的乡村校点达 3.39 万个。对于这些小规模学校，地方政府采取何种态度、模式举办至关重要，将直接影响其命运与我国乡村教育的未来。

　　乡村小规模学校，未来的走向无外乎三种：一是随着学生逐渐减少，走向消亡；二是长期维持小规模办学，给乡村孩子提供就近入学机会；三是规模增大，吸引去城镇求学者回流，以及返乡就业者送孩子到乡村学校求学。根据目前地方政府对待乡村小规模学校的态度以及办学模式，第一种可能性极大，第三种可能性则极小，但从乡村教育的健康发展看，我国乡村教育更需要第三种可能性。

----

　　① 本文作于 2016 年 12 月。

之所以说第一种可能性很大,是因为目前很多地方政府是以低水平维持的态度,对待小规模学校。在国家叫停撤点并校之后,地方政府不能以行政强制方式撤并乡村学校,但是从节省教育投入、便于管理出发,还是有很多地方政府不希望再举办小规模学校,为此,采取低水平维持,就是让这些乡村小规模学校"自然消亡"的方式。具体而言,就是并不按国家的要求,对 100 人以下的学校,按 100 人保证办学经费;把乡村学校的骨干教师以各种名义抽走;通过各种渠道放出风声,乡村学校迟早将撤销,"引导"家长"主动"把孩子送去城镇学校。当没有了生源,学校也就撤掉了。

以这种态度举办乡村学校,是不可能把乡村学校办好的。大家所见的是,一边是国家高度重视乡村教育,一边是乡村学校逐年萎缩。政府部门把这归因于家长的选择,可是家长的选择,不是根据现实情况做出的吗? 你把骨干教师都抽走,一个老师上所有学生的课,家长看不懂吗? 如果让城镇的优秀教师轮岗过来,重视校园文化建设,家长难道不乐意让孩子在家附近上学? 当乡村学校办学水平很低,摆明就是应付的情况下,家长只有让孩子去城镇求学。而且目前各地采取的乡村学校四级管理模式,又让本来极为薄弱的小规模村小,变得更加薄弱。所谓四级管理模式,是把乡村学校分为四级——中心小学、完全小学、不完全小学、教学点,由中心小学调配资源,结果是,本来应该拨付给教学点的资源,却被统筹进了中心小学,资源朝中心小学集中。

办好乡村教育,是我国建设社会主义新农村的必然选择。没有乡村学校的农村,将没有生机与活力,因此,政府部门举办乡村小规模学校,不能将其作为应付国家叫停撤点并校的"无奈"举措,而是要办好乡村学校,吸引到城镇学校求学者回流,以及外出务工者返乡就业。这是地方政府必须有的乡村教育观念。

　　而要办好乡村小规模学校,首先,要按国务院的规定,切实保障对小规模学校的投入,不能以统筹之名,把给乡村教学点的投入配置给中心小学;也不能不把教学点作为一所学校对待(把乡村教学点纳入中心校管理,就忽视了乡村教学点的独立性,财务、人事都归乡村中心校),回避对小规模学校的投入责任。如果严格执行100人以下的教学点按100人配置教育资源,那政府部门就要思考办好小规模学校,而不是让其走向消亡了。

　　其次,要取消目前的四级管理模式,把每一所学校,包括教学点,作为独立的学校对待。乡村教育可以统筹,但不是建立垂直、带有层级的管理模式,而要组建乡村教育委员会,负责整个乡村教育的发展战略规划和乡村教育资源配置,这可以确保乡村教育资源的均衡配置,保障对小规模学校的投入。我国乡村学校之前被大规模撤并,现在叫停撤点并校后,小规模乡村学校低水平维持,都与没有乡村教育委员会有关。乡村学校的规划、布局、资源调配,就由地方政府说了算。这种管理模式必须进行改革,要基于村民自治,完善乡村教育的民主管理。确保对乡村教育的投入,并有效配置乡村教育资源,方可办好每一所村小,让乡村小学焕发活力与生机。

精准帮扶返乡农民工子女，
关键在于精准提高乡村教师的待遇和素质^①

农民工返乡子女是不同于留守儿童和随迁子女的一个特殊群体。当前，我国存在着因诸多原因返乡的农民工子女，比如，因异地高考受限返乡，因重大自然灾害、家庭变故、就学成本压力、（家乡）义务教育阶段学校条件改善、教育观念变化等返乡，因国家的农民工返乡创业政策影响返乡，等等。调查发现，虽然农村实现了返乡子女入学"零障碍"的政策目标，但农民工返乡子女普遍存在着日常生活与学习的不适应，深层次存在着他乡与故乡、流动与留守、出离和融入等杂糅纠葛的文化适应及冲突问题，关于返乡子女就学质量公平等深层次政策目标却并没有在后续政策中得到拓展和深入。^②

研究农民工返乡子女在返回家乡之后的求学、生活状况，进而在政策层面和学校教学活动层面进一步关注这一群体，是精准化帮助这些学生的需要。事实上，如果按照精准帮扶的要求，简单地用"农民工返乡子女"来概括这一有别于传统意义的留守儿童和随迁子女的群体，还太粗糙，因为因异地高考受阻而返乡求学的农村学生，与因为家乡义务教育办学质量提高而回乡的学生，心理是完

---

① 本文作于 2016 年 7 月。
② 张烨为,叶翔.农民工返乡子女入学调查：入乡随俗难.中国青年报,2016 - 07 - 04.

全不同的。在我国乡村求学的学生群体很复杂，要求乡村学校、教师做到对学生因材施教，就必须提高乡村教师的待遇和素质，否则乡村学校和教师可能只能解决学生的上学问题，而难以给学生高质量的乡村教育，更别提个性化的指导、帮助和关心了。哪怕国家出台政策，要求各地教育部门、学校要对留守儿童、返乡农民工子女进行精准帮扶，但离开了具体教师的投入，精准帮扶也只能停留在纸面。

对留守儿童和返乡农民工子女的精准帮扶，当前有两方面尤为重要。一是从政策设计上，减少留守儿童，尤其是因城市入学、升学障碍而产生的"新型留守儿童"（返乡农民工子女有相当部分是在城市读完小学、初中，因在城市难以获得平等升学机会而无奈返乡），这一群体会带着对城市的不满以及很强的失落感，回到乡村。由于从小就在城市生活，他们回到乡村后，很难融入乡村，如果父母还在城市继续打工，他们的心理问题会比从小就留守在乡村的孩子更严重，有的还会被乡村孩子欺负。调查显示，返乡农民工子女在乡村的交往圈很小，这是完全可以想象的——在乡村，他们没有朋友，也没有根基。对他们进行精准帮扶，不是回到乡村零障碍入学，而是在城市零障碍入学和升学，能够和在城市务工的父母一起，不因求学政策、升学制度而"被留守"。可以说，如果不解决在城市零障碍入学和升学的问题，再怎么完善乡村零障碍入学，这一群体的深层次问题都很难得到化解。我国要加大力度解决随迁子女城市求学问题，以及开放异地高考。

二是通过提高乡村教师整体待遇与素质，让乡村学校教育能做到因材施教。实事求是地说，仅靠目前的乡村教师待遇，按照当前乡村教师的能力和素质，要在乡村学校对每个乡村孩子进行因材施教，关注他们的心理，给予个性化的教育、引导，可以作为工作要求提提,但难以落实。无论对留守儿童,还是对返乡农民工子女进行有针对性的教育,从本质上,都需要乡村教育因材施教。——如果学校能做到因材施教,就会关注每个学生的具体情况,进行个性化的教育,根本就不要有关研究者去调查,学校、教师会根据基本的教育要求,排摸所有学生的情况,了解他们的处境,而不是提供一个求学机会就万事大吉。我国出台的帮助农村留守儿童的政策,要求建立留守儿童档案,其目的也是跟踪关注留守儿童,解决具体的个性化问题,而解决教育、关爱问题,最终都要落实到人身上。

国外有调查显示,帮助贫困学生最有效的方式,不是给贫困学生资助,而是提高教育贫困学生的教师,教师有更强的责任心、更多的耐心去帮助、教育贫困学生,更有利于促进贫困生成长、成才。这对我国帮助留守儿童、返乡农民工子女,不无启迪。对于留守儿童、返乡农民工子女,政府应给予生活上的资助,与此同时,更要关注给予留守儿童、返乡农民工子女教育的乡村教师队伍建设。其实,提高我国乡村教育质量的关键也在建好乡村教师队伍,换句话说,精准帮扶留守儿童、返乡农民工子女,必须精准帮扶乡村教师。

精准帮助留守儿童大有可为①

近日召开的农村留守儿童"合力监护、相伴成长"关爱保护专项行动推进会透露：截至 8 月底，各级教育部门积极做好返校复学和户口登记等工作，共帮助 11 821 名失学辍学农村留守儿童返校复学；各级公安部门为 125 377 名无户籍农村留守儿童办理户口登记，批评教育失职父母 90 822 人，治安管理处罚 282 人。

以上数据表明，精准帮助留守儿童大有可为。11 821 名失学辍学农村留守儿童能返校复学，是值得高度肯定的专项行动成效。但在对专项行动的成效进行肯定之余，也需要思考一个问题：如果没有专项行动，这些失学辍学的留守儿童谁去管，他们到现在是不是还继续失学辍学？精准帮助留守儿童，专项行动之余，更要建立长效机制。

今年 9 月初，国务院办公厅下发《关于进一步加强控辍保学提高义务教育巩固水平的通知》，要求要坚持依法控辍，建立健全控辍保学工作机制，切实解决义务教育学生失学辍学问题，确保实现到 2020 年全国九年义务教育巩固率达到 95％的目标。这一通知的亮点之一，就是明确建立控辍保学的长效机制。

按照《义务教育法》，适龄儿童必须到学校接受义务教育，地方

---

① 本文作于 2017 年 9 月。

政府、学校、监护人对保障适龄孩子接受义务教育,都具有不可推卸的法律责任。但近年来,随着农村撤点并校、农村人口流动加剧,农村孩子辍学率回潮。根据《2016年全国教育事业发展统计公报》,我国九年义务教育巩固率为93.4%。对于农村孩子,尤其是留守儿童辍学,舆论的情绪十分纠结,虽然大家都认为完成九年义务教育是没有受教育者的权利和义务,但也有部分网友对某些地区孩子辍学外出打工谋生持支持态度,如前不久的"格斗孤儿"事件,这也就加剧了劝失学辍学儿童返校的难度。

建立让失学辍学儿童返校的长效机制,一方面,要发挥中小学生学籍信息平台的作用,及时掌握每位适龄儿童的求学状态,包括有的学生从农村学校转出,说是要到城镇学校求学,却没有入学,以及有的学生从城市返乡,却并没有到农村学校学习。在现代信息社会,掌握学生的学籍变动、求学情况并不难,关键在于各地教育部门、学校要负责任地记录学生的学籍情况和求学情况,不能学生不在校却编造在校读书的虚假信息。

另一方面,则需要考虑导致孩子失学辍学的原因,建立完善的保障学生义务教育的机制,否则,即便通过专门做工作,说服家长,把孩子劝回校园,也很难持续。总体看来,虽然《义务教育法》明确规定了地方政府保障义务教育的法律责任,但此前之所以有的地方政府对失学辍学问题不够重视,有多方面原因。首先,地方政府发展教育存在政绩导向,而目前发展基础教育的政绩,是升学率,学生辍学非但不影响升学率,反而可能提高升学率,因此,成绩较差的学生从学校流失、辍学后,学校、教师没有积极性去劝返,而是以他(她)到外地读书为理由交差。

其次,功利教育观念在一些地区滋生,甚至有的教师在和家长交流沟通时,对成绩较差的学生,不是要求无论怎样都要读完书,而是有意无意地告诉家长这一成绩今后考不上普通高中，也进不了好大学，读书意义不是很大之类，这让有的家长对孩子求学更不重视，加之乡村的学校再被撤掉，有的家长就直接让孩子不再读书了。

另外，虽然我国针对人口流动情况，也在完善随迁子女城市入学机制，但是有的城市对随迁子女入学设置较高的门槛，流出地政府和流入地政府究竟谁来保障适龄儿童的义务教育，责任并不清晰。家长想把孩子带在身边求学，可政策不允许，只有让孩子回家。如果乡村学校不重视关心每一位学生，当学生觉得上学没意义、没前途，学校、家长都不管时，就会有部分留守儿童辍学，外出打工，或者在外流浪。

地方政府不重视学生辍学这一问题，已经引起国家重视，国务院办公厅的这一通知，要求完善控辍保学督导机制和考核问责机制，将义务教育控辍保学工作纳入地方各级政府考核体系，作为对地方政府及其主要领导考核的重要指标。但这在多大程度能扭转地方政府的政绩观，还有待观察，而且流入地和流出地政府都可能把保障义务教育责任推给对方。在我看来，我国解决包括留守儿童在内的适龄孩子的义务教育求学问题，应该确立"人在哪里，当地政府就要保障其入学"的基本原则，以及与之对应的"学籍在哪里，经费就拨到哪里，经费随学籍走"的经费保障机制。这就让保障义务教育形成一个没有缝隙的完整体系，也可最终实现让所有孩子可随父母生活，在父母工作地求学，从根本上解决留守儿童和流动儿童的求学和发展问题。

不能只要求乡村教师"坚守"，
乡村教师需要体面的收入与尊严①

在川西海拔 2 800 米的大凉山上，有一个乡村小学的教学点，直到两年前才通水通电和修通公路。这里最初只有 4 名学生，无校舍，孩子们曾在牛棚、土坯危房、砖房中上过课，直到这学期才刚搬进新校园。其条件艰苦，超出世人想象。这里就是四川省凉山州昭觉县阿并洛古乡瓦吾社教学点。今年 39 岁的彝族老师曲比史古，是这所高原小学唯一的公办教师。

曲比史古自己花了 5 万元造起这所砖房学校，这里的每一块砖都是他亲手砌上去的，黑板也是自己动手做的。从家中前往瓦吾教学点，全程走完要近两个小时。14 年的坚守让曲比老师往返家校徒步了 6 万多公里，也让他连续 3 次被县中心校评为优秀教师，2016 年被评为县级优秀教师，2017 年他还获得了"马云乡村教师奖"提名。

这则新闻令人动容。在我国贫困地区的乡村学校，坚守着很多类似曲比史古这样的教师。但这则新闻也令人对乡村教师的生存状况感到忧虑，因为人们不能向乡村教师提出过高的道德要求，以道德要求他们坚守在贫困的乡村地区，而应该让他们在乡村也

---

① 本文作于 2018 年 1 月。

拥有良好的工作环境，至少不用为学校简陋的校舍条件操心，也应该拥有在当地算得上体面的收入。

一、 双短板： 乡村教育是我国教育的短板，乡村教师是我国乡村教育的短板

东北师范大学中国农村教育发展研究院发布的《中国农村教育发展报告 2017》显示，我国农村在校生占全国在校生总数的三分之二，农村教育仍然是中国义务教育的主要部分。我国乡镇教师、乡村教师的月收入也逐渐提高，2016 年分别达到 3 965 元和 3 550 元，高于县城教师的 3 446 元。但必须注意的是，总体而言，农村教育还是我国整体教育的短板，农村教育的质量、农村教师的待遇，与城市学校、城市教师相比仍存在一定差距。

以乡村教师待遇为例，3 550 元是乡村教师的平均值，这并不能反映我国贫困乡村教师的真实收入情况。在我国部分贫困地区，乡村教师的收入不到 2 000 元，这一收入在当地很难招到教师。而就是达到目前的 3 550 元，也只是和外出务工基本持平。国家统计局发布的《2016 年农民工监测调查报告》显示，外出务工农民工月均收入 3 572 元，比上年增加 213 元，增长 6.3%；本地务工农民工月均收入 2 985 元，比上年增加 204 元，增长 7.3%。对比上述数据，我国乡村教师的月收入仅比本地务工农民工高五六百元。

教师的收入将直接影响教师队伍的质量。调查显示，我国乡村教师队伍出现 U 形结构：30 岁以下的多，45 岁以上的中老年多，青壮年少。原因在于，我国近年来采取"免费师范生计划""农村特岗教师计划"等方式，鼓励大学毕业生到乡村任教，为乡村学

校吸引了一批年轻教师。但是，乡村学校缺乏留住优秀人才的环境，一方面是待遇太低，让一些年富力强的教师选择离开，到城市学校发展或者转行打工。虽然有关数据显示，近年来由于工资待遇向乡村学校倾斜，县域内县城教师的收入不如乡村学校，但县城的生活条件不同，而且在县城还有其他兼职挣钱机会。另一方面则是乡村教师的地位不高，乡村教育的定位也令部分乡村教师感到困惑。在我国乡村地区，乡村教师不再是令学生羡慕的群体，包括所有在乡村地区工作的其他人，也都不是学生的"榜样"。原因是，我国乡村教育和城市教育一样，采取升学教育模式，是以让学生升学，考进好的学校，离开乡村，进入城市，作为学生"成功"的标准。也就是说，乡村教师教育学生，不是改变贫困的家乡，而是要靠读书改变命运，"背井离乡"，这样的教育，让乡村、乡村教育和乡村教师、学生都陷入困境。

在我国乡村地区，存在当地教育办得越好，当地经济发展越贫困的悖论。因为所谓好的教育是把学生都输送到城市，没有人愿意改变家乡；就是回到家乡教书的大学毕业生，也是继续从事把乡村孩子送到城里去发展的教育任务。这种教育模式在过去还可以持续，进入城市的学生，在城市找到工作，寄钱给家中的老父老母，但现在，这种模式已在部分地区面临破产，因为考进大学也无法在城市找到一份好工作，养活自己的同时还给父母寄钱。因此，在我国乡村地区，出现新的"读书无用论"，有的成绩不好的学生读完小学（甚至没有读完小学），就认定自己今后考不上普通高中、进不了好的大学，就选择辍学。根据教育部公布的数据，我国 2016 年的义务教育巩固率为 93.4％，有 6.6％的适龄学生没有完成义务教育。在我国乡村地区，控辍保学变为一项艰巨的任务。在十九大召开期间，教育部部长陈宝生指出发展教育必须要啃三大硬骨头，其中之一就是控辍保学。

由于乡村教育和城市教育的办学模式差不多,而城市学校有更好的办学条件,乡村教育由此面临优秀生源的流失,城镇学校"挤"、乡村学校"空",也让有的乡村教师的坚守变得"悲壮":教的学生越来越少。加之一些地方政府部门觉得办乡村学校投入大,但对升学政绩贡献不大,因此采取低水平维持的方式建设乡村学校(教学点),我国乡村学校的数量持续减少。根据《2016 年全国教育事业发展统计公报》,2016 年,全国共有义务教育阶段学校 22.98 万所,比上年减少 1.32 万所,其中,全国共有小学 17.76 万所,比上年减少 1.29 万所。而与学校数减少对应的是,小学招生 1 752.47 万人,比上年增加 23.42 万人;在校生 9 913.01 万人,比上年增加 220.83 万人。也就是说,我国小学生入学人数在增加,但小学数量在减少,仅 2016 年就减少 1.29 万所,平均每天减少 35 所。

二、 改变乡村教育生态, 让每个学生享有公平而有质量的教育

办好乡村教育是我国实现教育现代化的必然选择。因为教育现代化的根本目标是,让每个学生享有公平而有质量的教育。发展我国乡村教育,需要政府部门加大投入,转变理念,也需要更多的社会公益机构投入关注乡村教育的变革。

2017 年,教育部办公厅发布《关于 2016 年连片特困地区乡村教师生活补助实施情况的通报》。该通报显示,截至 2016 年底,共有 684 个县已实施乡村教师生活补助,惠及 8.1 万所学校的 129.5 万名教师,学校和乡村教师的覆盖率分别为 98% 和 96%,比 2015 年分别提高 2% 和 4%。2016 年,各地共投入乡村教师生活补助资金 44.3 亿元,比上年增加 9.9 亿元,增幅 28.8%。中央核拨奖补

资金 29.8 亿元,比上年增加 7 亿元。人均补助标准为 284 元,比 2015 年增加 22 元。

这当然是好消息。但是乡村教师人均补助标准仅为 284 元,还是太低了。可能很多人会说,国家盘子这么大,能做到这样已经不错了。可是,再看看各地在建设"双一流"时动辄推出几十亿到上百亿的"大手笔",就会发现,提高乡村教师待遇,政府部门并不缺钱,缺的是对乡村教育的重视。从政府部门发展教育的职责看,首先应该保障基础教育、义务教育,可是,我国各级政府特别重视的是非义务的高等教育和高中教育,因为这有"高度",能展示政绩。这种教育政绩观必须转变,未来应该把所有新增教育经费都投向基础教育,尤其是农村义务教育,要开放高等教育,引入更多社会资金举办高等教育。从发展乡村教育,提高乡村教育质量,改变乡村教育生态的要求看,我国应该大幅度提高乡村教师的待遇。做到这一点,我国应该改革义务教育经费保障机制,强化省级统筹,由省级财政保障一省范围内教师的待遇,乡村教师的待遇要和省会城市学校一样,甚至更高。目前教师的待遇还主要由县级财政保障,因此,贫困地区的乡村教师因县财政实力薄弱而待遇低,可以说,整个县的教师待遇都低。

在加大对乡村教育的投入的同时,还要转变乡村教育理念。最近,针对乡村小规模学校(教学点)的办学,有教育专家提出,我国乡村学校具有更好的改革优势,可以办为"小而美"的学校,培养改变乡村的人才,不像城市学校,规模大、班额大,要推进个性化教育十分困难。从个性化教育、交互式教育角度看,似乎如此,可是,开展个性化教育,需要教育评价体系支撑,如果教育评价体系就是单一的分数评价,乡村学校如何摆脱升学教育模式,立足乡村,实现个性化办学?开展交互式、探究教学,需要教师有更高的素养,而不只是"满堂灌""填鸭式"教育,可如果乡村教师对教育的认识就是应试、讲授,不知道怎样培养学生的兴趣、个性、技能,怎样实现乡村教育内容的突破? 也就是说,改革乡村教育必须有系统的计划。

这一方面需要政府推进升学考试制度改革、基础教育课程改革,引导我国基础教育扭转"唯分数论",尤其是改变地方政府按升学模式配置教育资源的传统做法。当前,我国各地都出现超级中学现象,围绕超级中学,各地的优质资源都朝少数学校集中,基础教育生态遭遇严重破坏,这源于升学教育模式下的"锦上添花"拨款思维。要办好每一所学校,就必须改变这种思维,政府更应该做的是均衡、普惠、"雪中送炭"。乡村教育这一短板不补齐,那我国整体教育水平就将由乡村教育这一短板决定,我国社会的文明高度也将由没有完成义务教育、辍学的那些学生决定。

另一方面,需要更多像马云一样的企业家,关注乡村教育发展。马云推出的乡村教育计划,是政府关注乡村教育、改善乡村学校办学条件、提高乡村教师待遇之外的社会公益行动。一直以来,我认为,推进中国教育改革和发展,需要"四大力量":一是政府的力量,二是学校的力量,三是企业的力量,四是公益组织的力量。企业和社会公益组织的力量除了补位之外,更重要的是为教育注入新的活力。与以前的"希望工程"募集资金建设学校(解决学校的硬件建设)不同,现在的教育公益更注重教育的品质和内涵提升,这恰恰是公益组织应该扮演的角色。因为保障义务教育的基本投入是政府部门的责任和义务,不能由公益组织替代,公益组织应聚焦在学校管理、教师发展和学生成长的支持上。在这方面,马云的"乡村教师奖""乡村校长计划"和"乡村师范生计划"大有作为,也会感召更多的企业家投身教育公益。

农村特岗教师半年发一次工资，
为何中央保障的工资部分不直接打到教师账上？[①]

近日，有媒体报道，陕西省渭南市临渭区的 100 名特岗教师反映被拖欠工资并且长久未能解决待遇问题，引发广泛关注。1 月 31 日，临渭区委宣传部回应，在当地纪委介入调查之后，临渭区教育局已组织人力对相关问题进行核查和统计，涉及此事的特岗教师每人已收到补发工资 2.6 万余元。

但是，还有两个问题，当地教育部门必须回应：特岗教师为何半年才发一次工资？福利待遇何时落实？据报道，2016 年，通过国家"特岗计划"考试进入渭南市临渭区某农村小学的小武（化名）表示，到目前为止，他们的工资都是半年发一次，并且没有享受到应有的福利待遇。小武告诉记者："我们在 2016 年、2017 年，其至到 2018 年，工资都是半年发一次，而且当时签合同时里面的待遇，比如社保、医保、住房公积金这些其他的都没有，没有给我们落实。"

只有认真回答这两个问题，才能维护特岗教师的基本权利，也才能让国家推出的这一计划发挥积极作用。这两个问题，其实还折射出更深层次的问题：其一，我国中央财政的转移支付针对学

----

① 本文作于 2019 年 2 月。

校和教师的，为何不能直接打到学校、教师账号上？而需要一级级划拨，造成截留、挪用、挤占等问题？其二，众所周知，一省内经济发展不均衡，贫困地区财政薄弱，推进基础教育均衡发展，提高贫困地区教师待遇，必须强化省级统筹，可为何省级统筹推进缓慢？按"农村特岗教师计划"的规定，特岗教师的工资中有很大一部分来自中央财政转移支付。2012 年开始，中央财政特岗教师工资性补助标准为西部地区人均 2.7 万元/年，中部地区人均 2.4 万元/年，除此，特岗教师收入中高出中央财政补助的部分，由各县财政承担。

这要分两部分看。由中央财政保障的这部分工资，只要中央财政拨款到位，就不会存在每半年才发一次工资的问题。当地每半年给特岗教师发工资，表明存在对中央拨款的截留或者挪用。为此必须进行调查，是谁进行了截留，要根据调查结果追究责任。

而且按照当前的数字支付技术，中央财政的转移支付，是完全可以点对点打到转移支付对象的账号的。对乡村学校的转移支付，可打进学校的账号；对教师薪酬的转移支付，也可直接打到教师的账号。这种点对点的支付，不但可减少管理成本，而且避免层层支付出现的"雁过拔毛"、挤占、挪用问题。

中央转移支付层层拨付存在的问题是显而易见的。2014 年，国家教育部有关负责人表示，据不完全统计，2012 年、2013 年两年来追回挤占挪用教育费附加、转移支付等经费 9 亿元。另外，本来是中央财政无条件转移支付，到了地方政府部门手中后，会把支付和考核、评价挂钩，导致行政力量对学校办学、教师教学的干涉，以及部分资金没有被用到"刀刃"上。

由县财政补足这一部分，很大程度取决于县级财政的实力。近年来，我国在反复强调要按《教师法》规定保障教师待遇，但是，各地还是不时出现欠薪问题，乡村教师待遇低问题一直是社会热议话题。之所以出现这些问题，根源是教师待遇主要由县级财政保障（中小学公办教师的薪酬由县级财政发放）。要切实保障教师待遇，应该强化省级财政统筹，由省级财政保障一省范围内所有公办中小学教师的待遇，这是促进义务教育均衡，也是提高整体办学质量的必然选择。2016年，我国发布《国务院关于统筹推进县域内城乡义务教育一体化改革发展的若干意见》，要求实现县域内城乡义务教育学校建设标准统一、教师编制标准统一、生均公用经费基准定额统一、基本装备配置标准统一和"两免一补"政策城乡全覆盖。而做到生均公用经费统一，采取的是省级统筹并加大中央财政转移支付力度的方式。需要注意的是，支付教师待遇这部分经费占所有教育经费的大头，这部分不能做到省域内统一标准，将制约全省义务教育均衡发展，影响教师队伍尤其是乡村教师建设。

在法国，由中央财政保障所有义务教育教师的待遇，而且直接把薪酬打进教师账号。这一做法值得我国借鉴，提高教育的现代治理水平，同时加强对教育发展的保障力度。

不要再用凄苦反衬乡村教师的伟大^①

从 17 岁到 57 岁,山西省陵川县积善村代课教师宋玉兰坚守三尺讲台 40 年,用生命中最宝贵的时光照亮这个偏僻的小山村。虽然宋玉兰这一辈子每月工资最多时也只有 100 多元,但她喜欢孩子,说"我离不开孩子们";乡亲们也敬重她,说她是"小山村不灭的蜡烛"。^②

这篇报道还提到,现在宋玉兰每月工资只有 150 元,一年结一次,到了年底才能拿到 1 800 元。为了维护权益,宋玉兰坦陈,自己堵过领导的门,拍过领导的桌子,但十几年来始终没有解决。对此,她平静地说:"以前被气哭过,有时一天都吃不下去饭,哭过后再接着给孩子们上课。"很多网友跟帖评论——最美乡村女教师。宋老师当然值得被赞"最美女教师",可是,这样因基本待遇不保障、基本权利被侵犯而产生的"最美女教师",还是越少越好。媒体在报道其"最美"时,更要批评地方政府部门对待教育之"最丑",要质问当地政府部门:为何不保障教师待遇?为何还在使用代课教师?为何不按政策规定对几十年教龄的代课教师依法"代转公"?不能用教师个体的"最美"掩盖一些地方乡村教师待遇、权利得不到保障的"最丑"现实。

---

① 本文作于 2016 年 1 月。
② 王井怀.40 年教出学生千名,月薪仅 150 元.新华社,2015 - 12 - 31.

乡村教育是我国整体教育的短板,乡村教师问题是短板的短板,不解决乡村教师的待遇和权利问题,仅仅以师德或荣誉给乡村教师"戴高帽",指望以此让他们安心从教,是不切实际的幻想。由于待遇太低,权利得不到保障,不要说代课教师,就是正式教师,都在选择逃离乡村学校。

2015年,乡村教师这一群体受到高度重视。国家出台了"乡村教师支持计划(2015—2020年)",指出要通过实施"乡村教师支持计划",解决当前乡村教师队伍建设领域存在的突出问题,吸引优秀人才到乡村学校任教,稳定乡村教师队伍,带动和促进教师队伍整体水平提高,促进教育公平。但是,在现实中,不少地方政府对乡村教育本就不重视(把学生集中到城镇学校,逐渐消灭乡村学校,是一些地方政府的教育战略),也就不把乡村教师队伍建设当回事。有的地方政府,为节省教育投入,以各种理由有编不补,在按国家要求清退代课教师之后,又以"合同教师"之名把代课教师请回来,给远低于正式教师的工资待遇,勉强维持乡村学校低水平办学。

这一问题要根治,在我看来,是很难依靠地方政府的,必须改革我国教育经费保障机制。今年,我国为发展乡村教育,明确统一城乡义务教育经费标准,但这针对的是学校共用经费和学生的学杂费、书本费,还没有涉及教师的工资待遇,而教师的工资待遇是教育经费的大头(约占70%),依靠地方财政来保障、提高教师待遇,在不发达地区、贫困地区有很大难度——我国乡村教师待遇低,主要原因是由地方财政支付工资——所以必须发挥省级财政和中央财政的作用。我国实施的"农村教师特岗计划"就是中央财政买单,让这一计划顺利实施。这启示,要提高乡村教师待遇、缩小城乡差距,必须强化省级统筹,并加大中央财政转移支付力度。

简单地说,应由省级财政来统一支付教师薪酬,对于不发达、贫困地区,中央财政按一定比例转移支付。在有的发达国家,义务教育教师的工资甚至由中央财政统一支付,直接打进教师的账户。

近年来,也有一些省加强了对基础教育教师的统筹力度,但是,在编制上卡得比较死,不能满足地方教育发展的需要,地方只有自筹经费聘任师资。这些师资由于没有编制,也就成为新的代课教师。这需要在建立新的经费保障机制的同时,落实和扩大学校的办学自主权,而为监督学校用好自主权,在各地区要成立地区教育委员会,制定地区教育发展战略,并监督学校依法办学。国家主席习近平在新年致辞中说,只要坚持,梦想总是可以实现的。对于乡村教师来说,也要让他们有实现教育梦想的机会。当教师的权利和利益得到保障,他们的教育梦想才会得以实现,而只要坚持,就能实现教育梦想的教师,才是最美、最幸福的教师,我们的乡村教育需要这样的最美教师,而不是为权利、待遇所困、抗争的"最美教师"。

"乡村教师收入倍增"切实可行^①

　　全国人大代表、民进中央副主席庞丽娟日前参加北京团审议时,向前来旁听审议的教育部部长陈宝生进言,建议国家实施乡村教师收入倍增计划。庞丽娟说,加快推进教育现代化,全面提高国民素质和推进城乡发展一体化,要把改善和提高教师待遇置于教育财政投入的重点战略性支持领域,优先保障对教师特别是乡村教师的工资性投入,优先满足农村教师队伍建设的需要。

　　除庞丽娟代表建议实施乡村教师收入倍增计划,这次全国两会上,多名全国人大代表、政协委员也提出了提高乡村教师待遇、加强乡村教师队伍建设的建议。全国人大代表王馨建议,国家向农村基础教育教师发放生活补助,扩大奖补范围,吸引、鼓励乡村教师扎根乡村安心教学。全国政协委员宁夏大学副校长马宗保建议,中央财政设立西部地区乡村教师队伍建设专项基金,用于提高乡村教师津补贴标准、改善乡村教师工作和生活条件等。

　　以庞丽娟代表建议实施乡村教师收入倍增计划为代表,提高乡村教师待遇已经形成广泛共识。今年1月20日,中共中央、国务院发布《关于全面深化新时代教师队伍建设改革的意见》,其中明确提出大力提升乡村教师待遇,深入实施乡村教师支持计划;认

---

① 本文作于 2018 年 3 月。

真落实艰苦边远地区津贴等政策，全面落实集中连片特困地区乡村教师生活补助政策，鼓励有条件的地方提高补助标准，努力惠及更多乡村教师。

近年来，各地在提高乡村教师待遇上做了不少工作，但乡村教师待遇增幅不大。根据教育部办公厅发布的《关于 2016 年连片特困地区乡村教师生活补助实施情况的通报》，截至 2016 年底，共有 684 个县已实施乡村教师生活补助，惠及 8.1 万所学校的 129.5 万名教师。2016 年各地共投入乡村教师生活补助资金 44.3 亿元，比上年增加 9.9 亿元，增幅 28.8％，中央核拨奖补资金 29.8 亿元，比上年增加 7 亿元，人均补助标准为 284 元，比 2015 年增加 22 元。这样的补助标准对提高乡村教师待遇力度有限，难以形成应有的吸引力。

研究提高乡村教师待遇的标准和幅度，可以参考同期高校毕业生就业的"市场行情"。据调查，2017 年我国高校毕业生月起薪算术平均值为 4 812 元，中位数是 4 000 元，高校毕业生月起薪的加权算数平均值为 4 537 元。按照高校毕业生起薪标准，考虑到乡村工作环境更艰苦，要吸引优秀大学毕业生到乡村任教，新入职乡村教师待遇起码要高于 4 537 元。由于收入应随工作年限（职务）提高而提高，目前乡村教师平均收入要达到 8 000 元左右，方可吸引和留住优秀人才。这一待遇标准与当前乡村教师的待遇标准相比，提高了一倍多，也就是说，应当成倍提高乡村教师待遇，乡村教师待遇保障才能达到应有的水平。但要达到这样的保障水平，仅仅依靠县级财力是不行的，必须对基础教育经费实行省级财政统筹，并加大中央财政转移支付力度，即由省财政支付所有基础教育公办教师的薪酬，对于贫困地区，再通过中央财政转移支付提高教师待遇。

庞丽娟代表介绍，根据经费保障分析，乡村教师倍增计划如果覆盖全部 300 万乡村教师，每年国家需要投入资金 900 亿元。2016 年财政已对 684 个连片特困县投入 74.1 亿元，要满足乡村教师实质性工资倍增，每年只须新增 825.9 亿元，"这在财政供给能力上是可行的，如将财政性教育经费占 GDP 的比例提高 0.1 个百分点，新增经费就能够满足乡村教师收入翻番的资金需求"。

实施乡村教师收入倍增计划，大幅提高乡村教师待遇，是加强乡村教师队伍建设，夯实农村教育发展基础，解决教育发展不平衡、不充分问题的当务之急。实施这一计划不但很有必要，而且切实可行，中国教育发展需要尽快补上这一课。

乡村教育现代化
——乡村教育制度

- 体制外的修补，难以解决乡村教育的根本问题
- 保障乡村教学点须调整乡村教育统筹机制
- "银龄讲学计划"是建设乡村教师队伍的补充计划
- 发展乡村教育，需政府主导并形成全社会的合力
- 马云乡村教育计划的最宝贵价值

体制外的修补，
难以解决乡村教育的根本问题^①

凉山四季吉村一共 603 人，6 岁到 18 岁应该上学的总计 122 人。其中，6 岁到 7 岁，已经读书的 11 人，没有读的是 26 人。8 岁到 9 岁，已读的 20 人，未读的 13 人；10 到 12 岁，已读的 16 人，未读的 18 人。到了 13 到 18 岁，辍学的人数明显增多，读书的仅有 7 人，没有读书的为 21 人。^②

入学率低、辍学率高，是这组数据所反映的凉山地区的基础教育现实。——对于这落实到每个人头上的数据，教育部门该不会再否认了吧？此前，对于有关调查显示辍学率回潮，教育部门回应称只是统计口径不同——那些辍学的学生到哪里去了？无外乎外出打工。媒体聚焦的凉山童工现象，是与高辍学率联系在一起的。

很多人会把学生辍学打工归结为当地的贫穷，我不赞成这种归因——就是贫穷，也不是不保障九年义务教育，放任学生辍学的借口。我国《义务教育法》规定："各级人民政府及其有关部门应当履行本法规定的各项职责，保障适龄儿童、少年接受义务教育的权利。适龄儿童、少年的父母或者其他法定监护人应当依法保证其按时入学接受并完成义务教育。依法实施义务教育的学校应当按

---

① 本文作于 2014 年 3 月。

② 据 2014 年 3 月 25 日中央电视台《新闻 1+1》节目信息。

照规定标准完成教育教学任务,保证教育教学质量。社会组织和个人应当为适龄儿童、少年接受义务教育创造良好的环境。"

对照《义务教育法》,不得不说,我国一些地方政府部门在保障贫困地区学生的受教育权方面,是没有尽到责的。据报道,凉山美姑县全县有接近 10 万的在校生,可教师只有 1 578 人,不到 1 600 人,缺口接近 600 人,也就是说缺口达到 30%。而且教师的待遇很低,有的代课教师每月收入 400 元,公办教师工资也就两三千。一个村的村干部说,全村 120 多名学龄儿童,有一半多都处于未读书状态。学校唯一的村小三年才招一次学生,只有一名教师、十几名孩子。别的学校都已经开学了,但这个学校到三月初才开学。

这是不应该发生的,这放在全国任何一个地方,如果教师工资就这么低,都不可能办好学。出现这种情况,只有一种解释,就是教育投入严重不够,导致教师待遇低、招不满教师,保障不了办学条件。另外,考虑到当地学生上学交通的实际困难,应该完善学校的寄宿条件,但目前的办学条件无法满足寄宿的需求,有一些孩子因上学路太远而辍学。如此办学条件,能让学生和家长看到教育的未来吗?能留住学生在校读书吗?哪怕国家推出扶贫定向招生计划,增加贫困地区农村生进重点校的机会,但这对基础教育薄弱地区的影响甚小,教育起点差距这么大,怎么补偿出公平来?

对于不发达地区、贫困地区,发展教育、办好学校,最根本的逻辑是,应该拿出比城市地区更高的工资待遇,去吸引教师。但现在却完全颠倒,越是没人愿意去的地区,工资待遇越低。虽然教育部曾反复强调教育投入要向不发达地区、薄弱地区倾斜,但现实却很不乐观,地方政府在发展教育时,还是乐于做"锦上添花",而不是"雪中送炭"的事。当然,地方政府也有"苦衷",资源就这么多,眼下的任务是要在当地办出一两所示范性的好学校展示政绩,而不是解决薄弱学校的问题。

要改变这种情况,必须全面改革教育拨款体系。首先,应该从以县级财政为主保障基础教育经费,转向省级财政统筹,对于不发达地区,更要强化中央财政的转移支付力度。这样,在省区内才能实现办学标准一致,同时结合中央财政转移支付,补上对不发达地区、薄弱学校的欠债。

有人建议,发展贫困地区教育,要发挥社会机构的力量,捐资助学。我不认为这能起到多大效果,因为保障义务教育是政府的首要职责,不能由社会捐赠替代。另外,鉴于不发达地区、贫困地区的教育现状,要吸引并用好社会捐赠,难度颇大。在这方面,关键还是要靠国家调整教育投入价值取向,应从保障公共教育、保障公平出发进行教育拨款。为此,可开放高等教育,吸引更多民间资金进入高等教育领域,由此减少政府对高等教育的投入,转而投向基础教育,尤其是不发达的基础教育。

其次,应该调整中央财政转移支付模式,不能再按现在的层层拨付方式拨款,而应该直接把拨款打进学校、教师和要补助的学生的账号上,这可防止转移支付被挤占、挪用,也避免地方政府再对转移支付进行"重新分配",比如,本应该给乡村教师的钱,被政府部门用于其他地方,发给了城市地区教师。

我国乡村教师的待遇问题,说了多年,但多年说下来,整体收入状况并没有改变。一方面,地方政府在改善乡村学校办学条件时,还存在重硬件轻软件的问题,改造校舍、完善教育教学设施当然有必要,但建一支好的教师队伍更重要;另一方面,不发达、贫困地区的官本位意识更浓,乡村教师的权利得不到尊重,以前乡村教师工资时常被打白条对付,大量聘任代课教师只付公办教师三分之一不到的工资,就是明证。目前这种教育管理模式并没有改变,学生可以辍学出走,教师也一样,谁愿意接受这么低的待遇,做如此辛苦的工作?

需要注意的是,凉山地区的教育现状只是我国贫困地区教育的冰山一角。近年来,我国在改善农村教育现状方面,没有少花功夫,包括推出"农村特岗教师计划""免费师范生计划""支教计划"等,但这些计划对乡村教育的局面,尤其是乡村教师队伍建设,带来多大的改观,值得好好反思、总结。不从根本体制上解决问题,而只是在现行体制之外进行修补,难以治理根本问题。有多少地方政府积极响应上级布置的计划,把计划引来的人才当人才使用?又有多少计划中的人才,有扎根乡村教育的长远规划? 这可以选择像凉山这样的贫困地区,深入分析,从中或可找到真正攻克乡村教育难题的方案。

保障乡村教学点须调整乡村教育统筹机制^①

　　全国政协委员、华中师范大学党委书记马敏 2014 年到湖北省恩施土家族苗族自治州调研，基层的教育局局长们请马敏无论如何也要把他们的心声反映出去：农村教育危险！他说，2010 年 11 月财政部提出，对不足 100 人的农村小学、教学点，按 100 人核定公用经费补助资金，尽管如此，仍有部分教学点因缺乏独立核算权而无法享受该政策，导致教学点校舍破旧不堪，公用经费捉襟见肘，甚至出现以打白条的形式列支。^②

　　其实，在此前的地方两会上，这一问题就曾引起代表、委员的关注。在江西省政协十一届三次会议上，省政协委员华小明在涉及农村小学教育的提案中提出，在江西省内挑选若干县区试点，或在县区挑选若干乡镇试点取消中心小学，打破农村四级学校体系，让中心小学、完全小学、非完全小学、教学点成为平行并列的教学单位，坚持农村学生就近上学原则。四类学校均按完全小学建制，成为独立核算的法人单位，中心小学校长与其他学校校长不再是上下级关系。只有这样，中心小学之外的学校才有机会获得充分的教育资源，从而成为合格的学校。这一提案，针对的就是乡村教学点破败的问题。

---

① 本文作于 2015 年 3 月。
② 原春琳.老的老　走的走　农村教育很危险.中国青年报,2015 - 03 - 06.

一个乡村,学校办学分为四级:中心小学是"老大",各小学的教师调配、生均经费都由中心小学统一支配;非完全小学、教学点在当地地位低下,分配到的办学经费有限,师资力量极为薄弱。这种管理体制,显然把中心小学作为核心、特权校,乡村学校被分为不同的层次——本来乡村学校的办学条件薄弱,再分为若干层次,非完全小学、教学点的办学局面可想而知——极不利于乡村教育的健康发展。

怎样打破这一体系?相关建议包括:首先,对四类学校均按完全小学建制,给学校平等的地位;其次,以乡镇为单位或打破乡镇界限划定农村学区,设立学区小学教育委员会,该委员会为县区教育局派驻学区的机构,行使监督、管理和统筹学区内学校均衡发展的权力。对于前一条建议,我认为在乡村并不可行,而对于后一条建议中提到的学区小学教育委员会,我表示赞成,但这一学区教育委员会,不应建成上级教育局的派驻机构,而是当地村民参与教育管理、决策、监督的民主管理机构。

我国乡镇之所以采取四级办学体系,教育部门有现实的考量,即加强对乡村办学资源的统筹,由一个中心校负责,同时,节约办学成本,如果每个学校都独立建制,必然有一套独立的行政班子。在这种情况下,办非完全小学、教学点也独立建制,鲜有可能。比如,有的教学点学生只有几十人,如何独立建制为一所学校?

强调对乡村学校的统筹,并根据非完全小学、教学点的办学实际,只配负责人,不设校长,出发点没有错,但统筹的机制出了问题,不应该采取由一所学校来统筹另外学校的方式——这种统筹方式,很可能导致办学资源集中在中心校,其他学校只分得"残羹冷炙"——而应该采取由学区教育委员会进行统筹的方式。

这一委员会可由政府教育部门公务员(由区县教育局委派)、

各村负责人、学区内所有学校(教学点)负责人、教师代表、家长代表、村民代表共同组成,负责根据上级财政的拨款和乡镇教育投入,制订各校的经费预算,并监督按统一的生均经费(根据国家的规定,不到 100 人的教学点,按 100 人保障生均共用经费拨款)拨付办学经费。同时,对各学校(教学点)的教师进行统一管理,所有教师的工资直接由财政拨款,而不是像先前那样先拨付给中心校,再由中心校层层拨付。

从目前的乡村学校办学实际看,提高我国中西部地区乡村小学校的办学质量,还应该进一步强化县级财政统筹,在县域内推进均衡。具体办法是:由县级财政按同样的生均经费,保障学校办学经费;县域内各乡村学校的教师待遇标准一致。对于学校的日常经费,由各乡村教育委员会监督落实;对于教师的工资待遇,由县级财政直接打进教师的账号。

值得注意的是,我国近年来一直在抓基础教育的统筹和均衡,但一级管一级,经费层层拨付的机制并没有根本转变,这是行政治校体系的必然——把学校纳入行政治理体系,与此同时,为让上一级管住下一级,就把重要的财权交给上一级,结果是学校被分层等级化、经费被层层克扣,既不利于学校的平等发展,与推进均衡背道而驰,又导致权力对学校的干预无所不在。强化统筹,必须和推进学校的现代治理相结合。统筹的目的主要在于保障同一区域内的办学标准一致,不是强化对学校的分层管理。这需要政府部门在保障教育投入的同时,探索新的学校治理体系,落实学校办学自主权,并引入社会力量参与学校管理、监督。

"银龄讲学计划"是建设乡村教师队伍的补充计划[①]

为进一步加强农村教师队伍建设,充分利用退休教师优势资源,近日,教育部、财政部联合印发《银龄讲学计划实施方案》,面向社会公开招募优秀退休校长、教研员、特级教师、高级教师等到农村义务教育学校讲学。根据实施方案,2018—2020年计划面向社会公开招募10 000名优秀退休教师。

我国农村学校优秀师资存在总量不足和结构不合理的问题,实施"银龄讲学计划",可以为乡村学校输入一批有教学经验、热爱教学的老教师,也发挥老教师对乡村青年教师的传帮带作用。但是,必须注意的是,这只是建设乡村教师队伍的"补充计划",不能在实施过程中,把这变为解决乡村教师队建设,尤其是乡村教学点办学的"主体计划"。建设乡村教师队伍,需要各项措施并举,而最终需要形成能吸引并留住青年教师的乡村办学环境。

中共中央、国务院颁布的《关于全面深化新时代教师队伍建设的意见》明确提出实施"银龄讲学计划"。这一计划是具有现实可行性的,既可发挥退休教师的余热,又可服务乡村教育。招聘已退休的教师到乡村任教,不需要花太多额外经费(每年每人大约2万

---

① 本文作于2018年7月。

元),因为退休教师有退休金。这意味着不花太多经费就可以获得师资。但是,在实施过程中,需要考虑计划的可持续性问题。在实施这一计划的同时,要着力提高乡村教师待遇,改善乡村教师工作环境,吸引并留住优秀的青年教师,以构成合理的乡村教师结构,提高乡村学校办学质量。

客观而言,实施"银龄讲学计划",有很强的现实针对性,即我国乡村教师短缺,而要吸引优秀教师到乡村任教,存在现实困难。但招聘退休教师去乡村工作,也需要理性分析其可能带来的效果。在我国学校办学中,发挥退休教师余热最多的是民办高校,不少民办学校限于办学经费,为节省办学开支,聘请退休大学教师任教。有的民办学校只有三分之一教师为专职,退休教师也占到三分之一,还有三分之一为在读研究生兼职上课。这样的师资队伍构成在很大程度上只能维持学校办学,很难指望高质量办学。我国不少民办高校是低端办学的代名词,这和其投入的办学成本、聘请的师资有关。因此,实施"银龄讲学计划",同样需要注意这一问题。我国乡村学校办学,需要在维持基础上提高质量,否则就难以留住乡村孩子,也无法吸引乡村孩子从城市学校回流。

近年来,媒体在报道我国乡村学校发展时,都会提到青年教师流失,只留下年迈的教师,还有的乡村教学点就是聘请已退休的教师照看。调查显示,我国乡村的居民主要是老人和小孩,青壮年都已外出打工。而乡村学校的教师年龄结构为 U 形:刚毕业的大学生多(通过"免费师范生计划"和"农村特岗教师计划"到乡村任教),50 岁以上的教师多,青壮年教师少。村民觉得这样的乡村学校没有生机与活力,于是都选择送孩子去城市读书,乡村学校难以为继。结合现实情况,实施"银龄讲学计划",有可能会让很多地方政府采取聘请退休教师的方式来维持乡村教学点办学,但乡村教学点需要的不仅是维持，还需要高质量。

发展乡村教育，当前突出的问题是，如何切实解决 U 形结构中的青年教师流失问题。这是必须啃的硬骨头。和之前我国实施的"免费师范生计划"与"农村特岗教师计划"一样，"银龄讲学计划"也在做 U 形结构两边的工作，这是相对比较容易的。但留住青年教师，让他们乐于在农村任教，需要切实解决他们关注的待遇问题、事业发展空间问题。这需要加大对乡村教育的投入，尤其是师资建设的投入。几十年前，我国由于财政力量薄弱，乡村学校使用了大量民办教师（这在很多地方还是历史遗留问题）。近年来，我国一些地方虽然有编制，但为节省投入，有编不补，使用临聘教师。这暴露出一些地方不愿意加大投入的问题。相比聘请退休教师，乡村学校要聘请大学毕业生，并让他们留下，要投入至少两倍的经费。但是聘请退休教师，说到底是发挥余热式支教，这难以从根本上改变乡村教育落后的面貌。

振兴乡村教育，关系让每个孩子享有公平而有质量的教育的发展目标的实现。在我国乡村教育发展中，历史欠债较多是我国整体教育的短板，因此需要花力气补上这一短板。而且乡村教育的短板又在师资上，要多头并举解决乡村教育师资建设问题。"银龄讲学计划"是补短板行动之一，还要花力气解决乡村学校缺乏年富力强青年教师这一短板问题，这需要各级政府有更大作为。

发展乡村教育，
需政府主导并形成全社会的合力^①

李克强总理在政府工作报告中指出，要发展公平而有质量的教育。推动城乡义务教育一体化发展，教育投入继续向困难地区和薄弱环节倾斜。切实降低农村学生辍学率，抓紧消除城镇大班额，着力解决中小学生课外负担重问题。

李克强总理在政府工作报告中回顾过去五年工作的成绩时，关于教育发展，都集中在促进公平，尤其是发展乡村教育之上。报告提到："坚持教育优先发展，财政性教育经费占国内生产总值比例持续超过4%。改善农村义务教育薄弱学校办学条件，提高乡村教师待遇，营养改善计划惠及3 600多万农村学生。启动世界一流大学和一流学科建设。重点高校专项招收农村和贫困地区学生人数由1万人增加到10万人。加大对各类学校家庭困难学生资助力度，4.3亿人次受益。劳动年龄人口平均受教育年限提高到10.5年。"

其中，改善农村义务教育薄弱学校办学条件，提高乡村教师待遇，营养改善计划惠及3 600多万农村学生；重点高校专项招收农村和贫困地区学生人数由1万人增加到10万人；加大对各类学校

---

① 本文作于2018年3月。

家庭困难学生资助力度，4.3亿人次受益——这些都属于公平问题，体现了政府发展教育的重大理念转变，即把办好公共基础教育作为重中之重，并集中力量解决教育短板问题——乡村教育发展问题。

在我看来，补齐基础教育发展短板，必须发挥政府主导作用，同时要积极利用社会资源，形成全社会的合力。

政府主导是整体提高我国基础教育办学质量，缩小城乡差距、地区差距的基础。过去五年间，我国农村教育办学条件得以改善，主要是政府主导发挥作用。据统计，我国义务教育经费总投入95％来自财政性经费，全国财政性教育经费52％用于义务教育；国家财政性教育经费支出一半以上用于中西部地区，中西部地区财政性教育经费支出占中西部地区教育经费总投入的比例最大，财政保障程度最高。

接下来，要进一步提高乡村教育质量，必须进一步优化教育支出结构，完善经费保障机制。2018年3月3日下午，教育部部长陈宝生在"部长通道"上谈到教师队伍建设方面的话题时表示，要完善教师待遇保障机制，健全教师工资长效联动机制，确保中小学教师的工资不低于或高于当地公务员的平均工资收入，提高乡村教师的待遇，落实贫困地区教师的补贴政策。这指出了提高乡村教师待遇的关键，即要完善待遇保障机制。虽然我国《教师法》早就提到要"确保中小学教师平均工资收入水平不低于或高于当地公务员平均工资收入水平"，但在我国在不发达地区、农村地区，由于当地财政实力薄弱，教师的待遇得不到保障。这是因为我国教师待遇主要由县级财政保障，保障力度取决于当地的财政实力。在法国，义务教育教师的待遇由中央财政直接保障。我国要保障教师待遇，需要改革目前由县级财政保障教师待遇的机制，强化省级财政统筹,并加大中央财政转移支付力度。

在发挥政府主导作用的同时,还须形成全社会的合力。这次报告专门提到"营养改善计划惠及3 600多万农村学生",这是民间公益组织推进、探索,政府介入主导的典型案例。"免费午餐计划"首先由民间公益组织推出,探索出较为成熟的模式,随后,政府部门把这一模式推向全国,先在699个国家试点县推进,现在这一计划的覆盖面已经达到3 600万学生。

当前,我国企业和社会公益组织越来越多地关注乡村教育。比如,有统计显示,在我国14个国家特困连片地区的708个贫困县中,100人以下的小规模学校近5万所,这些学校中有很多分布零散、条件较为简陋。为此,在今年1月,马云在2017年"马云乡村教师奖"之际,提出让孩子们能够读上条件完善的寄宿制学校的设想。对于马云提出的建设农村寄宿制学校的建议,舆论有不同的意见,但需要注意的是,建寄宿制学校是乡村学校发展建设的一条选择,如果能建设办学条件完善的乡村寄宿制学校,这会让在寄宿制学校求学的孩子接受更好的教育。质疑寄宿制办学模式者,担心只有几个企业介入,只能办好有限的寄宿制学校,如果政府不加大投入,举办条件简陋的寄宿学校,反而会让乡村孩子上学难,无法得到更好的教育。这种担忧可以理解,我国在推进营养改善计划时,也有这种质疑,认为政府不愿意加大投入,营养改善计划只能解决小部分问题,但国家却下决心大手笔投入解决这一问题。因此,不要低估企业和社会公益组织的探索价值,包括马云"乡村教育计划"在内的企业和社会公益行动,对发展我国乡村教育,正起到积极的推动作用。在发展乡村教育时,要形成政府主导和全社会参与的合力。

马云乡村教育计划的最宝贵价值①

2018年教师节,我应马云公益基金会之邀,前往甘肃陇南市宕昌县走访了三名"马云乡村教师计划""马云乡村校长计划"的获奖者,其中一名是该县新城子藏族乡大河坝村鹅嫚小学校长杨文礼。离开鹅嫚小学后,杨校长给我发了一则短信,说出他内心的困惑:"我刚开始当校长,这所学校只有42个孩子,由于办学质量越来越好,学校越来越规范,学生回流,学生人数一直在增加,从42个孩子到前年的152个孩子,是非常不容易的。去年少了10个,变成142个,今年就比较离谱,变成118个!这不得不让我接受成绩的重要性,不得不承认'立校就得考试成绩'这个逻辑。"

其实,在走访这所位于群山之中的乡村小学时,我就感觉到,杨校长对在校学生从152名变为118名,一直耿耿于怀,他甚至没有什么心思向我们介绍他的绘本阅读理念。而正是这一执教理念,让这所以前教学质量低下、生源流失严重的小学发生了翻天覆地的改变,从只有42名学生发展到152名学生,他也因此成为"马云乡村校长计划"的获奖者,是2017年该奖项20名获奖校长之一。但是,现在他却遭遇学生考试成绩下滑的巨大压力,由于在县统测(即学业质量监测考试,一般针对义务教育四年级到八年级学生)中,学

---

① 本文作于2018年10月。

生成绩排名下降,有的家长就选择送孩子去县城的学校学习。学生总数从 142 人变为 118 人,一年少了 24 人,这让杨校长心里特别急。

杨校长在自己的小学力推的绘本阅读教育,某种程度上讲就是一种素质教育。这种教育重视培养学生的阅读与学习兴趣,而不是要求学生天天做习题、重复训练。与学生天天做习题、重复训练相比,绘本阅读的成效会在相对久远的未来体现,比如鹅嫚小学的毕业生就考了今年全县中考的第一名。但是,县统测则是要立即见效,家长也往往只看眼下成绩。于是,面对素质教育和应试教育,学校不得不二选一。但毫无疑问,乡村学校搞应试教育,与城市学校相比更无优势。

杨校长向我们展示了他的真实焦虑,而非高调、空泛地谈乡村教育的理想。他遭遇的困境其实是我国乡村学校面临的共同困境:乡村学校要吸引学生回流,极为困难,而一旦出现学生成绩波动,学校原来的办学努力就很可能快速瓦解。这不是乡村校长、教师不努力,而是当前的教育评价体系,令乡村学校面对城市学校的竞争显得极为脆弱。

但是,杨校长的故事并没有完。在谈了自己的困惑之后,他坚定地告诉我,他会坚持到底,并相信他的努力一定会带来改变,乡村教育一定会回归为有根的教育。他之所以相信这一点,和他成为"马云乡村校长计划"获奖者有关。这一奖项不单纯是荣誉,更是要传播一种教育理念,甚至可以说,是在探索建立适合我国乡村教育的新的教育评价体系。

一、 乡村小学的成与败

杨文礼从 2009 年起担任鹅嫚小学校长,当时只有 26 岁。他说,当校长最初几年,他也特别强调抓成绩。其实,小学生要考个好成绩,还是比较容易的,天天做习题,成绩会上升很快,因此,鹅嫚小学的学生在 2010 年至 2014 之间的成绩一直特别好,六年级统测在全县排名成绩优异。看到学校教学成绩提升,学生也就从城市回流。

但是,杨校长发现,小学阶段狠抓学生成绩的做法,并不利于孩子今后的发展,有的小学成绩不错的孩子,一进初中成绩就一落千丈,出现厌学、逃学,甚至辍学的情况。他说,当地农民的主要经济来源还是外出务工收入,大多是在新疆、内蒙古等地打工。学校里藏族孩子占三分之二左右,留在家里的孩子多半为留守儿童,家庭教育基本为零。对这些孩子,如果不注重习惯培养,只让他们做习题,搞重复训练,短时间可以提高他们的考试成绩,但是,一旦没有老师盯,因为没有培养出学习兴趣,孩子们就会厌倦学习。

他用自己带的班和由其他教师带的班进行了对比。他带班时,在学生中推广阅读,在做习题之外开展阅读活动;而其他班的教师,对阅读和学习习惯的培养重视不够,虽然学生获得的考试成绩不错,但是升入初中之后却有很大的差别。鹅嫚小学 2014 年六年级毕业生一共 16 名,他一直带班的学生中,其中 1 人在全县中考中得了第一名,5 人考进县一中,4 人上了职业中专,而他没有带过的学生中有 6 人中途辍学。

"我不能对这样的学生发展结果视而不见。事实上,从 2014 年起,我就开始反思教育的真正价值。"杨校长说,狠抓学生考试成绩会获得家长认可,但效果是短期的,对农村教育是有严重伤害的。除了不能培养良好的学习习惯外,孩子们还会认为读书就是为了考学,一旦觉得考学没有希望,干脆就彻底不读书了。于是,在其他大部分校长都为了成绩绞尽脑汁时,比如有一部分基层完全小学从四年级开始就集中在学区,进行集中寄宿,集中晚自习,集中教学,杨校长决定在全校范围内推广阅读活动,在这所山区小学里,他们还用沪江网的 CCtalk 实时互动教育平台为学生上音乐、美术、科学、阅读、网络素养等课程。

很显然,这样的教学安排,一方面对教师的要求更高,但乡村教师,尤其是部分代课教师的教学指导能力跟不上;另一方面是孩子用在做习题、应付考试上的时间少了不少。杨校长说,我们并不怕考试,全校老师也认可培养孩子阅读习惯的教育方式,怕的是对考试成绩排名锱铢必较,统测中学生分数低一点、名次落后一点、学校在全县排名低一点,学校压力就特别大。这种排名对家长影响也很大,家长会觉得搞那些阅读活动没用,还不如抓学习成绩管用,因为新生入学时,家长会依据相关的排名选学校。

我国地方教育部门抓乡村学校的教学质量,出发点没有错。但应该抓合格率,达到合格要求之后给学校自主教育的空间。而且,教学质量绝不单纯反映在语数外三门所谓"主科"的考试成绩上。用这三门"主科"成绩评价教育质量,只会把乡村学校逼近墙角。杨校长说,他们学校的基础特别薄弱,再加上学生多半没有养成良好的学习和生活习惯,学校教育的主要责任应该是培养他们的学习习惯,让他们爱上学习这件事。在孩子们尚未养成良好的学习习惯时,就拼命给他们灌输知识,最终的效果只能是囫囵吞枣。

二、 影响乡村教育最关键的因素

如何让"小而弱"的乡村学校变为"小而美"? 这是我国当前发展乡村教育谈论得比较多的话题。杨校长们遭遇的困境表明,影响我国乡村教育未来走向的关键因素，不是对乡村学校的投入，而是发展乡村教育的理念，以及对乡村教育的评价体系。

如果我国以升学教育模式来发展乡村教育，评价乡村学校的办学，那么乡村学校衰败的趋势将难以阻止。因为在升学价值导向下，家长和学生都会认为今后能离开乡村才算是接受教育的成功，但这本质是"背井离乡"的教育，让乡村教育没有根基，更会因难以和城镇学校比拼成绩而失去生存土壤。

我国不少乡村地区都提出"教育强镇""教育强县"，但大家发现，所谓的"教育强县""教育强镇"，并非通过发展教育来改变乡村，而是通过应试教育把乡村的可造之才送出去。结果是，某个地方教育越"强"，当地反而越贫困，因为人才都已经离开。最终，发展教育没有改变当地的落后局面，而乡村的教育也难以为继，愿意留在乡村的人越来越少，乡村连吸引教师来任教都难。在我国乡村地区，近年来出现令人忧虑的辍学率回潮问题。

那么，如何转变乡村教育的理念？这首先需要从国家层面改革教育评价体系，打破教招考一体化的基础教育格局。我国目前的中考制度，使基础教育都实行升学教育模式，即围绕升学来组织教育。

对乡村教育来说，升学教育模式进一步制造了两大现实问题。其一，乡村教育被边缘化。因为从升学政绩看，薄弱的乡村学校相较于城市学校来说，难以贡献升学率，所以有的地方政府就以低水平维持的心态建乡村学校。其二，乡村出现新的"读书无用论"。升学教育模式会让农村学生和家长认为升学有用而读书无用，即能考上好大学、走出乡村才有用，考不上好大学，读书就没有用，因为学习的内容与乡村生活没有关系。不少乡村教师在规划职业发展时，也是以能进城作为奋斗目标，而将在乡下的任教当作过渡阶段。这样的乡村教育,在把少数优秀人才送出大山、乡村之外,给当地留下的,就是没有接受多少教育的劳动者。所以,从国家层面,必须调整发展乡村教育的战略,要立足乡村办好乡村教育,不能再用升学教育模式来配置乡村教育资源,把乡村学校导向围绕升学来办学。乡村教育必须给乡村孩子完整的教育,有的可以升学,而更多孩子当有机会应用所学知识、能力改变乡村,改善自己的生活。也就是说,只有把乡村作为乡村教育的根,才能让乡村教育有魂。

三、 公益组织怎样推进乡村评价改革

在国家进行教育评价体系改革的同时,需要社会力量介入,推进乡村教育理念的转变。

目前,我国已有不少公益组织介入推进发展乡村教育,比如"希望工程""免费午餐计划"等。这些公益活动的一个特点是,以社会力量改善乡村学校办学环境,以及乡村学生的生活环境。这样的公益活动是有价值的,即便国家加大对乡村教育的投入,但要改变乡村教育的薄弱局面,仍需要社会力量介入。

但是,只重视物质的投入,而不重视软件的投入,最终可能导致物质投入被闲置、浪费,比如,当年"希望工程"捐建的校舍有不少就闲置,甚至因学生流失,学校被撤并而沦为鸡鸭圈。国家最近也发文要求,要优化教育支出结构,不能搞教育形象工程,要把钱用到发展教育的"刀刃"上。

从这一角度看,由阿里巴巴集团董事局主席马云发起的马云乡村教育计划,是重视乡村教育软件投入的计划。这具体表现在两方面:

一是马云乡村教育计划具体包括"乡村教师计划""乡村校长计划""乡村师范生计划",关注的都是在乡村地区从事教育工作的人。人是乡村教育最关键的因素,离开了人,再多的物的投入都难以发挥作用。

二是马云乡村教育计划力图给乡村教育带去与当前升学教育评价和升学教育模式完全不同的新的教育理念,鼓励乡村学校校长和乡村教师做有根的教育,而不是单纯追求升学的成绩。可以这么说,"马云乡村校长计划"和"马云乡村教师计划"的评奖标准,让乡村校长、教师有了一定的坚守乡村教育的动力。

像杨校长,在面对家长片面追求学生考试成绩、地方教育部门片面依据统测成绩评价学校办学业绩等压力的情况下,虽然焦虑,但并没有放弃对教育理想的追求。他在成为"马云乡村校长计划"获奖者之后,还参加了马云基金会组织的校长培训,到国外学习考察。他说,考察学习国外教育,更让他更坚定了办有根的教育的决心。他认为:孩子没有良好的学习习惯,就要出成绩,这没有根;孩子一上学,就被教育要离开家乡,留在家乡就没出息,这样发展教育更没有根。"难道我们的孩子今后的生活方式只能是和父辈一样外出务工,而不是就在本地安居乐业,把当地建设为更美的家园?乡村教育不改变乡村,教育的价值就是让少数学生考进大学吗?"

我觉得,告诉乡村校长、教师乡村教育的价值,是马云乡村教育计划更大的价值所在。除了奖励扎根乡村、坚持教育理想的校长和教师外,该计划更致力于在当前基础教育的升学评价体系之外,探索和建立起评价乡村校长、教师的新体系,即不单纯是从学生成绩、分数角度去评价一名校长、一名教师,而是从如何给乡村孩子完整教育的角度来评价校长、教师。这一评价体系,目前只适用于评选"马云乡村校长计划"和"马云乡村教师计划",未来如果能成为评价乡村学校、校长、教师的基本标准,那我国乡村教育就会有全新的理念。这也是我国乡村教育的出路所在。

一个公益计划的评价标准能变为同行业的评价标准吗?从教育改革和发展角度来说,完全可能。我国正在推进教育管办评分离改革,其中,教育评价要由教育行政部门评价主导改革为专业评价和社会评价主导,而社会评价和专业评价均需要坚持公益属性,其权威与影响力由评价的独立性和专业性决定。

马云乡村教育计划在实施时就坚持独立性与专业性。从乡村学校办学的实际看,虽然传统的以升学为导向的评价依然对乡村学校办学有巨大影响,但实施三年的马云乡村教育计划也让乡村校长、教师看到,做有根的乡村教育的评价体系正在破土。这也和国家振兴乡村教育的规划相契合,因此,如果这一计划能在倡导乡村教育形成新的价值理念和评价体系方面做出持续探索,那将是对我国乡村教育最重大、最宝贵的贡献。

图书在版编目(CIP)数据

什么是好的教育？：走进现代化的中国教育 / 熊丙
奇著. —上海：上海教育出版社，2020.8
ISBN 978-7-5720-0094-2

Ⅰ.①什… Ⅱ.①熊… Ⅲ.①教育现代化-研究-中
国 Ⅳ.①G52

中国版本图书馆 CIP 数据核字(2020)第 128972 号

责任编辑　林凡凡
封面设计　夏艺堂设计

什么是好的教育？——走进现代化的中国教育
Shenme Shi Hao de Jiaoyu? —— Zoujin Xiandaihua de Zhongguo Jiaoyu
熊丙奇　著

出版发行　**上海教育出版社有限公司**
官　　网　**www.seph.com.cn**
地　　址　**上海永福路 123 号**
邮　　编　**200031**
印　　刷　**上海叶大印务发展有限公司**
开　　本　**890×1240　1/32　印张 11.125**
字　　数　**260 千字**
版　　次　**2020 年 8 月第 1 版**
印　　次　**2020 年 8 月第 1 次印刷**
书　　号　**ISBN 978-7-5720-0094-2/G·0071**
定　　价　**49.80 元**

如发现质量问题，读者可向本社调换　　电话:021-64377165